中小学音乐教育

探索新视角

瞿维杉◎著

吉林文史出版社

图书在版编目（CIP）数据

中小学音乐教育探索新视角 / 瞿维杉著 . — 长春：
吉林文史出版社，2024.5
ISBN 978-7-5752-0276-3

Ⅰ . ①中… Ⅱ . ①瞿… Ⅲ . ①音乐课－教学研究－中
小学 Ⅳ . ① G633.951.2

中国国家版本馆 CIP 数据核字 (2024) 第 109902 号

中小学音乐教育探索新视角
ZHONGXIAOXUE YINYUE JIAOYU TANSUO XINSHIJIAO

著　　者：瞿维杉
责任编辑：高丹丹
出版发行：吉林文史出版社
电　　话：0431-81629359
地　　址：长春市福祉大路 5788 号
邮　　编：130117
网　　址：www.jlws.com.cn
印　　刷：河北万卷印刷有限公司
开　　本：710mm×1000mm 1/16
印　　张：16
字　　数：220 千字
版　　次：2024 年 5 月第 1 版
印　　次：2024 年 5 月第 1 次印刷
书　　号：ISBN 978-7-5752-0276-3
定　　价：98.00 元

前 言

　　中小学开展音乐教育对儿童的全面发展具有多方面的积极影响。音乐教育既可以丰富中小学生的文化生活，又能增强其审美鉴赏能力，还能激发其想象力和创造力，是启蒙其思想、发展其思维与能力的重要手段。

　　我国历来重视音乐教育的作用，特别是音乐在情感教育方面的作用，在《晋书·乐志》中说：是以闻其宫声，使人温良而宽大；闻其商声，使人方廉而好义；闻其角声，使人恻隐而仁爱；闻其徵声，使人乐养而好施；闻其羽声，使人恭俭而好礼。音乐不仅能帮助中小学生更好地理解和表达情感，还能促进中小学生情感、智力的发展，对中小学生集体意识的形成和人际交往能力提高非常重要。

　　音乐对儿童的认知能力发展也有重要影响。研究表明，良好的音乐教育能增强儿童的记忆力、注意力和语言处理能力，还能为儿童提供接触并理解多元文化的机会，促使其形成开放和包容的思维方式，对其一生都有重要影响。

　　中小学阶段是学生智力、情感、心理、思维等发展的关键阶段，在这一阶段开展科学的音乐教育非常重要。本书对中小学音乐教育进行深入探索，共分为六章内容：

　　第一章从音乐教育的性质、特点、研究对象、研究范围意义以及基

1

本目标和原则进行阐述，为读者提供了一个音乐教育理论框架。

第二章深入探讨了中小学音乐教育理念、功能、原则以及教学内容和课型。本章不仅揭示了音乐教学的内在功能和作用，还提出了适合中小学阶段的音乐教学原则和内容安排，指导教师如何在教学实践中灵活运用。

第三章综合介绍了柯达伊、奥尔夫、达尔克罗兹、铃木等音乐教学法，以及体态律动游戏教学法的应用。每种教学法都有其独特的教学特点和优势，本章帮助教师根据中小学生的具体需求选择和运用合适的教学方法。

第四章着重探讨了如何培养中小学生的音乐听觉、情感、想象力与记忆力，以及如何开展创造性音乐活动。本章旨在提高中小学生的音乐素养，激发他们的创造性思维，提高他们的艺术表现力。

第五章讨论了音乐教师的师德师风培养、专业技能发展以及教学能力提升。音乐教师的专业发展对于音乐教育的质量非常重要，本章提供了音乐教师专业成长的具体指导和策略。

第六章深入分析了传统音乐教育的转型，探索了新型课堂模式、传统音乐的传承以及音乐教育的实践策略和创新发展。本章提出了音乐教育创新模式和策略，旨在推动中小学音乐教育的全面发展。

笔者期望通过本书为音乐教育工作者、学生及研究者带来积极思考，共同促进中小学音乐教育的繁荣发展。

目 录

第一章　音乐教育概述

第一节　音乐教育的性质与特点

一、音乐教育的性质

（一）教育性

音乐教育的教育性体现在它如何通过音乐这一媒介促进学生的全面发展。音乐教育不仅涉及音乐技能和知识的传授，更重要的是，关注学生个人品质的培养、情感的发展、认知能力的提升，以及社交技能的提高和文化理解力的增强。音乐教育作为一种全面的教育形式，致力于通过音乐体验和实践活动，提供促进学生创造力、批判性思维和自我表达能力发展的一个平台。

在音乐教育中，学生被鼓励去探索、体验和理解音乐。这不仅帮助他们掌握音乐技术，更重要的是让其学会通过音乐来表达自己的情感和想法。音乐创作和演奏的过程是自我探索和个人表达的过程，它允许学生以一种独特的方式来沟通他们的感受和观点。此外，音乐教育通过合作学习、集体表演和音乐会等活动，增加了学生的社交互动，提高了他们的团队协作能力。这些活动不仅训练学生的音乐技能，还帮助他们学会与他人合作，培养其团队合作精神和社会责任感。音乐教育的教育性还体现在促进学生跨文化理解和全球意识的发展上。通过学习不同文化和历史背景下的音乐，学生能够增强对多样性和多元文化的理解和尊重。这种跨文化的音乐体验使学生能够从广阔的视角来理解世界，为成为合法公民打下基础。音乐教育还重视发展学生的认知能力，如记忆力、注意力和分析能力等。音乐理论的学习、音乐作品的分析和批判性听音等活动，不仅锻炼了学生的音乐技能，还提高了他们的思维和分析能力。音乐教育通过这些活动，培养了学生的认知能力，促进了他们的智力发展。

（二）审美性

音乐教育的审美性是其核心属性之一，涉及如何通过音乐培养学生的审美观念、感知美的能力以及理解和欣赏美的深度。音乐作为一种艺术形式，其本质上是审美的，它不仅提供了声音的美感体验，也表达了情感和思想，从而使得音乐教育成为培养学生审美意识的重要途径。在音乐教育中，学生通过学习和体验不同风格和时期的音乐，发展他们的审美判断和欣赏能力。这包括了解音乐的结构、形式和表达方式，以及如何感知音乐中的情感和意象。音乐教育鼓励学生深入探索音乐作品，理解其背后的文化和历史背景，从而全面地欣赏音乐的深度和复杂性。

音乐教育的审美性还体现在促进学生创造性表达上。学生被鼓励进行音乐创作，如作曲和即兴演奏。这不仅是技能的展示，更是他们个人审美观念的体现。通过这种创造性活动，学生能够将自己的情感和想法转化为音乐语言，从而加深对音乐美学的理解和应用。音乐教育的审美性强调了对音乐表演的深入理解。学生在学习如何演奏乐器或演唱的同时，还学习如何通过音乐来传达情感和故事。音乐表演不仅是技术的展示，更是审美体验的分享。在合奏或合唱中，学生学习如何与他人合作，创造出和谐而富有表现力的音乐，这种体验加深了他们对音乐美学的理解。

另外，音乐教育的审美性与学生的个人发展紧密相连。通过音乐，学生可以发现自我，表达个性，同时能够培养出对美的持久兴趣和深刻理解。音乐教育通过这种方式，帮助学生建立起积极的生活态度和健康的情感表达方式。

（三）全面性

音乐教育的全面性体现在它不仅关注音乐技能的培养，还强调音乐在个人发展和社会参与中的多维作用。这一教育形式不仅教授学生音乐理论和实践技能，如乐理、声乐、器乐技巧和作曲，还致力于发展学生的审美鉴赏、创造性思维、情感表达和社会互动能力。

音乐教育的全面性还表现在其跨学科的特点上。它结合了历史、文化、心理学和哲学等多个学科领域的知识，为学生提供了丰富的学习环境。

在音乐教育中，学生不仅要学习音乐作品的演奏和欣赏方法，还要学习音乐作品背后的文化和历史背景，了解不同音乐风格的起源和发展。这种跨学科的学习有助于学生形成对音乐全面和深入的理解，同时促进了他们对多元文化的欣赏和尊重。音乐教育还关注学生情感和社会技能的发展。通过集体音乐活动，如合唱团和乐队，不仅能够提高他们的音乐技能，还能提高团队合作、社会交往和领导能力。

音乐教育的全面性也体现在其对个体心理发展的重视上。音乐活动，如即兴创作和表演，能够激发学生的创造力和想象力，帮助他们表达自己的情感和想法。同时，音乐教育强调对学生个体差异的尊重和适应，教师应根据每个学生的兴趣、能力和学习风格，提供个性化指导和支持。此外，音乐教育还包括对音乐技能和艺术表现的全面评估，这不仅包括学生的技术水平，还包括他们的创造力、参与度和团队协作能力。

（四）多样性

音乐教育的多样性是其本质特征之一，体现在教学内容、方法、形式和文化背景的广泛性和包容性上。音乐教育不局限于特定的音乐风格，而是包括了从古典音乐到现代流行音乐、从世界音乐到本地民族音乐的各种风格。这种多样性使学生能够接触和了解不同的音乐文化，培养对多元文化的尊重和欣赏。在教学方法上，音乐教育结合了传统的教学方式和现代技术手段。这包括但不限于传统的课堂讲授、个别指导、小组合作和大师班。同时，音乐教育利用了数字技术，如音乐软件、在线教学和社交媒体平台，使教学形式灵活和互动性增强。这种多样的教学方法满足了不同学生的学习需求，使音乐教育个性化和高效。

音乐教育的多样性还体现在其教学形式上。除了传统的课堂学习，音乐教育还包括课外活动、音乐节、音乐营、社区音乐项目和交流演出等。这些不同的教学形式提供了丰富的学习环境，使学生能够在不同的场合和情境中学习音乐，从而增强他们的学习体验。

另外，音乐教育的多样性体现在对不同学生群体的包容性上。无论是年龄、性别、文化背景还是能力水平，音乐教育都致力于为所有学生提供公平和适宜的学习机会。音乐教育尊重每位学生的个性和特点，努力满足其特定需求，促进他们的成长。

（五）实践性

音乐教育的实践性是其核心特征之一，突显了音乐学习过程中实际操作和体验的重要性。这种实践性不仅包括学习乐器的技能和声乐表演方法，还涵盖了音乐创作、音乐理论的应用、音乐历史的探索和音乐技术的使用。在实践中，学生通过亲身参与和体验来深化对音乐的理解和欣赏。这有助于他们发展音乐技能、培养创造力和提高审美鉴赏力。

音乐教育的实践性表现在各种教学活动中。通过演奏乐器、声乐练习和合奏，学生能够实际应用音乐理论知识，同时提高技术熟练度。这些活动不仅让学生练习音乐技巧，还有助于提高他们的音乐听觉技能，如音高、节奏和音色的辨识。音乐创作活动，如即兴创作、作曲和编曲，鼓励学生运用他们的音乐知识和创造力来创造新的音乐作品，不仅促进了学生的艺术表达，还激发了他们的创新思维。

实践性还体现在演出中，学生有机会在公开场合展示他们的音乐才能。通过参与这些活动，学生不仅能够体验音乐表演的快乐，还能学习如何在压力下保持冷静和专注。

另外，音乐教育的实践性也涉及对音乐技术的使用。随着音乐科技的发展，学习如何使用电子乐器、音乐制作软件和录音技术成为音乐教育的重要组成部分。这种技术的应用不仅扩展了音乐创作和表演的可能性，还为学生提供了探索音乐新领域的机会。

（六）工具性

音乐教育的工具性体现在它作为一种手段，帮助学生在多个领域实现个人成长和发展。音乐教育不仅是教授音乐技能和知识的过程，更是促进学生全面发展的工具，包括情感、认知、社交和文化方面的成长。音乐教育通过各种教学活动和实践，使学生在学习音乐的同时，提高他们的自我表达、创造性思维、团队协作和跨文化交流能力。音乐作为一种表达工具，能够帮助学生抒发自己的情感，从而促进他们的情感智力和同理心的发展。通过音乐创作和表演，学生能够发挥创造力，同时学习如何将抽象的想法转化为具体的艺术作品。这种创造过程不仅提高了学生的艺术技能，还激发了他们的创新和问题解决能力。

音乐教育的工具性还表现在提升学生的社交技能和团队合作能力。音乐合奏、合唱团和乐队等集体音乐活动要求学生学习如何在团队中协作和沟通。这对于他们的社交能力和团队精神的培养很重要。通过这些活动，学生不仅学会了音乐合奏，还学会了如何在团队中扮演不同的角色，理解和尊重他人的贡献。

音乐教育还是一种文化工具，通过学习不同文化的音乐，学生可以了解和欣赏不同的文化背景和价值观。这种跨文化的学习经验增强了学生的全球意识和文化敏感性，为他们在多元化的世界中进行有效交流和参与社会提供了基础。

音乐教育利用各种教育工具和技术，如乐器、音乐软件和数字媒体，不仅提高了教学的效率和质量，也为学生提供了探索音乐的新途径。这些技术工具使音乐教育更加生动和互动，同时为学生提供了学习现代音乐技术和音乐制作的机会。

二、音乐教育的特点

（一）感性与理性结合

音乐教育中感性与理性结合是其特征的一个重要方面。这一特征体现了音乐教育在培养学生全面能力方面的综合性。音乐是感性的艺术形式，也是理性思维的载体。在音乐教育过程中，学生被引导去体验和表达音乐中的情感，学习音乐理论和分析技巧，将感性体验与理性分析相结合。在音乐教育中，感性体验通常体现在音乐的表演、欣赏和创作过程中。学生通过演奏、听音乐和创作，感受音乐的美感和情感力量。这种感性体验使他们能够深入地理解音乐作品中蕴含的情感和意境。音乐教育鼓励学生将个人经历和感受融入音乐创作和表演，从而深刻地体验音乐的情感内涵。

音乐教育中的理性成分体现在对音乐理论的学习、乐曲结构的分析以及音乐历史和文化的探究中。学生学习音乐的基础理论，如和声、节奏、曲式和音乐术语等，有助于他们理解音乐的构造和表现形式。通过分析不同作品的结构和风格，学生可以深入地理解音乐，提升他们的批判性思维，提高他们的分析能力。音乐教育中还包括对音乐历史和文化背景的学习，这使得学生能够将音乐放在广泛的社会文化背景中理解。感性与理性的结合在音乐教育中的重要性在于：它为学生提供了一种全面的音乐学习方式。通过这种结合，学生不仅能够感受音乐的艺术美和情感力量，还能够理解音乐的理论和结构，形成深刻而全面的音乐理解。这种全面的学习方式有助于学生音乐方面的技能发展，也促进了他们的情感、认知和社会能力的成长。

（二）技能与知识结合

音乐教育中技能与知识的结合是其显著特征之一，体现了音乐教育的全面性和深入性。这种结合不仅涉及学生对音乐技能的掌握，如乐器演奏、声乐表现和音乐创作，还涵盖了对音乐理论知识、历史背景和文化意义的理解。在音乐教育中，技能的发展和知识的学习相辅相成，共同促进学生成为全面发展的音乐人。在技能方面，音乐教育重视学生对乐器演奏的熟练度、声乐技巧的掌握以及音乐创作的能力。通过持续地练习和表演，学生能够提升他们的演奏技巧，发展音乐听觉能力和节奏感，以及表现力和创造力。这些技能的培养不仅使学生能够有效地表达音乐，还增强了他们的自信心和艺术表现力。

音乐教育中的知识学习同样重要。学生通过学习音乐理论，如和声学、曲式分析和音乐史，建立对音乐结构和风格的深入理解。这种理论知识的学习使他们能够深入地分析和欣赏音乐作品，理解音乐的文化和历史背景。此外，对音乐的历史和文化背景的学习使学生能够将音乐置于广阔的社会文化语境中理解，增强他们的文化意识，提高他们的跨文化交流能力。音乐教育中技能与知识的结合使得音乐学习不仅是技术训练，更是智力和情感的培养过程。通过技能的训练，学生学习如何精确演奏音乐。通过知识的学习，他们能够理解和欣赏音乐的深层含义和美学价值。这种结合的教学模式使学生不仅能够在技术上成长，也能够在智力和情感上得到充实和发展。

（三）个性化教学

音乐教育中的个性化教学特征关注于满足每位学生独特的学习需求、兴趣和能力。这种教学方式强调教师应对学生的个人差异有深刻理解，基于此设计和实施教学策略。个性化教学在音乐教育中尤为重要，因为音乐学习不仅涉及技能和知识的掌握，还包括情感表达和创造性思维的培养。

音乐教育中的个性化教学体现在多个方面。首先，教师会考虑每个学生的音乐兴趣和偏好。这意味着在教学内容的选择上，教师会尽量体现学生感兴趣的音乐类型和风格，以提高他们的学习动力和参与度。其次，个性化教学考虑学生的能力水平和学习速度。教师会根据每个学生的能力水平调整教学难度和进度，确保每位学生都能在适合自己的节奏中学习和进步。再次，个性化教学在教学方法和技术的应用上也显示出灵活性。教师会采用多样化的教学方法，如一对一指导、小组合作和大班教学，以适应不同学生的学习风格。在技术的运用方面，现代音乐教育越来越多地利用数字媒体和在线资源，为学生提供个性化的学习体验。例如，教师可以利用音乐软件和应用程序为学生提供定制化的练习和反馈。最后，个性化教学在音乐教育中意味着对学生的全面发展给予关注。教师不仅关心学生的音乐技能发展，还关注他们的情感、社会和认知发展。通过个性化的教学，教师鼓励学生表达自己的感受和想法，同时帮助他们发展批判性思维和创造性解决问题的能力。

（四）多样性和包容性

音乐教育的多样性和包容性特征体现在内容、方法、文化和个体差异方面的广泛性和开放性。这种特征使得音乐教育不仅能够适应不同学生的需求，还能够展示和传播音乐的多元价值。

在内容上，音乐教育的多样性体现在包含了各种音乐风格和形式。从古典到现代，从民族音乐到世界音乐，音乐教育涵盖了广泛的音乐种类，使学生能够体验和学习不同的音乐风格。这种多样性丰富了学生的学习经验，也增强了他们对音乐的整体理解和欣赏。音乐教育的包容性则体现在对不同文化和背景的尊重和融合。音乐教育鼓励学生探索和欣赏来自不同国家和文化的音乐，通过这种方式，学生能够了解不同文化对音乐的独特贡献和创造的视角。这种文化的多样性和包容性促进了跨文化理解和尊重，也为学生提供了全面和多元的音乐学习环境。

在教学方法上，音乐教育同样展现出多样性和包容性。教师采用各种教学策略和工具来满足不同学生的学习风格和需求，包括一对一教学、小组合作、技术辅助学习和创造性项目等。这种多样化的教学方法使得音乐教育能够更好地适应每个学生的个性和能力，从而提高教学的有效性和学生的学习体验。

音乐教育的多样性和包容性还体现在对学生个体差异的尊重上。音乐教育认识到学生在能力、兴趣和文化背景上的差异，努力为每位学生提供适宜的学习机会和支持。这种个性化的教学方法有助于学生在音乐学习中获得成功和满足，同时促进了他们的个人成长和发展。

（五）互动性和社交性

音乐教育的互动性和社交性特征深刻地体现了音乐作为一种社会性艺术形式的本质。音乐教育不仅是个体技能的培养过程，更是社会交往和互动的平台。在音乐学习的各个方面，无论是在课堂内还是课堂外，这种互动性和社交性的特征都十分明显。音乐教育的互动性体现在教师与学生之间的互动上。在音乐学习过程中，教师不仅传授音乐知识和技能，更重要的是要引导学生探索音乐的世界，激发他们的兴趣和创造力。通过问答、讨论和合作学习，教师与学生之间的互动增强了学习的动态性和参与感。此外，学生之间的互动也是音乐教育中不可或缺的一部分。在合奏、合唱和乐队等集体音乐活动中，学生需要学习如何与他人协作，倾听彼此的演奏，协调音乐的表达。这些活动不仅提高了他们的音乐技能，还加强了团队合作。

音乐教育的社交性特征体现在它如何帮助学生建立社交关系和培养社交技能。音乐是一种共享的艺术体验，能够跨越语言和文化的障碍，联系不同的人。通过共同参与音乐活动，学生能够与不同背景的同伴建立联系，学习如何在多元文化的环境中交流和合作。音乐表演和音乐会等公共活动提供了与社区广泛互动的机会，使学生能够展示自己的才艺，同时学习如何在公共场合自信地表达自己。音乐教育中的互动性和社交性还体现在对学生个人社交发展的贡献上。音乐活动中的团队合作和共同创造过程有助于培养学生的社会情感技能，如同理心、自我意识和自我管理能力。通过音乐教育，学生学习如何理解和尊重他人的观点和感受，同时培养了积极的社交态度和行为。

（六）主体性

音乐教育的主体性体现在激发学习者的内在需求，鼓励他们追求卓越与自我超越。这一过程不仅仅是对音乐技能的提升，更是对个人情感目标的追求。学习者在实现个人目标的过程中，不是被普遍规律所主导或排斥，而是通过主动探索和建立对音乐规律的理解来达成自我实现。这种经历带来了超越自我时的快乐、幸福感和尊严感。音乐作为一种艺术形式，其主体性在创作、表演和欣赏的每一个环节中都有所体现。音乐创作不仅展现了创作者的独创性和主动性，更是其个性的具象化。同样，音乐表演作为再创造的过程，显现了强烈的个体特色。在音乐欣赏层面，不同的听众对同一艺术作品的感受和评价多种多样，充分体现了主体性。音乐教育因此成为一个多维度的互动过程，不仅融合了创作者、表演者和欣赏者的思想与情感，还体现了每个个体独特的情感体验和思想反馈。这种主体性使音乐教育成为一种独特的学习体验，它促进了学习者音乐技能的成长，也促使他们在情感、思维和个性上得到全面发展。学习者在音乐教育中不断探索自我，体验自我表达的快乐，同时学习如何欣赏和理解他人的音乐创作。这种主体性的体验使音乐教育成了一个充满创新和个性发展的领域。通过音乐教育，每个学习者都有机会发掘和展现自己独特的音乐潜能，形成独一无二的艺术表达。

第二节　音乐教育的研究对象与研究范围

一、音乐教育的研究对象

音乐教育学作为一门学科，其核心研究对象随着社会的变化、教育认知的提升和科技进步而不断发展。目前的科学水平表明，音乐教育学主要研究音乐教育活动。这类活动是相当复杂的，它们包含独立的系统、结构、过程以及功能和效果。音乐教育的主体为施教的教师，客体则是接受教育的学生，二者之间的桥梁是音乐作品，包括书面的以及音响的。教师、学生和音乐作品三者之间构成动态的过程：教师通过音乐作品影响学生，而学生也将反馈不断传递给教师。这一过程中，音乐教学的运作不断调整。

音乐教育活动受教育体系、政策、社会文化发展水平、经济状况、音乐教育环境、音乐理论以及社会音乐思想等多种因素的影响和调控。从狭义讲，音乐教育学主要研究对象，是在国家要求下，有组织、有计划、有目的地进行的学校音乐教育。从广义讲，一切通过音乐影响人的思想、情感、道德品质及知识技能的活动，都属于音乐教育学范畴。社会和家庭等非学校音乐教育因素，以补充、加强、替代或干扰的形式影响学校音乐教育，二者相互作用。音乐教育学涉及学前教育、普通教育、高等教育、业余教育和特殊教育等多层面。学校音乐教育包括幼儿园、小学、初高中、中等专业学校、普通大学和特殊教育学校等。师范院校旨在为基础教育服务，因此设有师范音乐教育。本书的研究重点在于中小学音乐教育，具体来看，其研究对象如图 1-1 所示。

音乐教育理论	音乐教育实践
教师培训和发展	个体的特性
教学方法和策略	评估与评价

图 1-1 音乐教育的研究对象

（一）音乐教育理论

音乐教育理论是音乐教育研究的一个重要领域，涵盖了音乐学习和教学的各个方面。这一理论基于对音乐教育目的、内容、过程和评价的深入理解，旨在提供有效的教学方法和策略，以满足个体的音乐学习需求和发展他们的音乐潜能。音乐教育理论强调音乐不仅是一种技能的学习，更是一种情感、文化和社会价值的传递。在音乐教育过程中，重视个体的全面发展，不仅包括音乐技能的培养，还包括审美、创造力和批判性思维的提升。

音乐教育理论认为，音乐是一种强大的交流方式，能够跨越语言和文化的界限，促进个体的情感表达和社会互动。音乐活动，如合奏、合唱和即兴创作，被视为促进团队合作和提升社交技能的有效手段。此外，音乐教育理论还关注音乐学习对个体心理和认知发展的影响，包括音乐对记忆、注意力和情绪调节的积极作用。音乐教育理论还强调教师在音乐教育过程中的作用，认为教师不仅是知识的传递者，更是学习的引导者和激励者。有效的音乐教育需要教师具备深厚的音乐专业知识、敏锐的教育洞察力和丰富的教学技巧。音乐教育理论倡导采用多样化的教学方法，包括传统的教学方式和现代技术手段，以适应不同个体的学习风格和需求。在评价个体的音乐学习成果时，音乐教育理论提倡采用全面和多元的评估方法。这包括对个体的音乐表演、创作和理论知识的综合评价，同时考虑个体的个人进步和创造性表现。通过这种方式，评估不仅关注个体的音乐技能水平，还重视他们的创造力和表达能力的发展。

（二）音乐教育实践

音乐教育实践是一个涵盖广泛领域的教学过程，不仅关注音乐技能的传授，更重视音乐在个体发展和社会参与中的作用。在音乐教育实践中，教师和个体共同参与充满活力和创造性的学习过程，旨在培养个体的音乐技能、审美感受、创造力和社交技能。音乐教育实践注重实际操作和体验，通过各种音乐活动如演唱、演奏、即兴创作和音乐会参与等，个体能够在实践中学习音乐，并发展与之相关的各种技能。在这个过程中，个体通过参与音乐创作和表演，不仅学习音乐知识和技巧，还能够体验音乐的情感表达和文化价值。音乐教育实践鼓励个体探索不同音乐风格和文化，增强他们对音乐多样性的理解和尊重。此外，音乐集体活动如合唱团和乐队，为个体提供了学习合作和增强团队精神的机会，同时是社交技能发展的重要途径。音乐教育实践中的即兴创作和音乐会参与等活动，不仅促进了个体的艺术创造力，还激发了他们的想象力和创新思维。

在音乐教育实践中，教师的角色是重要的。教师不仅是音乐知识和技能的传授者，更是引导者和激励者。他们通过设计多样化的教学活动，创造丰富的学习环境，激发个体对音乐的兴趣和热情。此外，教师要关注个体差异，采用不同的教学策略来满足个体不同的学习需求。有效的音乐教育实践还包括对个体进行全面的评估和反馈。这不仅包括技能水平的评价，还包括对个体创造力、参与度和社交能力的评价。音乐教育实践的目标是个体全面发展，不仅在音乐方面有所成就，还能够在情感、社交和认知等多方面发展。通过参与音乐活动，个体不仅能够提高音乐技能，还能够培养良好的审美情趣、健康的情感态度和积极的生活方式。音乐教育实践的成功在于它能够帮助个体建立对音乐的长久热爱，同时为他们的个人成长和社会参与打下坚实的基础。

（三）教师培训和发展

教师培训和发展是音乐教育领域的一个重要研究对象，对于提高音乐教育质量和效果具有关键性作用。音乐教师培训不仅涉及音乐知识和技能的传授，更重要的是，包括教育理念、教学方法和个体心理的理解。音乐教师需要具备深厚的音乐理论知识，掌握各种乐器的演奏技巧，并且了解音乐史和音乐理论。除此之外，音乐教师还需要了解如何将音乐理论与实践结合起来，如何在课堂上有效地传授音乐知识，以及如何激发个体的兴趣和创造力。音乐教师的专业发展是一个持续的过程，他们需要不断地学习和更新自己的知识和技能。这包括参加各种研讨会、工作室和继续教育课程，以及与同行交流经验和策略。通过这些活动，音乐教师可以了解最新的教育趋势，掌握最新的技术，同时提升自己的教学方法和技巧。

教师的培训和发展还包括对教学实践的反思和评估。教师需要定期评估自己的教学效果，了解哪些方法失效，哪些方法需要改进。此外，音乐教师应该对个体的反馈和表现保持敏感，以确保教学活动能够满足个体的需要和兴趣。音乐教师还应该学会如何使用各种教学工具和技术，如数字音乐软件和在线教学平台，这些技术可以使音乐教学丰富和多样化。在音乐教育中，教师的个人艺术修养和创造力也非常重要。音乐教师应该鼓励自己参与音乐创作和表演，这不仅可以提高自己的艺术水平，也可以为个体树立榜样和提供灵感。通过亲身体验音乐创作和表演，音乐教师可以更好地理解音乐的表达和情感，从而在教学中有效地指导学生。

（四）个体的特性

音乐教育中考虑个体的特性对于有效的教学非常重要。个体都是独一无二的，具有不同的学习风格、能力水平、兴趣和背景。了解和尊重这些差异是实现个性化教学和促进个体全面发展的关键。在音乐教育中，个体的特性包括他们对音乐的感受能力、创造力、情感表达、社交互动以及身体和认知发展等方面。个体对音乐的感受能力各不相同，这包括对音高、节奏、音色和音乐结构的感知。有些个体可能对旋律敏感，有些个体可能善于理解节奏和和声。认识到这些差异有助于教师设计适合个体的教学方法和材料。

创造力是音乐教育中的另一个重要方面。个体都有不同程度的创造潜能，需要在音乐教学中得到培养和激发。通过鼓励个体进行音乐创作、即兴演奏和表达自己的想法，教师可以帮助个体开发他们的创造力。情感表达是音乐教育的核心。个体通过音乐表达情感，这是艺术表达的一部分，也是个人成长和社交发展的重要组成部分。音乐教育为个体提供了安全的环境，让他们能够探索和表达自己的情感。社交互动在音乐教育中也扮演着重要角色。通过集体演奏、合唱团和乐队活动，个体可以学习如何与他人合作和沟通。这种互动提升了他们的音乐技能，促进了社交技能和团队精神的发展。个体的身体和认知发展同样重要。音乐教育可以促进个体的精细动作技能，如手眼协调和手指灵活性。音乐活动（如节奏练习和乐器演奏等）可以帮助提高这些技能。同时，音乐可以促进个体的认知发展，包括记忆、注意力和思维能力。

（五）教学方法和策略

音乐教育的教学方法和策略是音乐教育的核心内容，涉及音乐课程的设计、教学方法的创新以及适应不同年龄和能力水平的个体需求。音乐教育的成效，在很大程度上取决于教师采用的教学方法和他们对个体的深刻理解。有效的音乐教学不仅传授音乐知识和技能，还应激发个体的兴趣，促进其全面发展。

音乐课程设计的核心在于平衡理论与实践，确保个体能够在理解音乐的基础上，获得充分的实践机会。创新的教学方法，如融合技术和互动式学习等，能够增强个体的参与度和学习效果。同时，考虑到个体的年龄和能力差异，个性化的教学策略显得尤为重要。为不同能力的个体提供定制化的学习计划，可以确保每个个体都能在自己的节奏下进步，最大限度地发挥其潜能。教师在音乐教育中扮演着重要的角色。他们不仅是知识的传递者，更是个体情感和技能发展的引导者。教师通过理解个体的独特需求和兴趣，可以有效地激发个体的学习动力，帮助他们建立对音乐的浓厚兴趣。此外，教师应鼓励个体进行创造性思维，探索音乐的各种可能性，从而培养个体的创新能力和批判性思维。

（六）评估与评价

在音乐教育领域，评估与评价是关键的研究对象之一，它们对于个体的学习进展和教师的教学方法都有重要影响。评估和评价不仅涉及对个体音乐技能和知识水平的测量，更包括对个体创造力、参与度、情感表达和音乐欣赏能力的考量。

音乐教育中的评估通常是一个持续的、形成性的过程，旨在监测和支持个体的学习进展。这种评估方式强调在教学过程中对个体的表现进行定期和系统的观察和记录。通过这种方式，教师能够获得关于个体学习状态的及时反馈，从而及时调整教学策略，以满足个体的学习需求。音乐教育的评估还包括对个体参与度和课堂互动的观察，这有助于教师了解个体的参与态度和对音乐学习的兴趣。

评价则是对个体学习成果的总结性判断，通常发生在学习过程的某个阶段或结束时。在音乐教育中，评价不仅关注个体技能和知识的掌握程度，还包括对个体音乐创作、表演和批判性思维能力的评价。这种评价方式通常涉及对个体音乐作品的展示或演出的评估，以及对个体的音乐理论和历史知识的考核。

在音乐教育中，评估和评价的目的不仅是给个体的学习成果打分，更重要的是指导和促进个体的继续学习和发展。有效的评估和评价应该鼓励个体反思自己的学习过程，认识到自己的强项和需要改进的地方。评估和评价还应该帮助个体获得自我评价的能力，使他们能够自主地监测和调整自己的学习。音乐教育中的评估和评价还强调公平性和透明性。评价标准应该清晰明确，对所有个体公平适用。教师应该确保评估和评价过程中的偏见最小化，同时对个体的多样性和个别差异给予充分考虑。

二、音乐教育的研究范围

音乐教育的研究范围是综合和多维的，涵盖理论、制度、方法等多个方面，旨在提高音乐教育的质量和增强其效果，为个体提供全面、高效的音乐学习体验。

（一）音乐教育原理

音乐教育原理着重探索音乐教育的核心议题，如音乐的本质、目的和价值等。这一研究途径采用哲学方法，特别是马克思主义哲学视角，以构建符合中国国情同时融合国际教育思想的教育体系。在这个过程中，理性和客观性成为关键要素，不仅强调理论与实践的结合，还特别重视从历史经验和教训中学习。音乐教育的现代化革新正是在这种哲学指导下进行的，目的是确保教育理论与实际教学能够有效地结合，实现音乐教育的全面发展。在此基础上，音乐教育原理强调的不仅仅是音乐知识和技能的传授，更重要的是通过音乐教育培养个体的审美意识、创造力和文化素养。这样的教育不仅使个体能够欣赏与理解不同风格和时期的音乐作品，还能激发他们的创造潜能，为未来的音乐创作和表演奠定坚实的基础。另外，音乐教育还注重个体个性的发展，鼓励他们在音乐学习中发现并追求自己的兴趣并形成独特的风格，这种个性化的教学方法不仅提高了个体对音乐的兴趣，还有助于他们全面发展。

（二）音乐教育社会论

音乐教育社会论专注于运用社会学的视角对音乐教育的理论和方法进行深入分析。该研究领域致力于揭示音乐教育与社会学相互之间的紧密联系，同时探索两者之间的互动影响以及社会音乐现象。这一领域的研究强调观察并分析社会中的音乐现象，以此作为了解音乐教育本质的途径。这种方法不仅有助于研究者深刻地理解音乐教育在社会结构和发展中的角色，而且促使他们认识到音乐教育与社会发展之间存在着密切且不可分割的联系。在研究社会学原理在音乐教育中的应用的过程中，音乐教育社会论提供了一个全新的视角来审视音乐教育的重要性和影响力。研究者通过这一视角能够更好地理解音乐教育在塑造社会价值观、传播文化和促进社会和谐方面的重要作用以及音乐教育在促进社会包容性、提升公共参与度以及增强社会凝聚力方面的潜在价值。

（三）音乐教学论

音乐教学论在当代音乐教育体系中扮演着举足轻重的角色，不仅是教学实践的指导原则，而且反映了对音乐价值和教育目的的深入理解。该领域的研究涵盖了一系列关键要素，包括但不限于教学理念、目标设定、教学方法、课程内容和组织结构，以及对教学效果的评估。在这一框架下，音乐教学不仅是传授技巧和知识的过程，更是一种培养审美意识、激发学习热情和创造力的教育实践。

随着现代音乐教育的进步，课程改革，特别是教材的更新与创新，已成为推动该领域发展的关键动力。这种改革不仅体现在教材内容的丰富和多样化，还体现在教学方法的创新和科学性。现代音乐教学的核心目标在于培育个体对音乐的深刻理解和审美鉴赏能力。通过这样的教学，个体不仅能够欣赏和理解不同风格和时期的音乐作品，还能够在音乐创作和表演中找到个人的声音和风格。现代音乐教育强调个体的差异和特点，倡导因材施教，使个体都能在音乐学习中找到适合自己的路径。这种个性化的教学方法不仅增强了个体对音乐学习的兴趣，还有助于激发他们的创造潜能，为未来的音乐创作和表演奠定基础。

（四）音乐教育史

音乐教育史的研究是一项涵盖各个历史时期和各个地理区域的学术探索，旨在理解和阐述音乐教育在人类发展历程中的理念和实践。深入研究音乐教育史，有助于揭示音乐教育在不同社会和文化背景下的发展规律，从而为现代音乐教育实践提供宝贵的历史参照和理论指导。这一研究领域不仅关注了全球范围内从古代到现代的音乐教育历史，还包括了对特殊音乐教育，如残障音乐教育、少数民族音乐教育等特定领域的深入分析。音乐教育史的研究强调了音乐教育在人类文化和社会结构中的重要性，展示了音乐教育如何随着社会、政治和文化的变迁而演进。研究者们探索了不同历史时期音乐教育的目的、方法和影响，以及音乐教育是如何反映和塑造时代的社会价值观和文化认同的。此外，对特殊音乐教育领域的研究突出了音乐教育在满足多元化社会需求、促进社会包容性和文化多样性方面的作用。

（五）音乐教育管理学

音乐教育管理学涵盖领导和组织音乐教育活动的策略、教学方法的评估、音乐教育政策的制定以及对个体培训的管理和评估等关键方面，集中于音乐教育管理领域的理论和实践。该领域的研究旨在深化对音乐教育管理工作的理解和提高其效率，确保音乐教育活动得以高效、有序地进行。这包括如何有效地领导音乐教育项目，确保教学活动与教育目标的一致性，以及如何评估和改进教学方法以提高教育质量。

音乐教育管理学关注音乐教育政策的制定，包括规划课程内容、设置教学标准和目标，以及制定适应不同学习需求的政策。这项工作有助于确保音乐教育活动的高标准和质量，也保证了音乐教育在不断变化的教育环境中的适应性和相关性。对个体培训的管理和评估也是音乐教育管理学的重要组成部分。这涉及如何有效地监督个体的学习进度，评估他们的学习成效，以及如何为他们提供必要的支持和指导，旨在提高个体个人技能和增强整体教育效果。

第三节　音乐教育的意义

一、音乐教育的理论意义

作为素质教育中不可缺少的一环，音乐教育对个体全方位培养具有举足轻重的作用，其理论意义如下：

（一）有助于德育的落实

音乐教育在德育实施方面展现出其深远的影响力。音乐不仅仅是一种内心情感的表达手段，同时是一种能够带来身心愉悦、净化心灵并启发智慧的艺术形式。在思想道德教育的领域里，音乐教育扮演着重要的角色，致力于帮助个体构建完整的审美观念，提升审美能力，并在此过程中培养他们深厚的审美情操。当个体在音乐的学习和欣赏过程中，其道德情操得到了潜移默化地熏陶，这种影响就像春雨般细腻而深入。音乐中的旋律和歌词涵盖了丰富的哲理，增强了个体的听觉感受，丰富了他们的情感体验。音乐教育达到了通过情感来教育和感动个体的效果。

苏联教育家苏霍姆林斯基对音乐在情感教育中的不可替代作用给予了强调。他认为教育要培养健全的个人，"而集体知识实现是这一目的的手段"[①]。音乐教育的目的并不仅仅在于培养音乐家，而是通过音乐这一独

---

① 苏霍姆林斯基.教育的艺术 [M].肖勇，译.长沙：湖南教育出版社，1983：197.

特的教育形式，促进个体的全面发展和能力提升。这一观点至今仍被国内外众多教育家所接受。音乐被视为道德教育的有效手段，其与德育教育的紧密联系被广泛认可。音乐教育的寓教于乐和易于接受的特性使其在个体中极受欢迎，成为德育工作中不可或缺且极为重要的部分。

音乐教育在德育方面的重要性不可忽视，它在培养个体的道德感、社会责任感以及情感和人格方面发挥着关键作用。音乐作为一种独特的艺术形式，不仅丰富了个体的文化生活，还有助于塑造他们的品德和价值观。音乐教育能够在多个方面促进德育的落实。在情感教育方面，音乐能够触及人心深处，激发内在的情感和同理心，培养个体广泛的社会情感。在音乐教育中，个体通过学习不同风格和文化背景的音乐，能够体验到丰富多样的情感，从而增强对他人情感的理解和尊重。在道德意识塑造方面，音乐作品往往蕴含深厚的道德和哲学意义，通过对这些作品的学习，个体可以对社会主义核心价值观有更深的理解。教师可以通过音乐作品来引发关于道德和伦理的讨论，使个体能够在音乐的背景下思考并形成自己的道德观念。

音乐教育能促进个体社会责任感的培养。在音乐教育过程中，个体会经常参加集体音乐活动，如合唱团或乐队演出等，这需要个体学会团队合作、相互尊重和共同努力以达成共同目标。这种团队精神的培养有助于增强个体的社会责任感，使他们了解个人行为对团队和社会的影响。同时，音乐教育还鼓励个体参与社区和公益活动，如慈善音乐会，从而在实践中学习和体现社会责任。音乐教育有助于培养个体的自我认知和自我控制能力。在学习音乐的过程中，个体不仅需要练习技巧，更要学会如何控制和表达自己的情感。这种对内在情感的控制和表达能力是个人情绪智力发展的重要部分，对于个体的人格发展很重要。音乐教育还可以通过对多元文化的学习和欣赏，培养个体的包容性和开放性。在全球化的背景下，理解和尊重不同文化的重要性日益增加。音乐教育通过介绍不同国家和民族的音乐，让个体了解并欣赏世界各地的文化多样性，从而培养他们对不同文化的尊重和包容。

（二）有助于提升个体审美素质

音乐教育在个体的成长过程中发挥着不可替代的作用，其重要性体现在多个层面。音乐作为一种独特的艺术形式，不仅丰富了个体的审美经验，还对其心灵世界的充实与提升起到关键作用，对其审美素质的提升具有重要影响。在当前社会与教育体制的快速发展中，音乐教育的价值凸显，已成为美育领域的重要内容。

音乐教育不单是对音乐知识和技巧的传授，更是一种审美教育的实现形式。通过对音乐的学习，个体能够触摸到不同文化的韵律，感受到多样的情感表达，从而拓宽视野，增强对世界多元美感的认知与感受。这种教育方式特别强调个人情感的培养和智力的发展，使个体在音乐中找到心灵的慰藉，同时激发他们的创造力和表现力。音乐教育在培养个体审美能力方面具有独到之处。现代教育体系中，音乐常作为一种工具，不仅教导个体如何欣赏高质量的音乐作品，更重要的是通过音乐教育引导他们树立正确的审美观。这种教育不限于音乐本身，还涉及对美好事物的感知和欣赏，从而全面提升个体的审美素养。

开展音乐教育对提升个体审美素质的帮助还体现在以下方面：音乐教育不仅帮助个体建立起对音乐的深刻理解和欣赏，而且通过音乐反映个人的知识结构和对生活的理解，从而提升个人的品位和追求。音乐教育与素质教育、审美教育之间存在相互渗透和作用的关系，共同促进个体的全面成长。在音乐的学习过程中，个体有机会接触到各种风格和文化背景的音乐作品，由此获得的多元化的音乐体验不仅扩展了他们的审美视野，而且促进了他们审美能力的全面提升。个体通过对不同类型音乐的学习和欣赏，逐步形成了自己的审美标准和偏好，这对他们的个性发展和情感丰富性具有重要影响。音乐不仅是知识和技能的传授，更是触动其情感的体验。个体在音乐中感受到美的存在，逐渐形成独立的鉴赏和理解能力。这种经历让个体学会欣赏音乐，也教会他们如何在生活中寻找和创造美，对他们审美素质的形成和提升具有重要影响。

（三）有利于个体科学知识素质的提高

音乐教育在个体的整体教育体系中扮演着重要的角色，尤其在提升个体的科学知识素质方面显现出其独特的价值。音乐作为一种综合性艺术形式，不仅丰富了个体的文化生活，更在大脑发展和潜力挖掘方面展现了显著的效果。通过深入地研究与实践，音乐教育在促进个体思维意识形成和智慧增长方面的重要作用已经得到证明。

开展创新性的音乐教育活动有助于激发个体的思考能力和创造力。在音乐学习的过程中，个体不仅接触到各种不同的音乐风格和表现形式，还能通过音乐的理解和创作，锻炼自己的思维方式和解决问题的能力。这些能力在科学学习中很重要，因为科学本质上要求创新思维和解决问题的能力。脑科学的研究进一步揭示了音乐教育的益处。实验表明，与连续进行科学学习的个体相比，那些在学习过程中穿插音乐活动的个体更能有效地吸收和理解新知识。这种科学学习与音乐相结合的教育方式通过在严肃的学习和轻松的音乐活动之间切换，不仅提高了个体的学习效率，还有助于提升他们的学习兴趣和动力。在当前教育环境中，个体在科学、技术、工程和数学（STEM）等领域的素质提升广受学校、老师和家长们的重视，而音乐教育作为这一目标的重要补充，为个体提供了一种全新的学习维度。通过音乐，个体能在情感、审美和创造性思维方面得到显著提升。

音乐教育在提升个体的科学知识素养方面的重要性已经得到众多科学家的研究支持，其中包括诺贝尔生理学或医学奖得主及神经病理学专家斯佩里博士。斯佩里博士的研究强调，个人在事业和生活中的成功与大脑思维功能的活跃程度密切相关。这一点在历史上的伟大科学家（如牛顿和爱因斯坦等）的成就中得到了体现，他们的成功与他们高度发达的左右脑功能有关。音乐教育作为培养右脑的有效手段，对于开发个体的大脑潜能和培育创造力具有显著效果。艾斯纳通过实验得出结论：音乐教育能有效培养个体的注意力、多角度解决问题的思维、想象力、创造力、判断力、执行力和思维转换能力。在这个过程中，个体学会了如何运用创造性思维解决科学问题，从而在科学学习中表现出更高的兴趣和更强的掌握能力。这不仅在当下促进了个体的科学学习，也为他们未来在学术和职业生涯中的发展打下了坚实的基础。

二、音乐教育的实践意义

（一）有助于个体形成和谐的人际关系

1. 有助于培养个体的沟通能力

音乐教育在培养个体的沟通能力方面发挥着显著作用，这在教育学和心理学领域中得到了广泛认可。一方面，音乐作为一种独特的语言形式，不仅能够跨越文化和语言的界限，而且能在无形中教会个体如何表达和理解情感。通过音乐教育，个体学习到的不仅仅是音符和旋律，更重要的是如何通过音乐这种非言语的形式与他人沟通和分享自己的感受。音乐活动，如合奏和合唱，要求个体必须倾听彼此并协调动作，这种集体性的活动无疑增强了他们的团队合作能力和相互理解。在这个过程中，个体不仅学会了如何在音乐中找到自己的位置，还学会了如何倾听和尊重他人的声音，对于沟通能力的提升很重要。通过学习音乐，个体能更好地理解和表达情感，有助于个体形成同理心，学会了如何理解和感受他人的情绪，从而在日常生活中善于沟通和交流。音乐的多样性也让个体接触到不同文化和背景的表达方式，增强了他们的文化敏感性和适应不同沟通环境的能力。

另一方面，音乐教育能够提高个体的语言能力。音乐和语言有着紧密的关系，通过音乐教育，个体在节奏和韵律方面的感知能力得到提升，这直接影响到他们的语言表达和理解能力。许多研究表明，定期参与音乐活动的个体在语言学习和使用上表现比较出色。音乐教育通过提升听觉和音调的辨识能力，间接地加强了个体的语言沟通技巧。

2. 增强集体意识，培养团队精神

瑞士心理学家荣格说过，"只有在艺术中，人们才能理解到一种能允许所有的人都去交流他们情感的韵律，从而使人结合成一个整体"。①

音乐教育对增强个体集体意识和培养团队精神具有显著的作用。音乐教育不仅是对音乐知识和技能的传授，更是社会化和集体合作的学习过程。通过参与音乐活动，个体在享受美妙音乐的同时，在无形中学习如何作为团队的一员共同协作和表达。音乐教育的合奏、重奏、和声、团体表演等团体合作的活动形式常常要求个体之间相互协调，每个成员的角色和贡献都对最终的表演成果很重要。在这些活动中，个体学会了倾听他人，理解团队合作的重要性，认识到每个人都是共同目标实现中不可或缺的一部分，从而形成较强的集体意识以及对集体成就的价值感。在音乐教育过程中，音乐的这种合作性质也促进了个体之间的沟通和理解。在排练和表演过程中，个体必须学会如何有效沟通，如何消除团队内部可能出现的分歧，从而达成一致。这种经历教会他们在集体环境中如何协调个人与团队的关系，如何为了共同的目标做出个人牺牲和调整，有助于个体形成强烈的团队精神和集体责任感。

音乐教育还能帮助个体发展领导能力和组织能力，从而培养个体的集体意识。在音乐活动中，个体有机会担任领导角色，如指挥、乐队长或合唱团领唱，这些角色要求他们不仅要展现自己的音乐才能，还要学会如何激励和引导其他团队成员。这样的经历为个体提供了实践领导技能的机会，让他们在真实环境中体验领导和被领导的角色，理解有效领

---

① 李新生.论美术教育的社会性功能 [J].艺术百家，2007（3）：142-144.

导的重要性和掌握提高团队配合度的方法。通过集体的音乐活动，个体还学会了尊重、包容和赞赏他人的贡献，这对于他们日后在广泛的社会环境中建立良好人际关系、融入社会大集体非常重要。

（二）有助于培养个体的创新能力

音乐教育对个体创新能力的培养主要体现在音乐活动激发个体的创造性思维、拓宽思维空间以及促进想象力的发展上。无论是在音乐创作、表演还是欣赏中，个体都参与一个充满联想、想象和创造的过程。这一过程不仅仅是音乐技能的培养，更是对个体独特思维方式的一种拓展，对其创造力的一种开发，以及对精神境界的一种升华。音乐活动能够有效地激发个体的创造性思维，可以在音乐教育的多种形式中得到体现。在创作音乐时，个体需要运用他们的知识、情感和经验来创造新的旋律和节奏，这一过程促使他们在创新上进行思考和探索。音乐表演也是一种创新的表达，个体在表演过程中学习如何将个人理解融入音乐，如何通过音乐表达自己的情感和见解。音乐欣赏同样是一种主动的思维过程，个体在欣赏中学会了如何理解音乐背后的意义，如何将音乐与自己的感受和经验相结合。

音乐教育对个体创新能力的培养还体现在它对个体思维方式的拓展上。音乐作为一种艺术形式，不仅包含了复杂的情感表达，还蕴含着丰富的文化和历史元素。在学习音乐的过程中，个体不仅学习音乐本身，还学会了如何从不同角度理解和解释音乐。音乐教育在开发个体创造力方面也发挥着重要作用。音乐创作和表演要求个体不断探索新的表达方式和创意，这种探索限于音乐领域，还能延伸到其他学科和生活的各个方面。通过音乐教育，个体学会了如何运用创造性思维解决问题，如何在日常生活中寻找灵感和创新。

（三）有利于培养个体创造力

音乐教育在培养个体创造力方面扮演着极为重要的角色。在人类社会的发展历程中，创造力一直是推动人类进步的关键因素，尤其在艺术领域更显示其重要性。音乐作为艺术教育的重要组成部分，对于激发和培养个体的创造力起着重要的作用。音乐教育通过多种教学方法和丰富的实践活动，不仅有助于个体掌握音乐技能，更重要的是可以激发他们的音乐想象力和创新精神。在音乐教育过程中，教师通过创造充满活力和愉悦的教学环境，鼓励个体自由地探索音乐世界，从而激发他们的创造潜力。个体在这样的环境中得到鼓励，积极参与音乐创作，这增强了他们对音乐的理解和感受，提高了他们将个人创意融入音乐创作的能力。音乐教育中的这种互动和探索丰富了个体的艺术体验，加深了他们对音乐艺术的认识和欣赏。

音乐教育对于培养个体的创造力具有不可估量的价值。它不仅帮助个体发展音乐技巧和艺术感知，更重要的是，通过音乐创作和表现，个体能够学习如何将自己的情感和思想表达出来。这种表达不限于音乐领域，还能够扩展到其他生活和学习领域，为个体未来的成长打下坚实的基础。因此音乐教育不仅是传授音乐知识和技能的重要方式，更是全面发展个人创造力的重要手段。通过这样的音乐教育，可以培养出更具创造性、想象力和表达能力的下一代人才，为社会的文化和艺术发展做出贡献。

第四节　音乐教育的目标与原则

一、音乐教育的基本目标

音乐教育在素质教育体系中占据着不可或缺的地位，它是德育、智育、美育、体育及劳动教育的关键推动力量。音乐教育对于培养具有理想、道德、文化和纪律的新一代学生具有显著的影响。音乐教育的基本

目标集中于以下几个方面:

（一）本体目标

音乐教育的基础在于实现其本体目标，这些目标围绕着培养学生深入感知、理解和鉴赏音乐的能力，同时致力于提高他们的音乐创造力。这些本体目标的实现是音乐教育的主要职责，它们包括对音乐基础知识的全面掌握和音乐修养的培育。音乐教育的本体目标不仅指导着音乐教学的具体课程内容和结构，而且对音乐课程的有效编排和实施起着关键作用。基于这一本体目标，音乐教育确保了教学内容不只局限于传授技能，而是深入探究音乐的本质。这样的教学使学生能够全面地理解音乐，形成对音乐的深度鉴赏能力。音乐教育也专注于激发学生的创造力，鼓励他们在音乐领域内进行创新和探索。

音乐教育的本体目标为学生提供了一个全方位的学习平台，不仅涵盖了音乐知识的理论和实践，还包括了音乐情感的表达和创新思维的培养。这些目标的实现不仅对学生的个人艺术素养和创造能力有着重要影响，也对他们的社会和文化认知有深远的意义。因此，音乐教育在促进学生的个人发展的同时，也为实现广泛的社会目标做出了贡献，使学生在音乐领域之外的其他领域也能展现出卓越的能力和素养。通过这种全面的教育，学生不仅学会了如何欣赏和创造音乐，更学会了如何在音乐中找到自我表达的途径，以及如何将音乐融入日常生活，使之成为自我成长和社会参与的重要部分。

（二）社会目标

音乐教育在塑造社会价值观和文化传统方面发挥着关键作用，其社会目标深植于中国国情。音乐教育不仅是教授音乐技能和知识，更是在上层建筑领域中促进民族文化传统理念的传承。在国家现代化进程中，音乐教育成为培养和弘扬社会主义核心价值观的重要手段。通过音乐教育，教师能够激发年轻一代对本民族音乐文化的深厚情感，同时强化他们的民族自豪感、自信和团结。这种教育方式不单传授音乐知识和技能，更重要的是，它使学生能够深入地理解和认同民族文化和价值观。音乐教育通过其独特的方式，不仅使学生体会音乐的魅力，还让他们了解音乐在表达民族精神和文化传承中的重要作用。

音乐教育在培养个体的社会责任感和集体意识方面也起到重要作用。通过学习和演绎充满民族特色和历史意义的音乐作品，学生能够在音乐的旋律中感受到民族的历史和文化，进而在心灵深处培育对国家和民族的深厚感情。音乐教育还强调了集体协作和团队精神，尤其是在合唱、管弦乐队等集体性音乐活动中，学生学会了如何与他人合作，如何为了共同的音乐目标一同努力。

（三）根本目标

音乐教育的根本目标在于通过音乐在常规学校环境中培育学生的高尚品格和审美能力。这一目标深刻体现了音乐教育致力于促进个人的全面发展和社会的整体进步，这也是音乐教育追求的最高境界。在历史长河中，音乐一直是塑造个人心灵和改变社会氛围的关键工具。回溯到先秦时期，众多思想家已经明确提出音乐在培养人心方面的重要作用，他们的观念如"兴于诗、立于礼、成于乐"以及"善民心"和"移风易俗"，强调了音乐教育的深远影响。同样地，梁启超曾提出，"盖欲改造国民之品质，则诗歌音乐为精神教育之一要件，此稍有识者所能知也。……今日不从事教育则已，苟从事教育，则唱歌一科，实为学校中万万不可阙者"。[①]欧洲早期的哲学家和教育家，如柏拉图和亚里士多德，也对音乐在美学教育中的重要性有过深入探讨。到了近代，对人的品格的培养和促进人品格的发展成为音乐教育的目标，这是这一时期音乐教育思想的重要特点。苏霍姆林斯基对这一时期的音乐教育进行了概括与总结，强

---

① 梁启超.梁启超全集：论小说与群治之关系：第18卷[M].北京：北京出版社，1999：5333.

调音乐教育的目标不是培养音乐家，而是着重于人的全面发展。德国杰出的音乐教育家、作曲家卡尔·奥尔夫的音乐教育理念为"从根本上对人进行培养的思想"。①

这些观点共同指出音乐教育在培养个体和塑造社会方面的重要性。音乐教育不仅涵盖了审美的培养，更进一步，在个人品格的塑造和社会文化的进步中扮演着关键角色。音乐作为一种跨越时空的艺术形式，不仅丰富了人类的文化遗产，还在培育个人情感、提升社会价值观和加强民族认同感方面发挥着重要作用。音乐教育通过这种全面而深入的方式，不仅提高了学生对艺术的理解和欣赏能力，更重要的是，激发了学生的创造力，促进了他们在道德、情感和社会责任感方面的成长。

二、音乐教育目标的内涵

（一）描述音乐教育现象

音乐教育现象的探究，作为人类社会发展的重要组成部分，反映了教育领域中的独特性。它融合了音乐与教育的特点，展现了两者之间的相互作用和渗透。音乐教育领域的研究重点在于识别和分析音乐和教育现象的融合点，以及这种结合对教育目标和方法的影响。区别于其他教育形式，音乐教育注重将教育目标与艺术表达相结合，并以感性的形式传递知识和文化价值。音乐教育现象的研究需要深入探讨音乐对人类感性和情感的影响，以及不同音乐形式如何在人们心中产生不同的效果。研究还需关注不同音乐教育策略和方法在实现教育效果上的差异性。这样的全面分析有助于构建完整的音乐教育现象知识体系，进而全面地理解音乐教育的特点和其在个人和社会发展中的重要性。音乐教育的研究不单单聚焦于音乐作为一种艺术形式的价值，还着重于音乐在整个教育过程中的角色，尤其是在培养个体的情感、审美和文化理解能力方面的独特贡

① 曹理.普通学校音乐教育学[M].上海：上海教育出版社，1993：9.

献。这种研究强调了音乐教育在发展人类综合素质方面的关键作用，展示了音乐教育在促进个人全面发展和文化传承中的重要地位。

（二）揭示音乐教育规律

在音乐教育领域，探索和理解教育现象背后的本质和规律是重要的。音乐教育现象多样化地展现了"教授音乐"的表面过程，但其深层次的规律关注于"如何教授"和"使用何种教学方法"。这些规律与学习者的年龄、知识水平和生活背景紧密相连，导致在音乐教育过程中，每个学习者所遵循的规律都有所不同。

音乐学习具有多样性，如声乐和器乐等不同领域，各自遵循特定的教育规律。这些规律不仅为音乐教育提供了实践指导，也使教师和学习者能更有效地进行音乐教育和学习。对这些规律的理解和掌握对于执行有效的音乐教育策略很重要。这些规律不仅为音乐教学提供了基本的指导，还使教师能够根据学习者的个性化需求调整教学方法和内容。现阶段，深入揭示音乐教育的规律成为音乐教育领域的一项重要任务，这对提升音乐教育的成效和品质具有极大的价值。通过理解各种音乐学习形式背后的特定教育规律，教师能准确地满足学习者的需求，同时能有效地激发学习者对音乐的潜在兴趣和才能。这样的探索不仅促进了音乐教育的深化发展，也为学习者提供了一个丰富和灵活的音乐学习环境，从而促进了个体的全面成长和音乐潜能的发挥。

（三）总结音乐教育理论

音乐教育理论的总结是将实践经验和认识转化为知识体系的过程，在音乐教育领域起着重要的作用。这些理论源自教学实践，反过来对实践产生深远的影响。实践不仅是理论的来源，也是理论发展和形成的基础。科学的理论在音乐教育实践中起着积极的指导作用，而不合理的理论可能会带来不良影响。理论与实践之间的关系是相辅相成的，它们之间的相互作用构成了一个复杂的辩证体系。

音乐教育理论的总结，依赖于对音乐教育现象的深入分析和对从实践中得出的规律的理解。这些从实践中提炼的经验需要被逻辑地整合和总结，以形成一个既符合音乐教育实际情况又具有前瞻性的理论体系。这个体系应当准确地揭示音乐教育的本质规律，包括音乐教育活动的实际过程、主要因素、条件以及普遍规律。构建这样一个理论体系需要长期、系统和科学地积累。这些理论不仅仅是对音乐教育活动的客观描述，更是对教育实践中遇到的各种主观和客观因素的深入理解。通过这种方式，音乐教育理论成为对音乐教育活动的重要指导，为教师和学习者提供理论上的支持。这些理论体系不仅促进了音乐教育领域的发展，还为音乐教育实践提供了坚实的理论基础，帮助音乐教育者更有效地实施教学计划，提升教育质量，同时激发学生的音乐兴趣和潜能。

（四）指导音乐教育活动

音乐教育学的核心在于通过对音乐教育现象的分析，提炼和总结出音乐教育的本质规律，并据此构建了一个科学而系统的理论体系。这一体系的建立不仅深入概括了音乐教育的现象，还精细总结了丰富的教育经验。考虑到理论与实践之间的相互依存和影响，这个体系在指导音乐教育实践方面起到重要的作用。

在广泛的层面上，音乐教育理论对分析整个国家的音乐教育效果以及为决策者制定新的教育政策提供了关键性的参考。在具体的教育实践层面，理论体系为不同年龄段的音乐教育提供指导，包括音乐教材的选择、教学方法的应用和教学理念的实施。在专业音乐教育的范畴内，无论是器乐技巧、声乐表达还是情感传递，理论指导都显得不可或缺。

随着音乐教育领域的深入发展，专业音乐教育的细分领域，如声乐学和各类器乐的教育学理论，已经变得精确和专业化。缺乏理论指导的音乐教育学可能会陷入空洞和教条主义，失去其存在的价值和意义。因此，音乐教育学的理论体系对于指导音乐教育实践、提高教学效果、促进学生技能发展以及音乐文化的传承很重要。这种理论上的指导不仅推动了音乐教育学科的发展，也为音乐教育实践提供了坚实的基础，从而使音乐教育成为一个全面和有效的教学领域。

三、音乐教育的原则

音乐教育的原则如图 1-2 所示。

1 整合优化原则	2 思维与情感结合原则
3 艺术性与思想性统一原则	4 直观与抽象相结合原则

图 1-2 音乐教育的原则

（一）整合优化原则

音乐教育中的整合优化原则是一种致力于在教学过程中实现资源和努力的最有效利用的方法。它强调将教学中的各个组成部分进行综合考量和调整，以达到最佳的教学效果。这一原则要求教师深入理解教学活动的多个方面，包括学生的个体差异、教学内容的丰富性、教学方法的创新性以及教学环境的适宜性。在这一原则下，教师不仅要关注音乐知识的传授，还需要重视音乐教育在培养学生情感、审美、创造力和批判性思维方面的作用。音乐作为一种特殊的艺术形式，对于它的教学不能简单地局限于技术层面，还应该深入音乐的文化、历史和社会意义。因此，教师在教学中需整合多种教学资源，如引入不同文化背景下的音乐作品，让学生在学习过程中不仅增长知识，还能扩展其文化视野和社会理解能力。

整合优化原则也强调教学方法的多样性和灵活性。每位学生的学习风格和需求是不同的，因此教师需要根据学生的特点和兴趣调整教学策略。例如，通过结合传统教学方法与现代技术手段，如数字音乐软件和在线音乐平台，能够提高学生的学习兴趣和参与度。同时，实践活动，如合唱、乐队演奏和音乐剧制作，不仅能够提升学生的音乐技能，还能培养团队合作和社交技能。

音乐教育的整合优化原则还包括对教学评价方式的深思熟虑。传统的音乐教学评价可能过于侧重技术层面，而忽略了学生的创造力和表现力。因此，教师应采用更全面的评价方式，如学生的作品展示、音乐创作和演奏反馈，以及学生对音乐的理解和感悟的深度。这种评价方法能够全面地反映学生的音乐学习成果，同时鼓励学生在音乐学习过程中展现个性和创造力。在教学资源方面，整合优化原则鼓励学校和教育机构重视音乐教育的设施和材料。优质的音乐教室、专业的音乐器材和丰富的音乐教材都是音乐教育成功的关键因素。通过提供充足的教学资源，教师能够设计丰富的教学活动，激发学生对音乐的兴趣和热情。

（二）思维与情感结合原则

音乐教育中思维与情感结合的原则旨在通过音乐教育深化学生的认知能力和情感体验。这一原则强调在音乐学习过程中，思维的逻辑性与情感的深度应相互融合，以实现学生全面发展的目标。音乐作为一种独特的艺术形式，不仅是智力活动的产物，更是情感表达的载体。因此，在音乐教学中，教师需引导学生在学习音乐理论和技巧的同时，深入理解音乐作品的情感内涵。这一原则下的教学过程不仅包括对音乐知识的传授，如音符、节奏、和声等，还包括对音乐背后情感和文化背景的解读。通过这种方式，学生不仅能够掌握音乐的基本技能，还能增进对音乐作品背后情感和文化意义的理解。例如，教师可以引导学生分析不同音乐作品的情感色彩，如欢快、忧郁或激昂，帮助学生理解如何通过音乐表达不同的情感。

思维与情感结合原则还鼓励学生在音乐学习中发挥主动性和创造性。通过鼓励学生创作自己的音乐作品或对现有作品进行重新解读，教师可以激发学生的创造力和想象力。这不仅有助于学生理解音乐创作的过程，还能够培养他们对音乐的深刻理解和独到见解。在教学方法上，这一原则要求教师采用多样化的教学手段，以满足不同学生的学习需求。这可能包括传统的课堂讲授、小组讨论、音乐会欣赏、实践演练等多种方式。通过多样化的教学方法，学生可以在不同的环境中学习音乐，从而全面地发展自己的音乐技能和审美能力。此外，思维与情感结合原则在音乐教学评估中也占有重要地位。教师需要采用综合性的评价方式，不仅考查学生的技术能力，还要评估他们对音乐作品的情感理解和表现。这种评价方法能全面反映学生在音乐学习中的成长和进步。

（三）艺术性与思想性统一原则

音乐教育中艺术性与思想性统一原则强调，在音乐教学过程中，艺术性和思想性应该是相辅相成的，音乐不仅是一种艺术形式，还是一种思想和情感的表达方式。音乐教育应当追求这两者的和谐统一，旨在培养学生的艺术审美能力和深刻的思想感悟。艺术性在音乐教育中指的是对音乐本身的美学价值和表现形式的探究。它包括对音乐作品的结构、风格、表现技巧的学习，以及对音乐表达方式的理解和应用。音乐教学应当使学生能够欣赏和理解不同音乐作品的艺术特点，培养他们的音乐审美和表达能力。这不仅涉及音乐技巧的学习和提升，还包括对音乐作品背后的艺术理念和创作灵感的理解。思想性则强调音乐作为一种文化和精神表达的载体。音乐教育应当引导学生探索音乐如何传达情感、思想和文化信息，理解音乐在社会和历史背景中的意义。通过对不同时期和文化背景下音乐作品的学习，学生能够深入了解音乐与社会、政治、历史的联系，从而培养出对音乐深刻的思想感悟和文化认知。

艺术性与思想性相结合统一原则要求教师在音乐教学中不仅注重技

能和知识的传授，更强调对学生进行全面的音乐教育。这包括鼓励学生进行创造性思考，激发他们对音乐作品背后深层含义的探索，以及通过音乐表达个人的观点和情感。在这一过程中，教师应当引导学生进行批判性思考，鼓励他们对音乐作品进行多角度的分析和解读。艺术性与思想性统一原则强调音乐教育的多样性和包容性。音乐教学应当涵盖多种音乐风格和流派，从古典到现代，从民族音乐到世界音乐，让学生能够体验和学习不同文化和时代的音乐作品。这种多元化的教学内容不仅能够丰富学生的音乐体验，还能够拓宽他们的视野。

（四）直观与抽象相结合原则

音乐教育中直观与抽象相结合的原则是实现高效音乐学习的关键。这一原则的实施使音乐教育不局限于传统的教材学习，而是通过直观体验和抽象地思考，相互融合，增强学生的音乐理解和创造力。直观的音乐教学方法，如现场演示、音乐会观摩和乐器操作，为学生提供了直接感受音乐的机会。这些活动使学生能够直观地观察音乐的演出方式、倾听和感受音乐的旋律和节奏，从而深刻体验音乐的魅力和情感表达。例如，通过观看一场管弦乐团的演出，学生不仅能感受到音乐的现场氛围，还能直观地了解不同乐器的演奏技巧和音色特点。抽象的音乐教学则关注于音乐理论的学习、音乐作品的分析和音乐创作的实践。这一方面的教学强调对音乐元素的深入理解，如旋律的结构、和声的运用和节奏的变化。通过分析不同风格和时期的音乐作品，学生能够理解音乐背后的创作原理和表现手法，从而培养自己的音乐分析能力和创造性思维。例如，通过学习巴赫的复调音乐和贝多芬的交响乐，学生不仅能够领会到古典音乐的风格特征，还能够理解这些作品在音乐历史上的意义和影响。

直观与抽象相结合的原则在音乐教育中的应用，实现了从感性认识到理性认识的转化，促进了学生对音乐的全面理解。通过直观的体验，学生能够感受到音乐的生动和直接，从而激发他们对音乐学习的兴趣和热情。同时，通过对音乐理论的抽象学习和音乐作品的深入分析，学生能够系统地掌握音乐知识，提高自己的音乐理解能力和创造力。这种教学原则的实施，丰富了学生的音乐学习体验，也提升了音乐教育的教学效果，为学生的全面发展奠定了坚实的基础。通过直观与抽象相结合的音乐教学，学生不仅能够学习到音乐知识，还能在音乐的世界中发展自己的情感、创造力和审美能力。

第二章　中小学音乐教学基础理论

第一节　中小学音乐教育的理念

一、以音乐审美为核心

在中小学音乐教育中，将音乐审美作为核心理念，意味着教育的主要目的是培养中小学阶段的学生欣赏、理解和表达音乐之美的能力。这一理念认识到，音乐不仅是一种艺术形式，还是一种强大的情感和思想表达工具。开展音乐审美教育，有利于培养和发展中小学生对音乐深层次的欣赏能力，同时培养其创造思维和提升其情感表达能力。

音乐审美教育的核心是让中小学生体验音乐的美，包括音乐的旋律、和声、节奏以及其所表达的情感和故事。中小学音乐教师通过开展多样的教学活动，如演唱、音乐欣赏、音乐剧情表演、音乐分析和创作等，帮助中小学阶段的学生理解和感受音乐作品中的审美要素。在这个过程中，中小学生通过学习如何欣赏不同风格和不同时期的音乐，理解音乐在不同文化和历史背景中的意义和价值。音乐审美教育强调中小学生的主动参与和体验。音乐教师通过鼓励中小学生创作自己的音乐作品，进行即兴表演，或对音乐作品进行简单的分析，不仅能帮助中小学生提高自己的音乐技能，还能在实践中加深中小学生对音乐审美的理解。这种具有参与性和体验性的学习方法有助于中小学生建立个人与音乐的深层次联系，激发他们的创造力和想象力。

音乐审美教育的另一个重要方面是情感教育。音乐以其独特的方式表达情感，为中小学生提供了探索和表达自己情感的机会。在音乐教学中，教师可以引导中小学生探讨音乐如何表达喜悦、悲伤和其他复杂的人类情感，从而帮助中小学生更好地理解和表达自己的情感。音乐审美教育还包括对音乐历史和文化背景的教学。学习不同历史时期和文化背景下的音乐，有助于中小学生了解音乐在不同环境、背景下的发展历程，了解不同地区的音乐文化，这样有助于培养和增强他们的文化意识、跨文化理解能力以及对多元音乐文化的鉴赏能力。

二、以兴趣爱好为动力

以兴趣爱好为动力是中小学音乐教育的基本理念之一。兴趣是连接中小学生与音乐世界的桥梁和枢纽，能从内心深处引导中小学生主动进入音乐世界、驱动中小学生探索音乐的各种可能性。因此，培养中小学生对音乐的兴趣和热爱是建立其与音乐密切关系、使其享受音乐并通过音乐美化其生活的关键。音乐作为一种艺术形式，具有独特的魅力，能够激发学生的情感和想象力。在音乐教育中，教师的任务是通过引人入胜的教学内容和灵活多元的教学方法，唤醒和培育中小学生对音乐的兴趣。

在设计音乐课程和活动时，教师需要考虑中小学生的身心发展规律和审美心理特点。中小学生往往好奇心旺盛，对新鲜事物充满兴趣。这意味着教学内容应富有变化和创新，以适应中小学生不断变化的兴趣和发展需求。丰富的音乐类型、各种乐器的介绍、不同文化的音乐风格，以及与当代流行文化的结合，都是激发中小学生兴趣的有效方式。音乐活动应融入互动性和参与性强的元素，如集体演唱、合奏、音乐创作和即兴表演等，以提高中小学生的参与度和学习热情。教学内容的选择还应与中小学生的日常生活紧密联系。通过将中小学生熟悉的生活场景、经历和情感融入音乐学习，教学内容将更具吸引力和相关性。例如，教师可以选择贴近中小学生日常生活和兴趣的歌曲进行学习和表演，或者指导中小学生创作关于他们自己经历和感受的音乐作品。

这一音乐教育理念还强调关注中小学生的个性化需求，提供个性化的教学方法和选择，以适应不同学生的兴趣和能力。在音乐教育中，音乐教师可通过引入的新颖内容和活动吸引中小学生的注意力。例如，采用互动式的教学方法，如音乐游戏、角色扮演和音乐剧制作等，不仅能够激发学生的兴趣，还能提供实践和体验的机会。通过个性化的教学策略，教师可以有效地激发学生的兴趣，帮助他们在音乐学习中找到自己的位置和价值。

三、强调音乐实践

强调音乐实践是中小学音乐教育的基本理念之一。这一理念强调实践的重要性，认为音乐学习不仅仅是理论知识的积累，更是通过实际参与和体验来感受和理解音乐艺术的过程。对于中小学生来说，音乐实践活动为其接触音乐、深入感受和体验音乐的美妙、理解音乐的力量提供了宝贵的机会。在音乐教学中，音乐实践活动包括一系列多样化的教学方法，如合唱、合奏、音乐剧演出、乐器演奏和音乐创作等。这些活动让中小学生能够在实际操作中学习音乐，从而全面地理解音乐的各个方面。通过参与这些活动，中小学生不仅能够提高音乐技能和表演能力，还能够在实践中培养他们对音乐的深刻感受和理解。

音乐教育实践就可以增强中小学生的自信心和自我表达的能力。无论是在舞台上表演，还是在课堂上演奏，都是中小学生重要的音乐实践机会，中小学生可通过这些机会展示自己技能和分享自己音乐感受。音乐实践不仅增强了他们的表演技能，更重要的是帮助他们建立起自信，学会在公众面前自信地表达自己。音乐实践还有助于培养中小学生的合作意识和团队精神。音乐活动通常需要团队合作，如合唱团和乐队演奏等。在这样的集体性音乐实践活动中，中小学生能学习如何与他人协同工作，共同创造和谐的音乐，同时形成良好的团队精神和社交能力。音乐实践活动还能促进中小学生的创造力的发展。通过创作自己的音乐作品或参与即兴表演，中小学生可以发挥想象力和创新思维，将个人的想法和感受转化为音乐语言。这种创造性的过程不仅提高了他们的音乐技能，还促进了其艺术感知和表达能力的发展。

四、鼓励音乐创造

中小学音乐教育的一个核心理念是鼓励音乐创造，这一理念的实施旨在通过音乐活动丰富中小学生的想象力和形象思维，并激发和培养他们的创造性潜能。音乐创造不仅是一种艺术表达，更是一种重要的认知和情感发展过程。在中小学阶段，学生正处于个性塑造、想象力和创造力快速成长的重要时期，音乐创造活动对他们的成长具有特殊的意义。音乐课程中的创造性活动应当设计得既生动又有趣，能够激发学生的好奇心和探索欲。这些活动可以包括音乐创作、即兴演奏、歌曲编排、音乐剧制作等，这些都是让学生运用和发展他们的想象力的有效方式。通过这样的活动，中小学生不仅能够学习音乐知识和技能，更重要的是他们可以在创造的过程中自由地表达自己的想法和感受。

在教学过程中，教师应当鼓励中小学生自主地探索音乐的各种可能性，让他们在创造音乐的过程中发挥自己的想法和创意。教师的角色应从传统的知识传递者转变为指导者和协助者，应当提供必要的指导和支持，帮助中小学生将自己的想象转化为音乐作品。对音乐创造活动的评价应更多地关注于创造过程本身，而不仅仅是成品。评价的重点应放在中小学生在创造过程中的参与度、创新性、合作能力以及他们如何解决问题和克服困难。这种评价方法能够鼓励中小学生享受音乐创造的过程，而不是仅仅关注结果。

五、面向全体学生

义务教育作为一种国家强制性、普及性、公共性、免费性的教育，要求适龄儿童、青少年必须接受。作为义务教育组成内容的中小学音乐教育同样遵循面向全体学生这一基本教育理念。基于面向全体学生的教育理念，中小学音乐教育旨在发展每位中小学阶段学生的音乐潜能，确保他们从音乐教育中受益。这一理念的核心在于认识到音乐教育的普遍性和包容性，即音乐教育不仅服务于有特殊音乐天赋的中小学生，更面向全体中小学生，无论他们的音乐能力和背景如何。音乐教育的目标是培养中小学阶段学生的音乐兴趣、审美能力和创造力，而不仅仅是培养专业的音乐人才。

在这种教育模式下，所有的教学活动都以中小学生为中心，尊重中小学生的个性发展规律，了解中小学生的认知特点，注重对中小学生身心健康、综合素质水平的提升与音乐知识与技能的培养。面向全体学生的中小学音乐教育强调师生之间的互动。这种互动不仅包括教师对中小学生的指导，更包括中小学生对音乐学习过程的参与和反馈。教师的作用是激发中小学生的兴趣，引导他们探索音乐世界，帮助他们理解和欣赏音乐的多样性和魅力。音乐教学活动应该设计得既有趣又具有教育意义，能够吸引所有中小学生的参与。这包括唱歌、跳舞、乐器演奏、音乐会欣赏和音乐创作等多样化的活动，这些活动能够满足不同学生的兴趣和需求。通过这些丰富的教学活动，中小学生可以在愉快的氛围中探索音乐，发展他们的音乐技能和审美观。音乐教育还应关注学生对音乐的感受和体验。教师应鼓励中小学生表达他们对音乐的感受，分享他们的音乐体验，从而使音乐教学成为双向的交流过程。通过这种交流，中小学生不仅能够加深对音乐的理解，还能够学习如何表达和分享自己的情感和想法。

六、注重个性发展

中小学阶段的学生开始形成自己的个性和兴趣，这一时期的他们对自我认识有更多的探索，通过尝试不同的角色、活动和形成多元的兴趣来确定自身的身份与社会定位。在情感发展方面，中小学阶段的学生可能会经历较大的波动，因为他们开始与周围的人和环境建立多元的人际关系，开始体验复杂和深刻的感情，这段时期的他们可能对外界环境有更敏感的反应。随着年龄的增长，中小学阶段的学生开始寻求更多的独立性与自主权，他们的自主意识日趋增强，个性特征日趋明显，希望在日常生活与学习中获得更多的发言权，并开始展现出独立完成任务的能力。注重个性发展的教学理念要求教师探索中小学阶段学生的个性发展规律，充分了解其个性发展的需求，通过激发潜能、提供教育支持、价值观塑造等方式引导中小学生的个性发展，从而使其全面、健康地成长。

注重每个中小学生的个性发展是中小学音乐教育的重要教学理念。这一理念基于对中小学生独特性的认识和尊重，强调每位中小学生都有权利以自己的方式学习和体验音乐。这种教育方法不仅追求所有中小学生的普遍参与，更重视发展每个中小学生的个性和潜能，使音乐教育更具包容性和多样性。在这一教育模式下，教师的作用是发现并培养中小学生的独特音乐才能和兴趣。这意味着音乐教育不应该是一种统一的、标准化的教学过程，而是应该根据每个中小学生的兴趣、能力和学习方式进行的个性化教学设计。通过提供多样化的音乐活动，如乐器学习、合唱、舞蹈、音乐剧制作和音乐创作等，教师可以为中小学生提供多种选择，激发他们的音乐兴趣和创造力。

基于注重个性发展理念的音乐教育重视培养中小学生的自我表达能力，关注其情感发展。音乐是一种强有力的情感表达工具，通过参与音乐活动，中小学生可以学习如何表达和理解情感。教师应鼓励学生分享他们对音乐的感受，表达个人的想法和情绪。这种自我表达的过程对学生的情感成熟和社会技能发展很重要。该教学理念要求音乐教育创造充满活力、灵活多样的教学环境。在这样的环境中，中小学生可以自由地探索不同的音乐领域，发展自己的音乐技能和审美观。通过提供各种音乐体验的机会，学生可以在实践中发现自己的兴趣和才能，从而促进他们的个性化发展。

七、提倡学科综合

中小学的学科综合教学旨在将不同学科的内容、方法和思维方式融合在一起，以提供全面的学习体验。提倡学科综合的教育理念强调跨学科的连接，促进学生在不同学科领域之间建立联系和理解。对中小学音乐教学而言，基于提倡学科综合这一教育理念的音乐教学不只是单一学科的学习过程，更是多元化、跨学科的综合活动。在中小学阶段，学生正处于个性和认知能力迅速发展的时期，教师将音乐与其他艺术门类及学科相结合，不仅能够丰富中小学生的学习体验，还能激发他们的创造力和综合思维能力。

音乐教育的综合包含几个层面：首先是音乐教学不同领域之间的综合，如将声乐、器乐、音乐理论和音乐历史相结合，使学生能够全面理解音乐的各个方面。其次是音乐与舞蹈、戏剧、影视、美术等姊妹艺术的综合，这种跨艺术门类的融合不仅能帮助中小学生体验音乐的美，还有助于中小学生了解不同艺术形式之间的相互联系和影响。最后是音乐与其他学科的综合，如将音乐与文学、历史、科学等学科结合，可以使音乐学习与学生的整体教育相联系。

在实施学科综合的过程中，音乐教师应将音乐教学作为核心内容，这要求教师在设计教学活动时，结合中小学生的认知特点与规律，利用具体的音乐材料，构建起与其他艺术门类及学科的联系，从而帮助中小学生在学习音乐知识的同时，在其他方面也有所成长。例如，通过学习某个时期的音乐作品，学生可以了解那个时期的历史背景和文化特征；通过音乐创作，学生可以学习诗歌的韵律和节奏，甚至探索音乐与数学之间的关系。这种基于学科综合教育理念的综合性音乐教育的优势在于它能够开阔学生的视野，增强他们的跨学科理解能力。通过参与多样化的音乐活动，学生不仅能够发展音乐技能，还能够对艺术和文化形成深刻理解，对世界形成广泛认知，在不断提升自身的同时形成创造力、批判性思维和综合解决问题的能力。

八、弘扬民族音乐

中国的音乐文化作为数千年文明传承的重要组成部分，始终在人类文明的发展历程中占据着独特且重要的位置。中国音乐在不同的地域和时期中经历了丰富多样的变化，形成了各具特色的风格流派。这些音乐流派不仅展现了中华民族丰富的生活方式，还反映了多元文化背景下的艺术特色。发展和弘扬民族音乐，不仅是对中国丰富文化遗产的传承和保护，也是对中华民族深厚文化底蕴的展现和推广。弘扬民族音乐，不仅能够增强民族的文化自信，还能够促进文化多样性的交流和理解，为世界文化多样性做出贡献。弘扬民族音乐作为中小学音乐教育的一项基本而重要的理念，倡导中小学开展音乐教育传承丰富的民族音乐文化，帮助学生建立起对本国音乐文化的理解和尊重。在中小学阶段，学生正处于形成自我认识、文化认同和价值观的关键时期，通过学习和欣赏民族音乐，他们能够深入了解和热爱自己的祖国及其文化，从而培养出强烈的民族意识和爱国主义情怀。

以弘扬民族音乐为导向的中小学音乐教育要求将中国各民族的传统音乐作为教学的重要内容。这些传统音乐作品不仅是音乐的艺术展现，也承载了丰富的历史和文化信息。中小学音乐教师以这些传统音乐作品为教学材料，可以帮助中小学生更好地理解不同民族的历史背景、文化特点和艺术风格。很多现代音乐作品往往与中小学生的生活经验贴近，能够帮助学生理解民族音乐是如何随着社会的发展而演变的，以及它们是如何反映当代社会和文化的。

在中小学音乐教学过程中，教师应采用多种教学方法来介绍和探讨这些民族音乐作品。这包括听音乐、学唱民族歌曲、学习民族乐器、探讨音乐的历史背景和文化意义等。通过这些活动，中小学生不仅能够提升音乐技能，还可以在欣赏和理解音乐的过程中，加深对自己民族和国家的认识和尊重。以弘扬民族音乐为导向的音乐教育还应该鼓励和引导中小学生对民族音乐进行创造性的探索和表达，包括创作以民族音乐为灵感的新作品，或者将传统音乐与现代元素结合，创造出新的音乐形式。这样的创新体现了对传统的尊重和传承，展示了音乐文化的活力和时代感。

九、理解多元文化

中小学音乐教育的一个重要理念是培养学生对多元文化的理解和尊重，这一理念不仅体现了音乐教育的全球视野，也符合当今世界和平与发展的需求。在这个全球化日益加深的时代，理解和尊重不同民族的文化对于促进国际理解与合作具有重要意义。音乐作为一种跨越国界和文化的语言，为中小学生提供了一个理解世界的独特窗口。在中小学的音乐教学中，除了弘扬民族音乐，教育者还应当引导中小学生探索和欣赏世界各地的音乐文化，包括介绍不同国家和民族的传统音乐、乐器、音乐风格和音乐史。通过这种跨文化的音乐教学，中小学生不仅能够增加对世界音乐多样性的认知，还能培养对不同文化背景下音乐表达形式的欣赏和理解。

音乐教育中的多元文化理念也强调平等和尊重。教师应引导中小学生理解，尽管不同国家和民族的音乐表达方式可能迥异，但每种音乐形式都是该文化的重要组成部分，都值得被尊重和欣赏。通过音乐教学，中小学生应该学会欣赏世界音乐的多样性，理解不同音乐背后的文化意义和情感表达。通过了解和欣赏多元的世界音乐，中小学生不仅能够加深对外部世界的认识，还能够增强自身文化的自信和认同感。他们将学会在全球多元文化的背景下，如何更好地理解自身文化的特点和价值，以及如何将本国文化与世界文化相融合。

十、完善评价机制

完善评价机制是中小学音乐教育的基本理念之一，旨在全面地反映音乐教育的价值和目标。在这一理念下，评价机制不仅仅关注音乐技能的掌握，更重视学生对音乐的兴趣、情感反应和参与态度，也考虑教师的教学方法和课程管理的有效性。这种综合评价体系能够充分体现素质教育的目标，即培养中小学生全面发展的音乐素养。这一评价机制的构建与实施涉及中小学生、教师和课程管理三个层面。就中小学生而言，评价应该关注他们在音乐学习过程中的情感体验、参与程度和个人兴趣的发展，如对音乐的喜爱程度、积极参与音乐活动的态度以及对音乐学习的自我认知。评价还应考虑中小学生在不同音乐领域的表现，如声乐、器乐、音乐理论和音乐创作等。对于教师而言，评价的焦点应放在他们如何引导中小学生探索音乐世界、激发学生兴趣和创造力，以及他们的教学方法和课堂管理能力。有效的教学不仅是传授音乐知识，更重要的是激发中小学生的音乐潜能，帮助他们建立起对音乐的长期兴趣。课程管理的评价则关注音乐课程内容的设置是否合理、是否能满足中小学生的多元且多变的需求，以及课程是否能够灵活调整以适应中小学生的变化。优秀的音乐课程应当具有多样性和灵活性，能够适应不同学生的发展阶段和兴趣。评价方法应采用多元化的方式，包括自评、互评和他评等，应从不同角度全面反映中小学生的学习情况。

第二节　中小学音乐教学的功能

一、中小学音乐教学的本质功能

中小学音乐教育的本质功能如图 2-1 所示。

能反映教学目标的实现情况

能体现教学理念的运用情况

能反映教学质量的整体水平

图 2-1　中小学音乐教育的本质功能

（一）能反映教学目标的实现情况

在教学过程中，教学目标为教学活动提供明确的方向和目的，确保教育过程的系统性和目标导向性。科学设定教学目标有助于教师设计和实施有效的教学策略，同时为学生学习提供清晰的期望和评价标准。教学目标通常涵盖知识、技能、态度和行为等方面，旨在全面提升学生的学术能力和综合素养。在实际教学中，教学目标指导教师选择合适的教材、教学方法和评估方式，确保教学内容与学生的需求和发展阶段相匹配。对学生而言，明确的教学目标有助于他们理解学习的重点和目的，激发学习兴趣，提高学习动力，从而促进他们积极主动地参与学习过程。教学目标的设定还有利于促进教师的自我反思和专业发展，这是因为教师需要不断评估和调整教学方法，以适应学生的多样化需求和不断变化的教育环境。

在中小学音乐教学中，设定科学的教学目标具有重要的作用和深远的意义。中小学音乐教育不仅是传授音乐知识和技能的过程，更是培养中小学生审美情感、创造力和文化理解能力的重要途径。设定科学的教学目标能够确保中小学音乐教学活动不仅关注对中小学生技能的培养，如乐器演奏和声乐表现，而且重视中小学生情感、态度和价值观的发展。通过设定全面且具体的教学目标，教师能够更有效地规划课程内容，选择适合的教学方法和材料，确保教学活动既有趣又具有教育意义。明确的教学目标能帮助中小学生理解学习的目的，增强他们对音乐学习的兴趣，吸引他们投入。例如，通过设定目标来探索不同文化的音乐，中小学生不仅能够学习到多样的音乐风格，还能增进对全球文化多样性的理解和尊重。设定以创造力和批判性思维为导向的教学目标可以鼓励学生在音乐学习中表现出更多的主动性和创新性。这样的教学过程不限于记忆和模仿，更重视激发学生的想象力和创造力。设定科学的教学目标还有助于在音乐教学中实现个性化教育。通过考虑中小学生的个别差异和兴趣，中小学音乐教师可以设计更具吸引力和适应性的教学计划，从而满足不同学生的需求。这种教育方式有利于中小学生自信心和自主学习能力的培养，为他们的终身学习和个人发展奠定基础。设置阶段性的教学目标有助于音乐教师时刻了解中小学生的学习情况，及时为学习进度较慢和对某一阶段教学内容没有完全理解的学生提供适当的帮助，从而保证整体的教学进度与质量。

（二）能体现教学理念的运用情况

教学理念在教育过程中扮演着基础且核心的角色，是指导教学实践、设计课程内容和评估学生学习成效的重要基础。明确且深思熟虑的教学理念能够为教师提供清晰的指导原则，帮助他们在教学过程中做出恰当决策。教学理念通常包含对教育目的、学生学习的本质以及教学方法的深刻理解。例如，以学生为中心的教学理念强调学生主动学习的重要性，鼓励教师采用更多互动式和参与式的教学方法，以促进学生的深度学习和理解。教学理念能促使教师进行自我反思，持续评估和改进他们的教学实践；还能够帮助教师更好地适应教育环境的变化，如新的教育技术和不断变化的学生需求。

中小学音乐教学过程不仅是一系列教学活动的简单展开，还是教学理念的具体体现和实践，教育理念的体现与实践过程深刻地依赖于音乐教师对教学理念的深入理解及其创造力的充分发挥。音乐教师在带领学生欣赏和歌唱新的音乐作品和学习新的音乐知识时，应灵活运用多种教学方法，培养中小学生欣赏音乐、学习音乐的浓厚兴趣，在中小学生心中埋下美好的音乐种子。在音乐教育中，中小学音乐教师可在教育理念的指导下，通过创编各种音乐教学实践活动，如单人演唱、团队音乐表演活动等，为中小学生提供充足的表现自己的机会，以在满足中小学生的学习需求的同时，挖掘他们的音乐潜能。通过丰富的音乐教学活动，中小学生的音乐鉴赏力、表现力和创造力得以全面提升。这种提升不仅体现在技能层面，更重要的是在审美、情感和思维层面。中小学生通过参与音乐活动，学会了如何欣赏音乐之美，如何表达自己的情感，以及如何创造性地思考和解决问题。在音乐教学过程中，每一项教学活动都是教学理念的具体体现，它们不仅展示了教学理念的深刻内涵，也是音乐教师教育智慧的闪光点。在教学理念的指导下，教师在这个过程中不断寻求与学生的有效互动，致力于创造既充满挑战又充满乐趣的学习环境，帮助学生在享受音乐的过程中不断探索和成长。

（三）能反映教学质量的整体水平

教学质量是指教学活动在达成预定教学目标和效果方面的有效性和优越性，涉及教学内容的深度与广度、教学方法的创新性与适应性、教师的专业能力以及学生的学习成果。教学质量的高低与学生的知识掌握、技能发展、思维能力以及终身学习的态度和能力有密切联系。高质量的中小学音乐教学能够激发中小学生的学习兴趣和参与热情，提高他们的学习效率和成效，还能促进学生批判性思维、创造性思考和问题解决能力的发展。教学质量还关系到教育公平和资源的有效利用，优质的教学能够确保所有学生无论背景如何都能接受高标准的教育，使教育资源得到公平、高效的分配和使用。反过来看，如果整体中小学生对音乐有极大的兴趣与热情，愿意积极主动参与音乐教学的各种实践活动，愿意通过个人演唱、集体表演等形式展现自身的音乐学习成果，且中小学生的整体音乐水平在通过教师的教育指导后都得到有效提升，则可以说明该校音乐教学质量良好。

在中小学音乐教学中，教学质量的提升需要教师不断更新教育理念，掌握和运用现代化的教学方法和技术。从这一点来看，中小学音乐教师可通过学生的学习情况了解整体教学质量水平，以此找出在教学方面与自身职业发展方面需要加强的部分，从而提高教学质量。中小学音乐教师的专业发展、对中小学生的深入了解和对教学内容的精通是提高中小学音乐教学质量的关键。中小学音乐教学质量的提升还需要有效的教学评估机制，通过对中小学生学习成果的持续跟踪和评价，中小学音乐教师能够及时调整教学策略，满足中小学生的个性化学习需求。教学质量的提升不仅对中小学生的学习结果产生影响，更对其整个人生道路和职业生涯有深远影响。

二、中小学音乐教学的实践功能

（一）有利于中小学生获得良好的音乐体验

音乐教学的过程本质上是一种对音乐的感知和体验之旅，其中音响与情感的完美融合构成了音乐这门艺术的核心。这一过程不仅涵盖了全面倾听音乐作品的体验，还包括了歌唱、演奏和创作等音乐表达的关键技巧。其间，中小学音乐教师的角色任务在于激发和引导中小学生深入参与各类音乐活动，从倾听到歌唱、演奏和创作，以及多样的艺术形式综合表演，鼓励中小学生在这些丰富的实践中积累宝贵的音乐经验。

音乐学习之旅使中小学生不仅能够掌握音乐的基本知识和技能，更能学会如何深刻理解和表达音乐，同时获得深层次的音乐体验。比如，在学习用歌声表现歌曲的过程中，中小学生不只是理解歌曲的字面意义，他们还能深入体会与之相关的情感深度；在探索如何通过优雅和协调的肢体语言来表达音乐时，他们能够深刻感受到音乐的节奏感和韵律美。每当中小学生掌握一项新的音乐技能，他们就不仅增加了一种音乐表达的方式，丰富了自己对音乐的感知和体验。音乐教师通过各种音乐实践活动的引导，使中小学生在参与的过程中深入感受音乐之美，体验音乐带来的情感和精神上的愉悦。

除了技能传授，中小学音乐教育倾向于对中小学生情感的培养和促进其与音乐在精神层面的交流与共鸣。中小学生在这一过程中不仅学会了音乐的表达，更重要的是，学会了如何通过音乐与内心深处的情感产生共鸣，如何通过音乐与周围的世界建立更深层次的联系。音乐教学的这种全面性和深刻性，使其成为中小学生掌握音乐技能，形成人文情怀和审美情感的重要途径。在这样的音乐教育中，中小学生能够全面和深入地理解音乐，深刻地体验音乐的魅力和价值，最终在音乐的熏陶下成为人格完整的个体。

（二）能提升中小学生音乐知识与技能水平

中小学音乐教育对于积累学生的知识与提高其技能水平具有显著的影响，尤其在中学和小学两个阶段展现出不同的特点和重点。在小学阶段，音乐教育主要聚焦于培养学生的基本音乐素养和初步技能，通过各种音乐活动激发学生对音乐的兴趣和爱好。小学音乐教学通常包括基础乐理知识的讲授、简单乐器的学习、歌曲的学唱以及基本的音乐欣赏，这些内容旨在引导学生理解音乐的基本元素，并通过唱歌、打击乐器等活动提升他们的音乐感知能力和创造力。小学阶段的音乐教育还重视发展学生的社交技能和团队协作能力，如合唱团和乐队活动不仅让学生在实践中学习音乐，还帮助他们学会与他人协作和共同创作。

在中学阶段，音乐教育的重点转向更深层次的音乐理解和技能提升。中学音乐课程更加注重音乐理论的深入学习，如和声学、曲式分析和音乐史，这些知识帮助学生建立起对音乐更加全面和系统的认识。中学生通过参与更加复杂的音乐实践活动，如乐器演奏、合唱团参与、音乐剧制作等，能够在实际操作中提高他们的表演技巧和创作能力。这个阶段的音乐教学还强调批判性思维和创新能力的培养，学生被鼓励对音乐作品进行深入分析和批评，同时在创作和表演中展现个人独特的风格和想法。

（三）中小学生参与音乐实践的重要途径

音乐教学在中小学教育中扮演着关键角色，不仅是传授音乐知识的平台，更是中小学生参与音乐实践、体验音乐之美的重要途径。通过参与各种音乐活动，中小学生不仅能够加深对音乐基础知识的理解，更能在实践中获得深刻的审美体验。音乐教师针对不同年级和课程内容，精心设计各种形式的教学活动，使音乐教学既有趣味性又富有教育意义。

在小学阶段，音乐教育着重于激发学生对音乐的兴趣和初步理解。例如，在一二年级的音乐欣赏课中，教师通过让学生使用自己的声音或打击乐器来模仿音乐，辅以相应的肢体动作，使学生在模仿和表演中感受音乐的韵律和情感。结合歌曲教学的律动集体舞、音乐游戏和歌舞表演等综合艺术实践活动，更是丰富了学生的音乐体验，提高了他们的参与度和学习兴趣。对于初中年级的学生，音乐教学更加注重对音乐审美的深化和批判性思维的培养。在音乐欣赏课程中，教师引导学生哼唱音乐主题，鼓励他们对所听音乐进行深入的思考和合理的反应。此外，在综合艺术表演活动中，学生被鼓励将所学的歌曲和乐曲与简单的形体动作相结合，尝试表演简易的歌剧、音乐剧、京剧等，这不仅锻炼了他们的表演技能，还拓宽了他们的艺术视野。

三、中小学音乐教育的其他功能

（一）拓展中小学生文化视野

中小学音乐教育在拓展中小学生文化视野方面发挥着重要作用，这一功能通过多维度的教学活动和内容实现。音乐作为一种全球性的语言，不仅跨越了地理和语言的界限，而且在传达文化价值和传承历史传统方面具有独特的能力。在中小学音乐课堂上，教师通过引入不同国家和民族的音乐作品，使中小学生能够接触和体验世界各地的音乐风格和文化特色。这可以让中小学生了解多元音乐文化并感受到不同文化背景下的情感表达和生活方式，从而对多元文化尊重和理解。

音乐教育中的比较音乐学方法对中小学生理解全球文化具有特别的意义。通过比较分析不同文化中的音乐元素，如旋律、节奏和乐器等，中小学生能够认识到各种音乐风格之间的异同，不仅丰富了他们的音乐知识，更重要的是帮助他们建立起对全球文化多样性的认识。音乐教育还鼓励中小学生参与实际的音乐创作和表演，如合唱、乐队演奏和音乐剧等。在这些活动中，中小学生不仅能够实践音乐技能，还能在合作中学习如何表达和分享自己的文化背景，同时能欣赏和学习他人的文化特色。音乐教育中对传统音乐的重视是拓展中小学生文化视野的重要方面。通过学习本国及其他国家的传统音乐,中小学生能够深入了解各种音乐背后的历史和文化故事。这不仅让中小学生感受到音乐的历史深度,还能够增进他们对自身文化和其他文化传统的尊重,并立足音乐的角度理解不同文化的共性和特性,增强自己的文化认同感和对多样性音乐的接受能力。

(二)有助于中小学生全面发展

促进中小学生德智体美劳全面发展是中小学音乐教育的功能之一,这一功能主要体现在音乐教育对中小学生多方面能力的培养和全面素质的提升上。音乐教育作为德育的一部分,通过音乐的情感表达和美的体验,培养中小学生的道德感和同理心。在音乐教学中,教师通过讲述音乐作品背后的故事和情感内涵,帮助中小学生理解不同文化和情感背景,从而培养他们的情感理解能力和社会责任感。同时,音乐教育在智育方面的作用同样显著。它通过对音乐理论的学习、对音乐作品的分析和创作,培养中小学生的批判性思维和创造性思维,提高他们的智力水平和解决问题的能力。

在体育方面,音乐教育通过各种形式的音乐活动,如舞蹈、合唱、乐器演奏等,增强中小学生的身体协调性和节奏感,促进他们的身体健康和运动能力。这些活动不仅锻炼了中小学生的身体素质,还提升了他们的团队协作能力和集体荣誉感。

在美育方面,音乐教育通过美妙的旋律和和谐的音乐组合,培养中小学生的审美能力和艺术鉴赏能力,提高他们的美学素养。音乐教育所提供的多样化音乐体验,使中小学生能够欣赏不同风格的音乐,理解音乐的美学价值,从而丰富了他们的精神世界和情感生活。

在劳动教育方面,音乐教育通过实践性的音乐活动,如乐器演奏、音乐制作、舞台布置等,培养中小学生的实践能力和动手能力。这些活动要求中小学生投入时间和精力,培养他们的耐心、坚持和劳动意识。

（三）文化传承功能

中小学音乐教育在传承文化方面发挥着重要的作用，这一功能不仅仅是对音乐遗产的传播，更是对文化价值和传统的深度探索。音乐作为文化的重要组成部分，承载了丰富的历史信息和民族特色，通过音乐教育，中小学生能够接触并学习多种传统音乐形式，如民歌、民间舞蹈、古典音乐等，这些音乐形式不仅仅是旋律和节奏的组合，更是文化和历史的生动体现。在中小学音乐课堂上，教师通过讲述音乐作品背后的故事、展示传统乐器、组织中小学生参与民族音乐活动等方式，引导学生理解和感受不同音乐背后的文化内涵。

音乐教育中对于音乐历史的教授，不仅使中小学生了解音乐发展的脉络，更重要的是帮助他们认识到音乐在文化传承中的重要角色。中小学生通过学习音乐历史，能够理解不同时代音乐风格的变迁，感受到音乐与社会、历史、文化的紧密联系。音乐教育还注重培养中小学生对民族音乐的尊重和热爱，通过学习各民族的传统音乐，中小学生不仅能够增加对本民族文化的理解，还能够学会欣赏和尊重其他文化，从而培养起跨文化的理解能力和形成国际视野。在实践活动中，音乐教育鼓励中小学生亲自参与传统音乐的演绎和创造。通过组织中小学生学习传统音乐演奏、参与民族音乐节和文化交流活动，中小学生不仅能够亲身体验音乐的魅力，更能在实践中深刻理解和感受传统音乐的独特价值和意义。这种亲身体验的过程，对中小学生来说，不仅是音乐技能的提升，更是对文化传承的深刻认识。

第三节　中小学音乐教学的原则

一、以学生为主体原则

在中小学音乐教育中，以学生为主体原则本质上是一种以学生的需求、兴趣和发展为核心的教学理念，这一原则强调教育应围绕学生的个性化需求展开，鼓励学生积极参与学习过程，从而更好地促进他们的全面发展。在这一原则的指导下，中小学音乐教师不再是唯一的知识传递者，而是成为引导者和协助者。中小学音乐教师的任务是激发中小学生的兴趣，引导中小学生探索和理解音乐，帮助他们建立自己的音乐感知和表达方式。以学生为主体原则要求教育内容和方法应符合中小学生的年龄特征和认知水平。在音乐教学中，中小学音乐教师应根据中小学生的个性特点、兴趣和能力选择合适的教学材料和方式方法，如面对年幼学生，教师可采用丰富多样的游戏教学活动来引导他们学习音乐基础知识；而对于中学阶段心智日趋成熟的学生，教师则需要引入更多的音乐理论知识和复杂的音乐作品分析，以满足他们更高层次的学习需求。以学生为主体的原则还强调学生在学习过程中的主动性和创造性。在中小学音乐教学中，教师鼓励中小学生参与音乐创作、表演和分析，通过实践活动让中小学生发挥自己的想象力和创造力，培养他们的音乐技能和艺术表达能力。例如，某中学音乐教师通过组织学生进行音乐创作和演出，既帮助学生对所学的音乐知识和技能进行了实践，又使其在创造过程中表达了自己的情感和思想。

以学生为主体原则还意味着教育过程应尊重学生的个体差异。在中小学音乐教育中，教师需要关注每位中小学生的独特需求和潜力，提供个性化的指导和支持。例如，对于音乐天赋较好的中小学生，教师会不断提供深入指导和训练；对于刚开始接触音乐的中小学生，则从基础开始，逐步引导。这种个性化的教学方法不仅帮助每位中小学生在自己的节奏中学习和成长，也促进了他们对音乐学习的积极态度的形成和自信心的建立。

二、因材施教原则

音乐教育中的因材施教原则强调根据每个学生的个性、能力和兴趣来设计和实施教学计划，要求教师认识到音乐学习并非一种单一且固定的过程，而是需要根据每个学生的独特需求和背景进行调整和优化的动态过程。在中小学音乐教育中，因材施教原则的实施旨在提供包容、多元和富有成效的学习环境，使所有中小学生都能在音乐领域得到最佳的发展。根据这一原则，中小学音乐教师不仅要了解中小学生的认知规律和认知能力，还要了解每个学生的音乐背景、学习风格、个性特点和兴趣点，包括中小学生的音乐经验、学习乐器的技能水平、对不同音乐类型的偏好以及学习动机等。这些信息帮助音乐教师设计出更符合中小学阶段学生个性的教学方案和活动。例如，对于初学者，中小学音乐教师可能会采用偏基础和循序渐进的教学方法，而对于有一定基础的中小学生，教师可以提供更高级别的挑战和探索机会。

因材施教原则强调在教学过程中灵活运用多种教学方法和材料，包括传统的课堂教学、一对一指导、小组合作、音乐会参与和创作实践等多种形式。这样的多样化教学不仅能够满足不同中小学生的学习需求，还能激发他们的学习兴趣和参与度。例如，对于喜欢创作的中小学生，教师可以提供更多的机会来创作音乐和歌词，而对于对表演感兴趣的中小学生，可以在课堂上提供更多的表演机会。在因材施教的过程中，中小学音乐教师的角色不仅是传授音乐知识和技能的人，更是引导者和启

发者。教师应鼓励和引导中小学生探索自己的音乐兴趣，帮助他们发现
自己的音乐潜能，并提供必要的支持和资源来促进他们的音乐发展。这
种教学方法有助于中小学生建立自信，鼓励他们在音乐学习过程中表现
出更多的自主性和创造性。

音乐教育中的因材施教原则还包括对中小学生进行个性化评估和反
馈。这种评估不仅关注中小学生的音乐技能和知识掌握程度，还重视他
们的创造力、表达能力和音乐理解。通过个性化反馈，教师能够精确地
指导中小学生在音乐学习中的进步和成长。

三、理论与实践相结合原则

音乐教育中理论与实践相结合原则要求中小学音乐教师在实际教学
过程中，将音乐理论知识与实际演奏和创作相融合。音乐不仅是一门学
科，更是一种艺术，其学习过程需要理论和实践的相互补充和深化。理
论与实践相结合原则要求中小学音乐教师向中小学生系统地传授理论知
识，为中小学生构建音乐的基础框架和提供理解工具，还要求中小学音
乐教师通过组织教学相关的实践活动使这些知识活化，变得具体而生动。

在实施这一原则时，中小学音乐教师不仅教授中小学生音乐理论，
如音乐史、和声学、曲式分析等，还安排中小学生进行各种实践活动，
这些实践活动包括但不限于乐器演奏、声乐训练、作曲、即兴创作和音
乐会参与。这种结合既可以帮助中小学生理解音乐理论在实际演奏和创
作中的应用，也能提高他们运用这些理论进行音乐创造和表达的能力。
例如，中小学生在学习和声学时，可以通过编曲练习来实践和声原理，
从而在理解和声学的概念的同时，学会如何将这些知识运用到自己的音
乐创作中。

理论与实践相结合的原则还强调中小学生的主动参与和培养其创造
性思维。教师鼓励中小学生在学习过程中提出问题，参与讨论，并将所

学知识应用于自己的音乐实践中。这种互动和参与性的学习方式不仅促进了中小学生理论知识的深化，还激发了他们的创造力和批判性思维。例如，中小学生可以在乐队合作中实践团队协作和音乐沟通技巧，或在音乐会筹备中学习如何将音乐理论与演出实践相结合。在评估中小学生的音乐学习成果时，理论与实践相结合的原则也起到关键作用。评估不仅关注中小学生对音乐理论知识的掌握程度，还包括他们在音乐实践中的应用能力。这种全面的评估方法不仅能够准确地反映中小学生的音乐学习情况，还能够鼓励他们将理论知识应用于实践中，从而深化对音乐的整体理解。

四、寓教于乐原则

寓教于乐原则在中小学音乐教育中扮演着重要的角色，强调在愉悦的氛围中进行教学，旨在通过引人入胜的音乐活动激发学生的学习兴趣，从而在不知不觉中达到教学目的。这一原则体现了音乐教育的核心理念，即学习音乐不仅是技能的培养，更是情感、审美和文化素养的提升。通过各种有趣的音乐游戏、创意活动和互动体验，中小学生能够在轻松愉快的环境中探索音乐的奥秘，提高音乐能力，同时提高他们的社交技能、团队合作精神和创新思维。

在寓教于乐的音乐教学中，中小学音乐教师设计的课堂活动要富有创意和吸引力，教师可通过角色扮演、音乐故事讲述、歌曲创作等方式，让中小学生在参与中学习音乐知识和技巧。例如，中小学音乐教师可以组织中小学生编排一场关于特定音乐时期的小剧，帮助中小学生深刻了解那个时期的音乐特点，使中小学生能通过角色扮演深入体验那个时代的文化背景。寓教于乐原则还强调对中小学生个体差异的尊重和适应。中小学音乐教师通过观察每个中学生或小学生的兴趣和能力，为他们提供个性化的学习路径和支持。这种教学方式有助于建立学生的自信心，激发他们的学习热情，使他们能够在享受音乐的过程中不断进步和成长。此外，寓教于乐的音乐教学鼓励教师不断创新教学方法和内容，使音乐课程生动和有趣，从而提高教学效果。

五、循序渐进原则

循序渐进原则在中小学音乐教育中强调教学内容和方法应根据学生的认知发展水平和学习能力逐步展开。中小学音乐教育遵循这一原则，意味着教学活动的设计要从简到繁、由易到难，确保中小学生能够在适宜的阶段掌握相应的音乐知识和技能。

在小学阶段，音乐教育通常注重基础的音乐概念和简单的音乐实践。例如，教授基本的节奏感、音高识别和简单的乐器演奏，这些教学活动旨在培养小学生的音乐兴趣和基本的音乐感知能力。通过歌唱、游戏和基础乐器练习，小学生逐渐建立起对音乐的基本理解和初步的表现能力。

随着学生进入中学阶段，音乐教育逐渐转向复杂和深入的音乐理论和实践。在这个阶段，教师会引导中学生学习复杂的音乐概念，如和声学、音乐形式分析和高级乐器演奏技巧。中学音乐教育还会涉及音乐史和不同文化背景下的音乐风格，让中学生对音乐有更全面和深入的认识。通过参与合唱团、乐队和音乐剧等集体活动，中学生的音乐实践能力和团队合作能力得到显著提升。这些活动不仅强化了中学生的音乐技能，还促进了他们对音乐艺术的深层次理解和欣赏。

循序渐进原则在音乐教育中的应用，确保了中小学生能够在适宜的学习阶段获得恰当的教育引导，从而在音乐学习过程中取得稳固和持续的进步。这种教学方式避免了中小学生因难度过大而感到挫败，或因难度过低而感到无聊。通过循序渐进的教学安排，中小学生在音乐学习的每个阶段都能获得成功感和成就感，这不仅激发了他们对音乐学习的兴趣和热情，还促进了他们自信心和责任感的建立。

第四节 中小学音乐教学的内容与课型

一、中小学音乐教学目标

（一）小学 1—2 年级的音乐教学目标

在小学一二年级阶段的音乐教学中，教师的目标应集中于挖掘和利用小学生在这一年龄段的自然特质，如对新事物的强烈好奇心、充满活力的性格以及模仿能力，培养小学生对音乐的兴趣。这一时期的音乐教学应重点关注于激发学生内在的音乐潜能，包括他们的声音表达和肢体语言的灵活运用。教学策略应融合歌曲、舞蹈、图像和游戏等多元素，以直观、互动的方式进行，旨在创造生动有趣的学习环境。音乐材料的选择应侧重于简洁、趣味性和形象性，以此吸引学生的注意力并维持他们的学习兴趣。这个学习阶段的重点是培养学生对音乐的兴趣和感知力，同时发展他们的审美体验。通过各种音乐活动，如自然而富有表情的歌唱和积极参与的音乐表演或即兴创作，小学生能够在实践中深化对音乐的理解和欣赏。此外，这一教学阶段注重培养小学生积极乐观的生活态度和友爱精神，这些都是音乐教育中不可或缺的重要组成部分，有助于学生在愉悦的氛围中全面发展。

（二）小学 3—6 年级的音乐教学目标

在小学三到六年级阶段，音乐教育的目标着重于促进学生在音乐领域的全面成长和探索。随着学生生活经验和认知能力的增长，他们在音乐方面的体验和创造力相应提升。在这一关键阶段，音乐教师的任务是引导学生深入感受和理解音乐的多维度特性。为了实现这一目标，音乐教学内容需要多样化,涵盖各种音乐风格和形式,同时增加实际的乐器演奏和音乐创作环节,使学生能够通过实践活动更深入地体验音乐。音乐课程的设计要求既富有教育意义又充满趣味性,利用艺术的吸引力激发学生的兴趣和热情。这样的教学方法不仅使学生在音乐学习中保持积极的态度,而且鼓励他们主动参与各类音乐实践活动,从而促进他们在音乐领域的全面发展。通过这段时间的音乐教育,学生不仅学习到音乐的知识,而且在音乐的实践中发展了他们的审美观和创造力。

(三)中学音乐教学目标

音乐教学在中学阶段承担着重要的角色,旨在适应学生在生理和心理上不断成熟的特点,以及他们日益增长的参与感和社交需求。在这个关键的教育时期,学生已经具备了基本的学习经验,并且对比小学时期,他们的情感表达方式已经发生了显著变化。因此,音乐教育应致力于通过多样化的艺术实践活动,旨在加强和提高学生的基本音乐技能,同时拓展他们的音乐欣赏视野,并将音乐的深层人文价值融入教学过程。鉴于学生处于变声期,音乐教师在制订教学计划时应减少唱歌的频率,注重嗓音保护。音乐教学的目标是提高学生对音乐的兴趣,激发他们积极参与音乐活动的热情,增强他们的音乐感知、评价和鉴赏能力,逐步培养起良好的音乐欣赏习惯。除此之外,中学音乐教育的目的还在于发展学生的音乐表现能力,丰富他们的艺术想象力和创造力,培育他们的生活情趣、乐观态度以及团队合作和协调能力。通过这样全面的音乐教育,学生不仅在音乐领域得到发展,还能在个人成长和社交技能方面取得显著进步。

二、中小学音乐教育的教学内容

中小学音乐教育的教学内容如图 2-2 所示。

图 2-2　中小学音乐教育的教学内容

（一）音乐理论知识

在中小学音乐教育中，音乐理论知识的教授是基础且关键的组成部分，为中小学生提供了理解和欣赏音乐的必要工具。音乐理论知识的涵盖范围广泛，从基本的音乐元素如音高、节奏、动态、音色，到和声、旋律、曲式结构的复杂概念，每一部分都对中小学生的音乐素养产生深远影响。音高教学使中小学生理解音符和音阶的基本构成，这是学习各类乐器和声乐的基础。节奏的教学则关注于音乐的时间组织，让中小学生能够感受和表达不同的节奏模式和节拍类型。动态和音色的学习则涉及音乐的表现力，使中小学生理解如何通过音乐的强弱变化和不同的音色来表达情感和烘托氛围。

和声学的教学使中小学生了解不同和弦的构成和功能，理解和声在音乐中创造张力和解决张力的作用。旋律的学习则关注于音乐的主题线条，使中小学生能够理解和创造有吸引力的旋律。曲式结构的教学帮助中小学生认识音乐作品的整体布局，如传统的奏鸣曲式、回旋曲式等，这有助于中小学生理解不同音乐作品的组织方式和风格特点。

在中小学音乐教育中，这些音乐理论知识的教学通常结合实际的音乐实例和互动活动进行，如通过分析经典乐曲中的和声进程、创作简单的旋律，或者通过教学软件和游戏来学习音乐理论。这种结合理论与实践的教学方法不仅使中小学生能够深入地理解音乐，还激发了他们对音乐学习的兴趣和热情。通过音乐理论知识的学习，中小学生不仅能够提高自己的音乐理解能力，还能够培养他们的创造力和批判性思维能力。音乐理论的学习使中小学生不仅能够欣赏音乐的表面美，还能够深入音乐的内在结构，理解音乐作品背后的艺术和技术，从而在音乐的海洋中自如地遨游。

（二）音乐欣赏

音乐欣赏在中小学音乐教育中占有重要的地位，不仅丰富了中小学生的音乐体验，还促进了他们的情感、审美和文化素养的发展。音乐欣赏教学的核心在于引导中小学生理解和感受音乐作品，包括其旋律、节奏、和声以及整体的表现形式和情感表达。通过音乐欣赏，中小学生能够接触和了解不同风格、不同时期和不同文化背景的音乐作品，从而培养他们对音乐多样性的认识和尊重。

音乐欣赏教学通常通过倾听、分析和讨论音乐作品的方式进行。在课堂上，教师可以播放不同类型的音乐作品，从古典到现代，从民族音乐到世界音乐，让中小学生在听觉上直接体验音乐的美。接着，教师会引导中小学生分析音乐的各个要素，如旋律的走向、节奏的变化、和声的使用和乐曲的结构等。教师还会鼓励中小学生探讨音乐作品背后的历史背景、作曲家的意图和音乐所表达的情感和信息。音乐欣赏教学还包括培养中小学生的批判性思维能力和个人的审美判断。中小学生被鼓励表达自己对音乐作品的感受和理解，分享个人的观点和评价。这不仅有助于他们建立个人的音乐品位，也促进了他们的语言表达能力和批判性思维能力的发展。同时，音乐欣赏教学鼓励中小学生通过参与音乐会、音乐剧和其他现场音乐活动来拓展他们的音乐体验。

（三）唱歌教学

1. 歌曲教学

在中小学音乐教育中，歌曲教学扮演着重要的角色，其核心在于引导中小学生全面学习、分析和理解各种歌曲。歌曲教学的素材涵盖从儿童歌曲到民歌，再到古典歌曲等多种类型的曲目，这一教学过程不仅局限于歌曲本身的演唱和学习，而是深入歌曲背后的文化和历史背景，以及对歌词含义的深层次解读和情感的表达。通过这样的教学，中小学生不仅能够掌握音乐的基础要素，如旋律、节奏和和声，更能够培养他们对音乐的感知力，加深他们对音乐情感表达和审美的理解和鉴赏。歌曲教学为中小学生接触多样化的音乐风格提供了机会，不仅增强了中小学生的音乐技能，而且拓展了他们的文化视野，培养了对不同音乐文化的欣赏和尊重，从而在音乐的世界中培育了他们的情感智慧和审美情趣。

2.演唱教学

演唱教学在中小学音乐教育中占据了重要地位，其重点在于系统地培养和发展中小学生的声乐技巧。这一教学过程不仅涉及基本的声乐技能，如正确的呼吸方法、科学的发声技术、准确的音准控制等，还包括歌曲演绎的各种技巧。在这种教学中，教师着重指导中小学生如何有效地使用身体作为乐器来进行演唱，包括如何调整身体姿势、使用腹部支撑呼吸以及如何放松喉部以产生自然和优美的声音。演唱教学强调表情和肢体语言在歌曲表现中的重要性，教导中小学生如何通过面部表情和身体动作来增强演唱的表现力和感染力。正确的演唱姿势为："面带微笑，下巴微收，眼睛平视稍高的位置。站姿需自然直立，两脚如肩宽，呈'丁'字形分开站立，支撑点可放在前脚或后脚上，以便歌唱时保持重心；坐姿约坐三分之一的凳面面积，腰部挺直，背不要靠在椅子上，脚掌着地。口腔要自然打开，运用'半打哈欠'的方法，体会打开喉咙的状态，使学生真正获得自然、流畅、优美的声音。"①

演唱教学的主要目的是提升中小学生的声乐表达能力，使他们在演唱时能够自信和有技巧地传达音乐的情感和内容。在中小学生声乐教学

---

① 于力.新视角下的中小学音乐教育与教学研究[M].长春:吉林人民出版社，2021：40.

中，最重要的是对其进行呼吸训练。呼吸训练要求："吸气要柔和、平稳，胸部自然地扩张，需要口鼻同时吸，快速并且深至腰腹部，没有杂音，有闻花香的感觉；呼气也要缓慢、有节制、均匀。"[①]需要注意的是："吸气量的多少根据所唱乐句的需要而定，过深或过浅的吸气都会影响声音的质量。"[②]

演唱教学不仅对中小学生在舞台上的表现重要，还能培养他们在公众场合的表达和演讲能力。通过演唱教学，中小学生不仅能提高音乐技能，还能在表达和沟通方面获得宝贵的经验，为他们的学习和社交活动打下了坚实的基础。

（四）音乐文化与历史

音乐文化与历史在中小学音乐教育中占据了极其重要的地位，这部分内容的教学不仅帮助中小学生了解音乐的发展脉络，还促进了他们对不同音乐文化的认识和欣赏。音乐历史的教学涵盖了从古典时期到现代的各个时期。通过学习不同时期的音乐风格和代表作曲家的作品，中小学生可以理解音乐随着社会、文化和技术的变迁而发生的演变。音乐文化的教学注重于音乐在不同文化和地域中的表现形式和社会功能，如民族音乐、世界音乐以及现代流行音乐等。通过这样的学习，中小学生不仅能够欣赏到音乐的多样性，还能够理解音乐在不同文化中所扮演的角色，以及它如何反映和塑造一个民族的文化身份。

音乐文化与历史的教学通常结合听音乐、观看相关的视频资料、讨论和分析等多种方式。教师通过播放不同时期和风格的音乐作品，使中小学生能够直观地感受音乐的魅力和风格特点。此外，通过讨论音乐在历史上的重要事件和作曲家的生平，中小学生能够深入地理解音乐作品

---

① 于力.新视角下的中小学音乐教育与教学研究[M].长春：吉林人民出版社，2021：40.

② 朱咏北.合唱与合唱指挥普修教程[M].上海：上海音乐学院出版社，2007：9.

背后的故事和社会背景。音乐文化与历史的教学还鼓励中小学生进行创造性的思考和表达，如创作与特定音乐风格相关的作品，或者通过音乐来探讨特定的文化议题。

（五）乐器学习

乐器学习在中小学音乐教育中占据了重要位置，它不仅是音乐技能培养的重要方面，也是学生个人发展的关键环节。乐器学习涉及多种乐器，包括钢琴、吉他、小提琴、长笛、打击乐器等，每种乐器都有其独特的演奏技巧和音乐表现力。在乐器教学中，中小学生首先学习基本的乐器知识和基础技巧，如正确的姿势、基本的音阶练习以及简单的曲目演奏。随着技能的提升，中小学生逐渐学习复杂的曲目和演奏技巧，发展他们的音乐表达和创造力。

乐器学习不仅提升了中小学生的音乐技能，还对其认知能力、协调能力和情感发展产生了积极影响。通过乐器练习，中小学生能够锻炼注意力、记忆力和手眼协调能力。在乐器演奏的过程中，中小学生需要集中精力，记住乐谱和技巧要点，这对提高他们的注意力和记忆力非常有益。乐器演奏还是一种情感表达的途径，帮助中小学生在音乐中表达自己的情感，从而促进情感智力的发展。在中小学的乐器教学中，教师通常采用互动和寓教于乐的方式，激发中小学生的学习兴趣和参与热情。例如，通过组织乐器合奏、乐队表演或音乐会等活动，中小学生不仅能够实际运用所学的乐器技能，还能够体验团队合作和共同创造的乐趣，这对增强中小学生的音乐实践能力，培养他们的团队精神和社交能力都非常有帮助。

（六）音乐创作

音乐创作在中小学音乐教育中扮演着重要的角色，不仅是一种技能的培养，更是激发中小学生创造力和个人表达的重要手段。音乐创作的教学包括作曲、歌词创作、即兴演奏和音乐编排等多个方面，旨在引导中小学生探索音乐的创造性过程。通过音乐创作，中小学生可以将个人的想法、情感和体验转化为具有艺术价值的音乐作品。这一过程不仅要求中小学生运用已经学习的音乐理论知识，如和声、旋律和节奏等，还要求他们发挥想象力和创新思维，创造独特的音乐表达。

在音乐创作教学中，中小学音乐教师通常采取启发式和探索式的教学方法，鼓励中小学生尝试不同的音乐风格和表现形式。例如，中小学生可以在老师的指导下尝试编写简单的旋律或和声，或者创作一首反映他们情感的歌曲。即兴演奏和音乐编排的活动让中小学生在实践中学习如何将不同的音乐元素结合起来，创造出和谐而有趣的作品。这些活动不仅增强了中小学生的音乐技能，还培养了他们的创造力、独立思考能力和问题解决能力。音乐创作的教学还强调中小学生的个人表达和自我探索。中小学生被鼓励表达自己的想法和情感，用音乐作为沟通和表达的工具。这种教学方式有助于提升中小学生的自信心和自尊心，使他们意识到自己的创造潜能和艺术价值。同时，音乐创作是一种团队合作的过程，中小学生在合作中学习如何倾听他人的想法，如何协调不同的意见和风格，从而提升他们团队合作能力。

第五节　中小学音乐教学的教学形式与教学程序

一、中小学音乐教育的教学形式

（一）视听教学

在中小学音乐教学中，视听教学法占据着不可或缺的地位，它通过结合音频和视频资料，如音乐会录像、著名音乐家的演奏等，极大地丰富了中小学生的学习体验。这种教学方式不仅仅是传递知识的途径，更是一种激发中小学生音乐兴趣和感受的重要手段。通过观看和倾听，中小学生能够直观地感受音乐的魅力，理解音乐的多样性和复杂性。例如，在观看一场管弦乐团的演出录像时，中小学生不仅能够听到音乐的旋律和节奏，还能观察到乐手的演奏技巧和指挥的引导方式，从而全方位地理解音乐作品。此外，视听教学能够帮助中小学生建立起音乐与文化、历史的联系，特别是当引入来自不同文化背景的音乐时，中小学生能够通过音乐感受到其他文化的特色和魅力。这种教学方法极大地提高了音乐课堂的互动性和参与感，使音乐学习变得生动和有趣。通过视听教学，中小学生不仅能够提高自己的音乐欣赏能力，还能在音乐的海洋中培养出广阔的审美视野和深厚的文化素养，为他们的学习和生活添砖加瓦。

（二）示范教学

示范教学在中小学音乐教育中扮演着重要的角色，这种教学方式通过教师的直接示范，为中小学生提供了直观、生动的学习体验。在音乐教学中，示范不仅仅是展示音乐技巧或演奏方法，更重要的是它能够传达音乐的情感表达和艺术内涵。当教师在课堂上演奏一段音乐或演唱一首歌曲时，中小学生不仅能够直接观察到专业的技巧和方法，还能够感受到音乐背后的情感和魅力。这种方式极大地激发了中小学生的学习兴趣和模仿欲望，使他们积极主动地参与音乐学习。

示范教学的优势在于它能够迅速而准确地向中小学生展示音乐作品的标准和风格，为中小学生提供了清晰的学习目标和方向。教师的示范还能够帮助中小学生纠正错误的演奏或唱歌技巧，提高他们的音乐执行力。在示范过程中，教师不仅展示了如何演奏或唱歌，更通过解释和讲解，帮助中小学生理解音乐的理论知识和背后的艺术理念。这种教学方式特别适合中小学音乐教育，因为音乐是需要通过听觉和视觉体验来学习的艺术形式。通过观察教师的示范，中小学生能够更好地理解音乐的节奏、旋律、和声和动态等元素，提高他们的音乐分析和欣赏能力。

示范教学还具有很强的灵活性和适应性，它可以根据中小学生的学习进度和理解能力进行调整。例如，对于低中年级的小学生，教师可以重点示范基本的演奏技巧和简单的音乐片段；对于小学高年级或者初中的学生，教师可以通过示范复杂的作品和高级技巧，挑战和提升他们的音乐能力。示范教学还鼓励中小学生进行模仿和创造，通过模仿教师的示范，中小学生可以逐步形成自己的音乐风格和表现方式，进而在音乐学习的过程中培养出独立思考和创新的能力。

（三）实践教学

在中小学音乐教育中，实践教学法发挥着重要的作用，特别是音频和视频资料的应用，如音乐会录像和著名音乐家的演奏等，极大地丰富了学生的听觉体验和视觉理解，从而有效提升了中小学生的音乐欣赏能力。这种教学方式的独特之处在于它超越了传统教室的边界，为中小学生提供了生动、直观的音乐学习体验。通过观看音乐会录像，中小学生不仅能够倾听美妙的音乐旋律，还能够观察到音乐家的演奏技巧和情感表达，这种全方位的感官体验使得音乐知识的学习变得深刻和持久。视听资料的使用也能帮助中小学生建立起音乐与文化、历史的联系，使他们能够从广阔的视角理解音乐的背景和意义。实践教学法还鼓励中小学生主动参与和探索，如在小组讨论中分享对音乐的感受和理解，或在音乐创作和演奏中实践所学知识，这些活动不仅提高了中小学生的音乐技能，还培养了他们的创造力和批判性思维能力。更重要的是，实践教学法在提升中小学生音乐欣赏能力的同时，加深了他们对音乐的情感连接和热爱，为他们未来的艺术探索和个人成长奠定了坚实的基础。

（四）互动教学

在中小学音乐教育中，互动教学法显现出其独特的魅力和有效性，通过音乐游戏、集体讨论和小组合作等多种形式，互动教学不仅激发了中小学生对音乐学习的浓厚兴趣，还显著提升了他们对音乐的深入理解和参与度。互动教学法的核心在于创造开放、动态的学习环境，使中小学生可以通过实际参与和体验来探索音乐的各个方面。例如，在音乐游戏中，中小学生通过亲身体验和实践来学习音乐节奏、旋律和和声，这种学习方式远比传统的听课更加生动和有效。集体讨论则为中小学生提供了表达个人观点、分享音乐体验和感受的机会，不仅增强了中小学生之间的交流和合作，还培养了他们的批判性思维和创造力。在小组合作活动中，中小学生需要共同协作完成音乐创作或演奏任务，这个过程不仅锻炼了他们的团队合作能力，还提升了他们对音乐作品的整体理解和演绎能力。互动教学法还能够适应不同学生的学习风格和需求，因为它提供了多样化的学习路径，让所有学生都能在音乐学习中找到适合自己的方式。通过这种教学方式，中小学生在享受音乐的过程中，不仅学到了音乐知识和技能，还在无形中培养了对音乐的热爱和对艺术的敏感度。此外，互动教学法有效地将音乐教育与中小学生的情感、社交和认知发展相结合，使音乐教育绝不限于艺术技能的培养，更是中小学生个人综合素质成长的重要部分。

（五）智慧教学

中小学音乐教学中的智慧教学法，通过运用音乐教学智慧平台、数字音乐软件和音乐制作工具等现代技术手段，为中小学生提供全新的音乐学习和创作环境。这种教学方式的核心在于将先进的技术与音乐教育相结合，从而激发中小学生的学习兴趣，提升他们的创新能力和技术应用能力。音乐教学智慧平台为中小学生提供了互动且富有创造性的学习空间，其中包含丰富的音乐资源和教学工具，使中小学生能够在探索和实践中深化对音乐知识的理解。数字音乐软件和音乐制作工具的应用，则允许中小学生在创作和制作音乐时运用最新、最便捷的技术，不仅提高了他们的音乐制作技能，还激发了他们对音乐技术的兴趣和好奇心。在这样的教学环境中，中小学生能够自由地尝试和创造，发挥他们的想象力和创意，这对培养他们的创造性思维和解决问题的能力很重要。智慧教学法还促进了中小学生对音乐和科技融合的理解，使他们认识到音乐不仅是一种艺术形式，也是一个不断发展和变化的领域。通过这种教学方法，中小学生在音乐学习过程中不仅获得了知识和技能，更重要的是，他们学会了如何运用技术作为工具来表达自己的艺术思想和情感。这种教育方式对中小学生在各个方面的发展都很有帮助，因为它让他们适应了现代社会对音乐和技术融合的需求。智慧教学在中小学音乐教育中的应用，不仅提高了教学效率和质量，还为中小学生提供了开放、创新的学习环境，激发了他们对音乐的热情和对未来的探索欲望，使他们能够在音乐的世界里不断探索和成长。

二、中小学音乐教学的课堂教学程序

中小学音乐课堂教学的程序可划分为如图 2-3 所示的五个阶段。

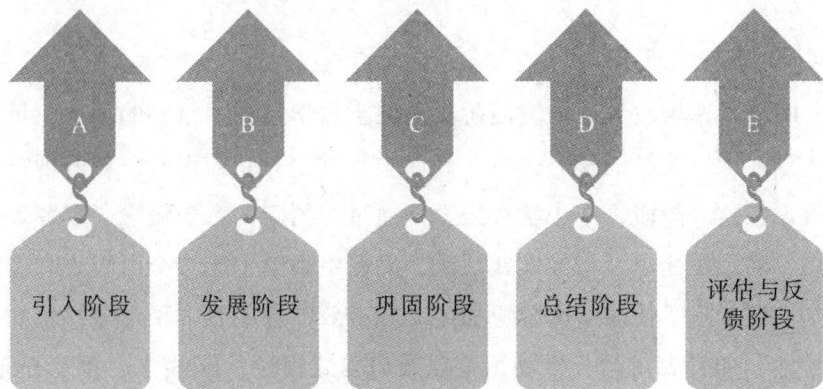

图 2-3　中小学音乐课堂教学程序的五个阶段

（一）引入阶段

中小学音乐教学的引入阶段作为课堂教学的开端，扮演着重要的角色，它的主要目的是激发中小学生的兴趣和好奇心，为学习主题建立一个吸引人的背景。在这一阶段，中小学音乐教师采用多种策略，如提出引人思考的问题、分享引人入胜的事实、讲述相关的故事或使用媒体内容如音乐片段和视频，来吸引中小学生的注意力并激发他们对音乐学习的兴趣。这样的开场不仅为中小学生提供了情境化的学习环境，而且通过创造性和互动性的方法，增强了学生对即将学习内容的期待和好奇心。例如，通过播放一段经典音乐作品的录像，音乐教师可以引导中小学生进入音乐的世界，激发他们对音乐风格或作曲家背后故事的兴趣。这种引入方式不仅为后续的教学内容打下了坚实的基础，而且提高了中小学生的参与度和学习动力。通过精心设计的引入阶段，教师能够有效地引导中小学生进入学习状态，为他们提供一个充满探索和发现的音乐学习旅程。所以说，引入阶段在中小学音乐教学中具有不可替代的重要性，不仅是课堂教学的起点，更是激发中小学生学习热情和创造性思维的关键环节。

（二）发展阶段

中小学音乐教学中的发展阶段是课堂教学结构中重要的环节，负责深入阐述课堂主题的核心内容，确保中小学生对新知识有深刻的理解和掌握。在这一阶段，中小学音乐教师通过介绍新的音乐概念、解释理论知识、演示技能以及指导实践活动，确保中小学生能够全面吸收和应用所学内容。为了使教学内容更加生动和有效，音乐教师采用多样化的教学方法，如直观讲授、生动示范以及启发式讨论。这些方法相互补充，共同促进中小学生的学习和理解。例如，在教授新的音乐节奏时，教师可能先通过讲授的方式介绍概念，然后通过演示具体的节奏模式，接着引导中小学生进行模仿和练习。在这一过程中，小组合作和讨论被广泛运用，鼓励中小学生之间的交流和合作，增强他们的实践能力和批判性思维。这样的教学安排不仅增强了中小学生对音乐知识的理解，而且提升了他们的音乐表现力和创造力。

（三）巩固阶段

巩固阶段在中小学音乐教学中扮演着重要的角色，是知识和技能学习过程中的关键环节，旨在加深中小学生对音乐知识的理解和应用。在这个阶段，中小学生通过参与各种精心设计的活动，如练习题、案例研究、角色扮演、实验和项目作业等，能够实际操作和实践所学的音乐知识和技能。这些活动不仅帮助中小学生巩固已学的音乐理论和实践技能，还促使他们将音乐知识与现实生活情境相结合，从而更好地理解和记忆。例如，在案例研究中，中小学生可能需要分析一个特定的音乐作品，这不仅帮助他们理解音乐的结构和风格，还能提高他们的音乐分析能力。角色扮演和项目作业则让中小学生有机会亲身体验音乐创作和表演过程，这种亲身体验是理论知识无法替代的，对中小学生理解音乐的表现形式和深层次含义很重要。通过这些多样化的活动，中小学生的音乐知识不仅得到了加强和巩固，他们的创造力、合作能力和批判性思维也得到了显著提升。

（四）总结阶段

中小学音乐教学的总结阶段是课程结构中不可或缺的一个环节，它的主要功能是加强中小学生对课堂上讨论的主要内容和关键概念的理解和记忆。在这一阶段，中小学音乐教师通过概括课堂上的重点，帮助中小学生整合所学知识，巩固学习成果。总结的形式多样，可以是音乐教师的回顾讲述，也可以是通过提问方式激发中小学生复述关键点，或者是让学生参与讨论，甚至呈现他们的学习成果。这样的互动不仅加深了中小学生对音乐知识的理解，还培养了他们的批判性思维，提高了他们的表达能力。例如，中小学生可能会被邀请分享他们对某首曲子的理解，或展示他们的音乐创作。这种参与和表达的过程对中小学生而言是极具价值的，不仅巩固了他们的学习，还提升了自信和参与感。总结阶段也为音乐教师提供了即时反馈的机会，教师可以根据中小学生的表现和反馈调整教学策略和内容，确保教学目标的实现。

（五）评估与反馈阶段

评估与反馈阶段在中小学音乐教学中发挥着关键作用，在中小学音乐教学过程中对衡量和促进中小学生的学习进步以及提升音乐教师的教学质量很重要。在这个阶段，通过各种形式的评估，如测试、作业、项目评估等，教师能够有效地了解中小学生对音乐知识和技能的掌握程度。这些评估活动不仅为教师提供了中小学生学习成效的直接反馈，还为中小学生了解自身进步和不足提供了机会。教师根据评估结果，能够有针对性地提供反馈，指导中小学生在音乐学习的道路上不断进步。这种反馈不仅涉及学术成绩，还包括中小学生的创造力、表现技巧以及音乐理解等方面的指导，帮助学生全面提升音乐素养。中小学音乐教师也能根据评估结果调整教学计划和方法，确保教学内容和方式贴合中小学生的需要和学习进程。评估与反馈阶段强调了音乐教学中持续学习和改进的重要性，不仅关注中小学生的即时学习效果，更注重长期的学习成果和能力的培养。

第三章 中小学音乐课堂教学方法

第一节 柯达伊音乐教学法

一、概述

柯达伊教学法是一种以集体歌唱为核心的独特教学体系。该教学法主要利用匈牙利民歌或本民族风格创作的多声部合唱作为教材，以五声音阶为视唱教学的基础，并结合首调唱名法及柯尔文手势等方法，形成了一个结构严谨、系统化的教学框架。柯达伊教学法的创建者是匈牙利享有盛名的作曲家、民族音乐学家及音乐教育家柯达伊·卓尔坦（1882—1967）。柯达伊的成长背景对他的教育理念和艺术创作产生了深远影响。他成长于巴奇基什孔州克奇克梅特城的一个充满艺术氛围的家庭，自小展现出在文学和语言方面的杰出天赋。柯达伊生活在小城市，直到18岁。这段时间里，他频繁接触乡村音乐、民间音乐和农民歌曲。这些体验对他未来的音乐创作和教育理念造成了关键性的影响，他一生的主要经历如表3-1所示。

表 3-1 柯达伊一生中的主要经历

时　间	经　历
幼年	在具有良好艺术环境的家庭中成长，接受古典音乐熏陶
少年时代	学习钢琴、小提琴等多种乐器
中学时期	开始早期音乐创作活动
高中毕业后	进入布达佩斯音乐学院学习作曲和指挥，同时在布达佩斯大学的艾特佛什学院学习匈牙利和德国的语言和文学
1904 年	获得作曲专业毕业文凭
1906 年	获得哲学博士学位
1907 年	被聘为音乐学院音乐理论和作曲教授
1925 年以后	开始关注青少年的音乐教育，投身普通音乐教育事业，为此做出终生不懈的努力

　　作为一位杰出的作曲家，柯达伊一直致力于在匈牙利民族文化的基础上，融合并创新欧洲的优秀音乐传统。他深信匈牙利民间音乐不仅代表了本国的音乐文化传统，更是音乐创作的极佳源泉。这种观念在他的早期作品中得到了充分体现，其中大量歌曲和室内乐创作均改编自匈牙利民歌和音乐，展示了独特的民族风貌和丰富的个性。这些作品，充满民族文化特色，极大地推动了匈牙利音乐界的新创作方向。

　　在民族音乐学领域，柯达伊作为首位运用广博知识、严谨学风和科学方法研究匈牙利民族音乐理论的学者，取得了显著成就。1917 年，他的代表作《匈牙利民间音乐中的五声音阶》出版。此书对匈牙利民间音乐五声音阶的特性进行了深入阐述，对匈牙利民族音乐理论的研究具有重要意义。他还参与编撰了匈牙利音乐史，为匈牙利民族音乐学的发展做出了贡献。

在建立匈牙利音乐教育体系的过程中，柯达伊汇集了众多杰出的学者、作曲家和教师。他们在深入研究国际音乐教学法和借鉴其优点的基础上，结合匈牙利的教学实践，创立了具有独特匈牙利特色的音乐教育体系，即柯达伊音乐教育体系。这一体系经过四十余年的推广和发展，不仅成为匈牙利官方音乐教育的标准，还对全球音乐教育产生了深远影响。由于该体系的理念、观念、原则和方法均源自柯达伊，因此被广泛称为"柯达伊教学法"。时至今日，柯达伊教学法已经跻身全球最有影响力的音乐教育体系，不仅是匈牙利音乐教育的核心，还在全球范围内广受推崇。

二、主要思想观念

（一）强调音乐教育的早期启蒙重要性

柯达伊音乐教学法的核心思想之一便是强调音乐教育在儿童早期发展中的重要性。柯达伊坚信，艺术鉴赏力并非天生，而是需要通过早期教育逐步培养和塑造的。他的理论指出，如果孩子们在幼年时期就开始接受对艺术的鉴别力培养，未来他们在面对各种艺术形式时具有辨别力，能够识别并拒绝低俗的艺术表现。柯达伊视培养孩子们的良好艺术品位为学校音乐教育的关键任务，相信这是打下艺术素养坚实基础的关键步骤。

在柯达伊的音乐教学法中，特别强调通过歌唱等音乐活动来培养孩子的音乐能力。这种教学方式不仅着重于培养儿童的节奏感和音乐听觉能力，更加注重于通过这些活动来提升孩子们的音乐记忆力和形象思维。柯达伊认为，通过这样的教育方法可以在孩子们的心灵中播下艺术的种子，使他们在成长的过程中不断体验到音乐带来的愉悦和满足。他认为音乐教育不仅仅是学习音乐技能的过程，更是一种精神和情感的培养，有助于孩子们在日后的生活中形成健康、积极的生活态度和价值观。

柯达伊音乐教学法的实施对孩子们的整体发展具有深远的影响。通过这种教学方法，孩子们不仅学会了欣赏音乐，还能够在音乐中发现美、体验美，这对他们的情感、认知和社会交往能力的发展均有重要作用。柯达伊强调的音乐教育限于学校环境，还应该融入家庭和社区，成为孩子生活的一部分，这样才能全面地培养孩子们的音乐素养。

（二）音乐教育的普及性和深远影响

柯达伊音乐教学法的主要思想观念突出了音乐教育的普及性和深远影响，深刻地揭示了音乐与人类生活本质的密切联系。柯达伊认为音乐应该属于每个人，他视音乐为日常生活中不可或缺的精神元素，认为音乐不仅满足了人们的精神需求，而且在情感、智力和个性的发展上起着重要的作用。音乐有能力丰富人的内心世界，加强个性的多样性，并且具备塑造和改变性格的独特力量。在柯达伊的理想中，将真正的音乐呈现给大众，使之成为提升生活质量的关键因素，是其音乐教育追求的最终目标。他认为，为了实现这一宏伟目标，学校音乐教育发挥着决定性的作用。

柯达伊认为"普通学校的目的是为人们形成完美的品格建立基础，没有音乐就没有完全的人"，他还认为"音乐教育在普通学校是如此重要，甚至超过音乐本身，培养音乐的听众就是在培养一个社会"。[①] 在柯达伊看来，音乐教育在普通学校中的地位很重要，其目的不仅仅是培养音乐技能，更是为了建立完善的人格基础，通过音乐教育，不仅培养出音乐的欣赏者，更是在塑造一个具有良好品格的社会。柯达伊强调，音乐教育的目标应该是普及性的，意味着每个人都应该有机会接受音乐教育，享受音乐所带来的精神满足和个性发展。这种普及性的音乐教育不仅影响个体，更有着深远的社会影响，能够提升整个社会的文化水平和生活质量。柯达伊的音乐教学法因此不仅是一种教育方法，更是一种文

---

① 尹虹.音乐教学论 [M].重庆：西南师范大学出版社，2004：44.

化传播和社会建设的工具，通过音乐教育深化人们的情感体验，丰富思维方式，促进社会和谐与文化进步。

（三）强调民间音乐在教育中的核心地位

柯达伊音乐教学法强调民间音乐在教育中的核心地位，映射出其深刻的教育理念，即音乐教育的根基应牢固植根于民间音乐之中。柯达伊认为，儿童的音乐教育应仿照其语言学习的自然过程，首先从本国的歌曲学起，以此培养他们对本土文化的热爱和鉴赏能力。他指出："每个民族都有大量的、特别适合于教学的民间歌曲，如果我们选择得好，并通过这些歌曲有目的地提供及安排新的音乐要素的学习，民间歌曲将会成为最适合的教材。如果我们想要了解其他民族，首先必须懂得我们自己。而且没有其他更好的办法比得上通过民间音乐去达到了解。"[1]这种教育方法不仅培育出有能力欣赏音乐的听众，还造就了对本土文化具有深切理解和热爱的社会成员。在柯达伊看来，学校音乐教育的核心教材应该包括本国的优秀民间音乐作品及世界范围内的杰出音乐创作，以此丰富学生的音乐体验和文化视野。

柯达伊特别强调简洁、质朴且富含生活气息的民间歌曲在引导学生进入音乐世界方面的独特价值。这些歌曲不仅是学生们认识音乐的最佳起点，更是培养他们热爱民间音乐、继承和发扬民族传统的重要途径。柯达伊认为，每个民族都拥有大量适合用于音乐教学的民间歌曲，这些歌曲如果被恰当地选取并有目的地用于教学，能够高效地引导学生深入音乐的世界，快速提升他们的音乐素养。

柯达伊的这种音乐教学观念不仅致力于提升学生的音乐技能，更重要的是通过音乐教育深化学生对民族文化的理解和认同。他通过将民间音乐纳入音乐教育的核心内容，使学生们在学习音乐的同时，能够体验和感悟到本国文化的深刻内涵。这种教育方式对于学生个人的情感发展、

---

① 邵祖亮.中学音乐教学法[M].上海：上海教育出版社，1998：155.

个性塑造以及文化认同感的形成都有着不可估量的积极影响。总而言之，柯达伊音乐教学法中关于民间音乐教育的核心地位的内容不仅展示了其深邃的教育洞见，也为全球音乐教育提供了宝贵的启示和范例。

（四）强调教材和教学次序的重要性

柯达伊音乐教学法在音乐教育领域内占据了重要的地位，这主要得益于其对教材内容和教学顺序的深思熟虑与精细设计。柯达伊坚持认为，影响儿童的教育内容应具有深远的意义和坚固的基础，特别强调教育的过程与内容必须尊重和保护儿童心灵的纯洁性。这一教育理念不仅深刻理解了儿童的心理特点，也充分体现了音乐教育对于培养人格和情感的重要作用。

在实施教学时，柯达伊特别重视教材内容的设计，确保其与儿童的接受能力和个性特征相匹配。这种方法使得音乐教育变得人性化，不仅注重知识的传授，更关注儿童对音乐的感受和理解。柯达伊为此专门编纂了 21 本不同级别的音乐教材，这些教材都堪称典范，充分显示了柯达伊对音乐教育的热情和专业精神。

在教学方法的创新上，柯达伊同样表现出了非凡的洞察力。他提倡在节奏训练上从基本的四分音符和八分音符开始，这种渐进式的教学方法适应了儿童的学习步伐，也有效地培养了他们对音乐节奏的感知和理解。在旋律方面的训练，柯达伊建议将音域控制在六度以内，这样的限制有助于儿童更好地掌握音乐的基础知识，同时避免过分复杂的音乐内容影响儿童的学习兴趣和动力。此外，在选择歌曲和音型教学时，柯达伊强调应以适合儿童声音范围的小字组音区为基准，确保音乐学习与儿童的自然发展相协调。

（五）要求培育学生音乐阅读和写作能力

柯达伊音乐教学法的核心理念之一，着重于音乐阅读和写作能力的培育，这被视为对儿童进行音乐教育的基础和关键途径。柯达伊的教学法认为，激发孩子对音乐的热爱和兴趣，关键在于加深他们对音乐的体验，而教育机构扮演的角色便是拓宽这一体验的渠道。音乐阅读和写作，作为基础知识和技能的组成部分，不仅帮助孩子们接触和欣赏优秀的音乐作品，还丰富了他们的音乐体验。音乐的理解，源自对音乐要素的细致学习和全面掌握。

在柯达伊的教育观念中，音乐理论的学习不局限于专业术语和概念的传授，更重要的是通过实践活动来培养学生的听觉技能和音乐思考能力，促进创造力的发展。柯达伊提倡使用简明易懂的教学方法，以便学生能在日常的学校教育中稳固地掌握音乐基础知识，并使他们发展成为具有全面音乐能力的个体。这种教学策略旨在引领学生进入广阔的音乐领域，深入探索音乐的各个层面和内涵。

柯达伊音乐教学法不仅是一种教学技巧的展现，还是对音乐教育价值和目标的深刻阐释。通过强调音乐阅读和写作的重要性，柯达伊的方法提升了学生的音乐技能，在无形中培养了他们的审美情感、创造力和对音乐的深刻理解。这种综合性的教育方法对学生的音乐能力造就有显著效果，对他们的整体人格和情感发展产生了积极影响。柯达伊音乐教学法的实施，无疑为音乐教育的发展提供了宝贵的经验和深刻的启示，对音乐教育的未来发展和改进提供了重要的指导方向。

三、教学宗旨

柯达伊音乐教育的教学宗旨深植于其对音乐是人类精神生活中不可或缺的角色的坚定信念。他视音乐为个人全面发展的关键元素，认为缺乏音乐的人生是不完整的。基于这一理念，柯达伊提倡将音乐教育融入学校教育课程，以此作为塑造完善人格和丰富精神生活的基础。在他看来，音乐教育在普通学校的重要性甚至超越了音乐本身，因为通过音乐教育培养的不仅仅是音乐技能，更是对社会未来的投资。

柯达伊强调，音乐和歌唱的教学应当以儿童的愉悦感为出发点，而非让他们感到有压力。他认为，音乐教育的目标应该是激发并维持儿童对高尚音乐情感的持续渴望。这种情感不仅对孩子的音乐教育过程产生积极的影响，更将伴随他们的整个人生。音乐教学不能单纯依赖于智力或理性的方式，也不应该局限于使用代数符号或与儿童生活无关的文字。相反，音乐教育应该基于直觉体验，以激发学生对音乐的自然感受和理解。

柯达伊特别强调6—16岁这一时期的重要性，认为这是学生对音乐最敏感的时期。在这个阶段，一次简单而纯粹的音乐体验就有可能深刻地触动年轻心灵。因此，提供这种音乐体验不仅是学校的责任，更是实现音乐教育目标的核心。在1945年提出的音乐教育大纲中，柯达伊设定了具体的教学目标和任务，包括使学生自觉地掌握音乐的基本语言、激发儿童对歌唱的热情、培养和指导学生的音乐爱好、发展学生的音乐能力，以及培养以民间歌曲为基础的音乐阅读和写作能力。

四、基础元素和特色

柯达伊音乐教学法的核心教学手段并非完全由柯达伊所创，其中一部分是他基于对前人理念的继承与改良，另一部分是他经过数次实践尝试，在不断革新和融合中所得到的。在他构建的教学体系中，这些方法呈现出一种有机的统一性和协调性，实现了教学方法的系统化和整体化。

（一）首调唱名法

首调唱名法是柯达伊音乐教学法的核心元素之一。11世纪音乐理论家圭多·阿瑞佐最早提出了唱名的概念。起初，出现在拉丁文赞美诗中的唱名只有六个音级，后来发展成七个音级。英国女教师格洛弗是首调唱名法的创始人，其后由约翰·柯尔文（1816—1880）完善，使之成为一种简单易学的工具，极大地促进了英国合唱事业的发展。特别是在训练过程中，它简化了复杂的调性关系，使合唱团成员能够迅速掌握乐谱。

　　首调唱名法，亦称移动 Do 唱名法，是相对于固定唱名法而言的一种音乐阅读方式。在固定唱名法中，无论调性如何变化，C、D、E、F、G、A、B 始终对应 do、re、mi、fa、sol、la、si。这种方法中，唱名与音名保持一致，但除了 C 大调外，唱名与调式音阶存在不一致性。首调唱名法则是基于调式音阶的唱名法，随着调性的变化而改变 do 的位置，使得唱名与音名不统一，但唱名与调式音阶保持一致。这种方法在大调式中尤为明显，可以直接反映出各调式音阶的特性。

　　柯达伊特别强调首调唱名法在音乐教育中的实用性，特别是在儿童的音乐启蒙方面。他认为，相比固定唱名，首调唱名法更能帮助儿童快速学习读谱。这种方法不仅表示固定音高，更重要的是突出了音高之间的相对关系以及音级在音乐体系中的角色，从而有效地培养音级倾向感和对调式的基本理解。使用首调唱名法时，其灵活性允许从任意音高开始唱歌，这对儿童来说更加友好，免去了他们在匹配固定音高时可能遇到的困难。首调唱名法的应用不受限于无升降号的调式，更加适合儿童的音域范围。

　　在学习首调唱名法的初期，学习者可能会面临五线谱上音位变化的挑战，因此应将学习重点放在熟练掌握不同调性中的音程关系上。为了解决使用首调唱名法时可能遇到的"转调后音准和音程关系难以确定"的问题，可以通过手势练习来辅助唱名的转换和同主音音阶调式的转换，帮助学生在使用首调唱名法时迅速建立转调的概念。这种练习方式不仅有助于学生深入地理解音乐，还培养了他们对音乐的感知和欣赏能力。柯达伊音乐教学法中的首调唱名法不仅是一种教学技巧，还深刻地影响了音乐教育的方式。通过突出音高之间的相对关系和调式音阶的一致性，这种方法为音乐教育提供了一个直观和灵活的工具。它不仅有助于学生更快地掌握音乐知识，还促进了对音乐的深刻理解和感受。在音乐教育领域，首调唱名法因其简便易学、高效实用的特点而受到广泛认可和应用，成了音乐教学不可或缺的一部分。

（二）固定音名唱名法

柯达伊音乐教学法的一个关键组成部分是固定音名唱名法，这种方法在器乐和无调性音乐作品的学习中显得尤为重要。固定音名唱名法分为两种主要体系：一种是固定唱名法，另一基于固定音名唱名法。在普通学校的五年级学生（每周接受两节音乐课）和专注于歌唱的学校的二年级学生（每天都有音乐课）中，这种教学法广泛应用。他们在学习首调唱名法的基础上，同时开始接触固定唱名法。根据匈牙利教育专家的观点，虽然固定唱名法和首调唱名法在某些情况下可能导致同一音高对应不同的唱名，从而产生混淆，但固定音名唱名法可以有效地避免这种混淆。

值得注意的是，在儿童同时学习两种唱名法的过程中，并不会引起混淆或矛盾，反而能够互补互助，共同促进音乐学习的深度和广度。在音乐教学中，唱名的选择虽然重要，但关键是能够准确地掌握和表达音高。实际教学中，首调唱名与固定音名的结合使用，有助于学生更好地理解全音和半音等基本音乐概念，这也是音乐教学中的一个重要环节。此外，固定音名的训练方法还可以与易于学习的乐器演奏相结合，例如牧童笛，以增强学生的音乐体验。在视唱旋律和音程的练习中，除了使用首调唱名法外，固定唱名法也被广泛应用。

柯达伊对匈牙利音乐教育的贡献在于他将音乐教育作为学校课程的重要组成部分，显著提高了全民的音乐修养和音乐兴趣。柯达伊编写的音乐教材不仅在匈牙利得到了广泛的应用，还被翻译成多种语言，影响了全球音乐教育的发展。20世纪60年代，柯达伊的教学法由荣·派尔茨伊翻译成英文，并编成了七卷本《柯达伊教学法》，扩大了其在全球音乐教育领域的影响力。可以说，柯达伊的音乐教育理念和方法已成为全球音乐教育的一个重要里程碑，对培养和提升人们的音乐素质和音乐欣赏能力产生了深远的影响。

（三）节奏唱名法

柯达伊音乐教学法关注节奏训练的全面开展和早期介入。节奏唱名法方法在音乐教育中的应用体现了柯达伊对早期和全面节奏训练的重视。这种训练方法巧妙地融合了儿童歌谣的语言节奏和游戏歌曲，从而使孩子们在欢乐和轻松的氛围中学习音乐节奏。特别是通过身体运动，如拍手、踏脚等，以及模拟日常生活中的动作，比如敲打、刷牙等，孩子们能够直观地感受到固定拍子的节奏，从而在不知不觉中掌握音乐的基础节奏。

柯达伊在设计这一教学法时，考虑到儿童对音乐的心理感知和认识水平的特点，因此在教学内容的安排上，不是简单按照内容本身的逻辑顺序进行，而是基于孩子们对音乐的理解能力和感知特性来设计。这一点体现了柯达伊方法的人本主义和儿童中心的教学理念。在匈牙利的节奏教学实践中，初学者阶段通过节奏音节标记和读法，使节奏时值具有了"可读性"，改变了传统教学中节奏时值通常只有在结合音高时才能被感知的局限。这种方法使音乐学习变得直观和易于理解。

对中小学生进行初级阶段的音乐教学避免了对"四分音符""八分音符""全音符"等抽象概念的复杂讲解，让孩子们从感性的角度先行体验和识别音节。这种方法不仅简化了音乐学习的过程，还增强了孩子们对音乐的直观理解和感受。柯达伊对达尔克罗兹的节奏律动方法也给予了高度评价，吸收了其中的一些要素。在节奏训练的初始阶段，主要采用简单易行的方法进行，如拍手或轻击乐器，在辅助中小学生学习和实施的同时，有效地促进了学生节奏感和音乐感知能力的发展。

（四）柯尔文手势

英国人约翰·柯尔文于1870年创立了一套手势系统，即著名的柯尔文手势，该手势专为音准训练而设计，是柯达伊音乐教育体系的重要内容。柯尔文手势的核心在于通过一系列独特的手势，代表音阶中的特定唱名，同时利用手势在空间中不同的高度和位置来展示音阶中音符的相对高低及其调式倾向。柯达伊在发展自己的音乐教学法时，汲取了柯尔文手势的精髓，对其进行了适度的调整和改进。这样的调整旨在使手势图样更加适合于儿童，以提高他们在学习首调唱名法时的效率和理解能力。

柯尔文手势的设计不仅考虑了音阶中每个音符的固定唱名，还注重展示这些音符在音乐空间中的高低位置和它们之间的关系。这种多维度的展示方法使得儿童能够直观地理解和感受音乐，加深了他们对音乐理论的认识。这一教学法成为柯达伊音乐教学法的一个重要组成部分，特别是在促进儿童对音乐的感知和理解方面，发挥了重要作用。通过这些手势，儿童不仅学习音乐的理论知识，还能通过身体动作与音乐建立直接和深刻的联系，从而在音乐学习的过程中获得全面和丰富的体验。关于柯尔文手势的具体描述如表 3-2 所示。

表 3-2 关于柯尔文手势的具体描述

音高位置	唱名	音的用法	字母谱名	音色特征	手势描述	应用	功能
	do	大调的主音	d	稳定坚强	平握空拳,掌心向下	用于幼儿和小学低年级学生	辅助音高感知,调整音准,训练听觉,二声部训练,辅助音阶调式转换
	re	大调的上主音	r	活跃向上	上斜平拳,掌心向左下		
	mi	大调的中音	m	平静稳定	掌平伸,掌心向下		
	fa	大调的下属音	f	萧瑟凄凉	掌心翻向外,拇指向下方伸开,握其余四指		
	so	大调的属音	t	明亮庄重	侧平掌,掌心向内		
	la	大调的下属音、小调的主音	l	悲戚暗淡	五指自然松开向下,呈提拉姿势,掌心向下		
	si	大调的导音	t	敏感尖锐	食指斜指向左上方,握其余四指,掌心向左前下方		

第二节　奥尔夫音乐教学法

一、概述

奥尔夫音乐教学法由德国作曲家、音乐教育家卡尔·奥尔夫（1895—1982）创立，卡尔·奥尔夫从小接受良好的音乐教育，并一生致力于音乐教育事业，其人生经历的主要事件如表3-3所示。

表3-3　卡尔·奥尔夫的主要人生经历

时间节点	事件描述
1914 年	毕业于慕尼黑音乐学院
第一次世界大战期间	在军队服役，战后作为专业作曲家工作，继续深造
1924 年	与舞蹈家军特共同创办"军特学校"，探索音乐与舞蹈的结合
1948 年	将儿童在奥尔夫乐器上的演奏制作成广播节目，引起关注
1950—1954 年	出版五卷本《学校音乐教材》，奥尔夫音乐教育体系逐步形成
1961 年	奥地利萨尔茨堡的莫扎特音乐学院成立奥尔夫学院，奥尔夫教育体系广泛传播

奥尔夫认为音乐在培养学生的个性、情感、想象力上有很大作用，学校教育应重视音乐教育，将其摆在其他学科同等位置上。奥尔夫曾多次指明，音乐不只是单纯的音乐形式，集音乐、语言、动作于一身，音

乐的纯粹性与儿童的天性接近，可以作为一种教育手段引导儿童的成长发展。奥尔夫认为在音乐教学的过程中，教师与学生应形成"合作伙伴"的关系，教师应作为引导者，不要求学生按照一定的要求、程序学习和练习，而是引导学生自然参与教学实践的过程，主动发挥个性与想象力，以开放、充满活力的教学体系培养儿童的创造力和挖掘儿童在各方面的潜力。

奥尔夫音乐教育法是基于奥尔夫的教学思想形成的，其以对儿童天赋音乐潜能的深入挖掘而闻名，采用"元素性"音乐作为其教学的核心手段。这种教学方法，尤其针对音乐教育的初学阶段，与儿童的成长环境高度契合，提供了一种直观、自然的学习媒介。卡尔·奥尔夫对于元素性音乐的定义，不限于音乐本身，还包括了与动作、舞蹈和语言的融合，这些都是从日常生活中提炼而来的基本元素，让儿童作为参与者深入音乐的世界，易于理解、接受和模仿。在奥尔夫音乐教育法中，音乐不仅是一系列音符和旋律的组合，更是一个激发儿童想象力、促进探索和体验的过程。

奥尔夫的教学理念深植于对儿童音乐教育全面性和创造性的重视，他的方法不仅关注音乐技能的传授，更着眼于通过音乐激发儿童的创造力和想象力。这种教育观念强调了教育的元素性，即通过简单的、日常的元素来介绍复杂的音乐概念，使得学习过程生动、直观。奥尔夫音乐教育法的综合性体现在它不仅包括音乐，还融合了身体运动、视觉艺术和语言表达，为儿童提供了多元化的学习环境。这种开放和创造性的教育环境鼓励儿童在音乐的世界中自由探索，不仅学习音乐知识和技能，更重要的是培养他们的艺术感知力和表达能力。奥尔夫音乐教育法因其在音乐教育中的创新性和实用性，已成为当代音乐教育的一个重要里程碑，对全球音乐教育产生了深远的影响。

二、核心理念

（一）节奏是音乐构成的第一要素

在奥尔夫音乐教学法中，节奏被赋予了重要的地位，它被视为音乐的基础和生命力的源泉，甚至在某种程度上超过了旋律的重要性。奥尔夫坚信，节奏是音乐的骨架，不仅支撑着音乐的整体结构，还为音乐注入了活力和动感。在这种教学法下，重视节奏的培养成了音乐教育的核心。奥尔夫特别强调通过结合节奏、语言和身体动作的方式来培养儿童的节奏感，这种方法不仅易于理解，还能够激发儿童的兴趣和参与感。

通过语言来学习节奏的过程，不只是简化了音乐教育的复杂性，更为儿童提供了充满活力和乐趣的学习环境。语言的节奏性质使得儿童能直观地感受音乐的节奏，并在日常生活中无意识地练习和应用。此外，将节奏与身体动作相结合的做法，如通过踏脚和拍手等基本动作，不仅帮助儿童锻炼对节奏的感知能力，也增强了他们对音乐节奏的理解和内化。这种身体化的学习过程，使得音乐教育不再局限于理论知识的传授，而是变成了一种全身心体验。

奥尔夫音乐教学法中对节奏的重视，展现了一种全新的教学理念，强调音乐教育应该是一种全方位的、综合性的学习过程。在这一过程中，儿童不仅学习音乐的基本知识，更重要的是通过音乐激发他们的创造力和想象力，培养他们对音乐的深层次理解和感受。这种教学法的独特性在于它的实用性和生动性，使得儿童能够在轻松愉快的氛围中学习音乐，同时能够在音乐的世界中自由地探索和创造。

（二）强调音乐教育的感性取向

奥尔夫音乐教学法看重音乐教育的感性取向，坚信音乐是人的一种天赋需求，源自人类的本能。在这一教学法中，奥尔夫提倡摈弃传统的教学方式，转向一种启发式的教育方法。这种方法着重于挖掘和培养个体固有的倾向和习性，使音乐教育不再是简单的知识传递，而是成为一种感性的体验。在奥尔夫的理念下，音乐教育旨在直接触及学习者的感性世界，通过这种感性的接触，学习者能够自然地吸收知识和提高技能。

奥尔夫的音乐教育理念认为，音乐不仅仅是学习乐器演奏或音乐理论，更重要的是通过音乐激发情感和感觉，促进学习者对音乐的深刻理解和情感联结。这种以感性为核心的教育方式能够更有效地激发学习者对音乐的兴趣和热爱，使他们在音乐学习过程中体验到乐趣和成就感。奥尔夫音乐教学法的特点在于它将音乐教育与情感、感官体验紧密结合，创造了一个充满创造力和想象力的学习环境。这样的环境不仅有助于学习者掌握音乐知识和技能，更重要的是帮助他们建立起对音乐的深刻感情和个人联系。

（三）关注音乐教育的"元素性"

奥尔夫音乐教学法的核心理念深植于对音乐教育"元素性"的重视。奥尔夫提出，在音乐教育的实践中，应优先引入"元素性"音乐，这一理念强调音乐教育应以节奏和音高等基础音乐元素为起点。他相信，通过参与拍手、打击乐器演奏以及即兴创作等活动，学习者能够激发其内在的音乐潜能，使音乐成为其自发的需求。在奥尔夫音乐教学法中，元素性音乐不限于音乐本身，而是将音乐与身体动作、舞蹈和语言的融合视为教学的关键。这种方法通过使用简单且重复的固定节奏型、基本的五音音阶和基础的 I、IV、V级和声，以及简易的打击乐器和身体动作，创造了自然且直观的学习环境。

奥尔夫强调，元素性音乐的实质在于它与日常生活中的动作、舞蹈和语言紧密相连，由此形成全方位的音乐体验。在这种体验中，儿童不仅是音乐的学习者，更是音乐创造和表达的主体。通过参与各种音乐活动，儿童能够自然地感受音乐的魅力，从而在音乐的世界中找到自我表达的方式。奥尔夫音乐教育法的这种教学风格不仅易于理解，而且鼓励儿童在音乐学习过程中发挥创造力和想象力。此外，这种方法通过将音乐教育融入儿童的日常生活，使得音乐教学不再是单向的知识传递，而是变成了互动式的创造过程。

三、主要内容

（一）嗓音造型

奥尔夫音乐教学法在音乐教育领域中独树一帜，尤其在嗓音造型方面表现出其特有的教学魅力。这一教学内容主要围绕利用人声进行的多种音乐活动，分为两个主要部分：一是歌唱活动，二是节奏性语言朗诵。节奏性语言朗诵在奥尔夫的教学体系中占据了重要位置，因其独特的教育创新而受到广泛认可。它通过引导儿童体验语言的节奏，使他们能够自然地领悟和掌握音乐节奏的要素。

奥尔夫编纂的《学校音乐教材》精心选择了各类民谣、民歌、谚语、故事、舞蹈和游戏等素材，这些素材不仅丰富多样，而且与儿童的生活体验紧密相连，使得音乐教学生动，贴近儿童的实际生活。教材中的内容形式多样化，包括了配乐朗诵、配乐游戏、配乐故事、歌曲、器乐曲和舞蹈等，极大地丰富了儿童的音乐学习体验。节奏性语言朗诵作为教学的一部分，内容可以灵活多变，从谚语到儿歌、小诗和童谣，甚至包括地名和人名，都可以作为教学材料。专家建议，在进行节奏性语言朗诵时，最好选择儿童熟悉的本地语言，如儿歌和童谣等，这样不仅能引起儿童的兴趣，还能帮助他们更好地理解和吸收音乐知识。

针对不同年龄段的儿童，奥尔夫音乐教学法中的节奏朗诵活动可以根据难易程度进行适当调整。作品的结构大小、声部数量多少，以及织体、节奏和语言的复杂程度，都是判断难度的重要标准。这种灵活多变的教学方法，不仅使得音乐教学更具趣味性和吸引力，还有助于儿童全面地理解和感受音乐的魅力。奥尔夫音乐教学法通过这些丰富的教学内容，不仅教授了儿童必要的音乐知识和技能，而且在潜移默化中培养了他们对音乐的热爱和创造力，为他们的音乐教育打下了坚实的基础。

（二）动作造型

奥尔夫音乐教学法在音乐教育领域内以其独特的动作造型教学而闻名。该教学法涵盖了律动、舞蹈、戏剧表演、指挥及声势活动等多个方面，强调动作、语言与音乐在儿童教育中的不可分割性。奥尔夫认为，这些元素的结合不仅丰富了音乐教学的内容，也为儿童提供了立体和多元的学习环境。特别是声势活动，作为奥尔夫音乐教学法中的一大创新，通过简单的身体动作，如跺脚、拍腿、拍手、捻指等，产生有节奏的声音，这些被视为"演奏身体乐器"的过程。

在奥尔夫的教学实践中，他引导儿童使用不同的身体动作来探索和体验音高、音色等音乐元素的变化。这种教学方法不仅帮助儿童理解音乐的基础知识，而且通过身体表达，增强了他们对音乐的感性认识和创造性表达。奥尔夫音乐教学法中的声势活动根据不同年龄段儿童的能力进行难度调整，这一调整基于多种因素，如节奏的复杂度、动作的难易程度、动作种类的多样性、动作变化的幅度，以及声势作品的结构和声部数量等。这样的教学方法使奥尔夫音乐教学法不仅在音乐知识的传授方面效果显著，还能够培养儿童的身体协调能力和表现力，让音乐学习变成了一种全方位的身心体验。儿童通过参与这些动作造型活动，在学习音乐的同时，在无形中培养了对音乐的感知能力、创造力和审美能力。

（三）声势造型

声势造型即乐器演奏活动，在奥尔夫音乐教学法中居于核心地位。在中小学音乐教学中，教师开展乐器演奏活动能极大地丰富儿童的音乐体验。这种教学法特别强调使用奥尔夫特制乐器以及其他各种易于操作的乐器，如图3-1所示，目的在于降低音乐探索和享受的门槛。乐器如木琴、钟琴和钢片琴等，其设计的灵活性不仅适用于演奏简单旋律，还能应对多声部的艺术作品，从而拓宽了儿童音乐表达的范畴。

奥尔夫乐器的多样性和易操作性为儿童探索音乐世界提供了广阔的平台，激发了他们的兴趣和想象力，为即兴演奏和创造性发展搭建了桥梁。乐器演奏活动在奥尔夫教学法中形式多样，包括单旋律演奏和复杂的多声部作品，以及促进互动的"回声"式即兴演奏，这些活动不仅提高了儿童的音乐技能，还增强了他们的社交互动和团队协作能力。在配奏活动中，奥尔夫特别推崇固定音型和多声部织体原则，让每个儿童负责单一音型的演奏，却在集体合作中展现出复杂的多声部效果，不仅展示了音乐的和谐之美，还反映了集体创作的力量。儿童在参与这些活动的过程中，不仅学习音乐知识，更在参与中学会了倾听、合作和创新。

四、教学方法

奥尔夫音乐教育法融合了引导创作的理念，通过中小学音乐教师的有意识的引导，使中小学生能够在音乐学习的每个阶段都能积极参与和体验。这种方法让中小学生从基本的音乐元素出发，如节奏和动作，经历从探索到模仿，再到迁移和即兴创作的过程。在这个过程中，中小学生不是单独工作，而是在集体活动中与他人合作，这些活动旨在培养创造性思维和协作能力。中小学音乐教师在这一过程中不是权威的讲述者，而是问题的提出者和讨论的组织者，激励中小学生探索音乐的无限可能性，并引导他们投身于音乐活动。

木琴（合奏的核心）

音乐乐器 ── 钟琴

金属琴（铝片琴、钢片琴）

有固定音高乐器 ── 定音鼓音块

口琴

大提琴

口哨

其他旋律乐器 ── 吉他

竖笛

玻璃杯琴

波尔动

奥尔夫乐器

木质乐器 ── 响板／双响板／响木／木棒

三角铁／串铃／沙球／铙／西斯特

小型打击乐器 ── 金属乐器

大鼓／小鼓／双面鼓／手鼓／巴斯克鼓

无固定音高乐器 ── 鼓类乐器

拍掌（与女低音声部的音色接近）

捻指（与女高音声部的音色接近）

人体打击乐器 ── 拍腿（与男高音声部的音色接近）

跺脚（与男低音声部的音色接近）

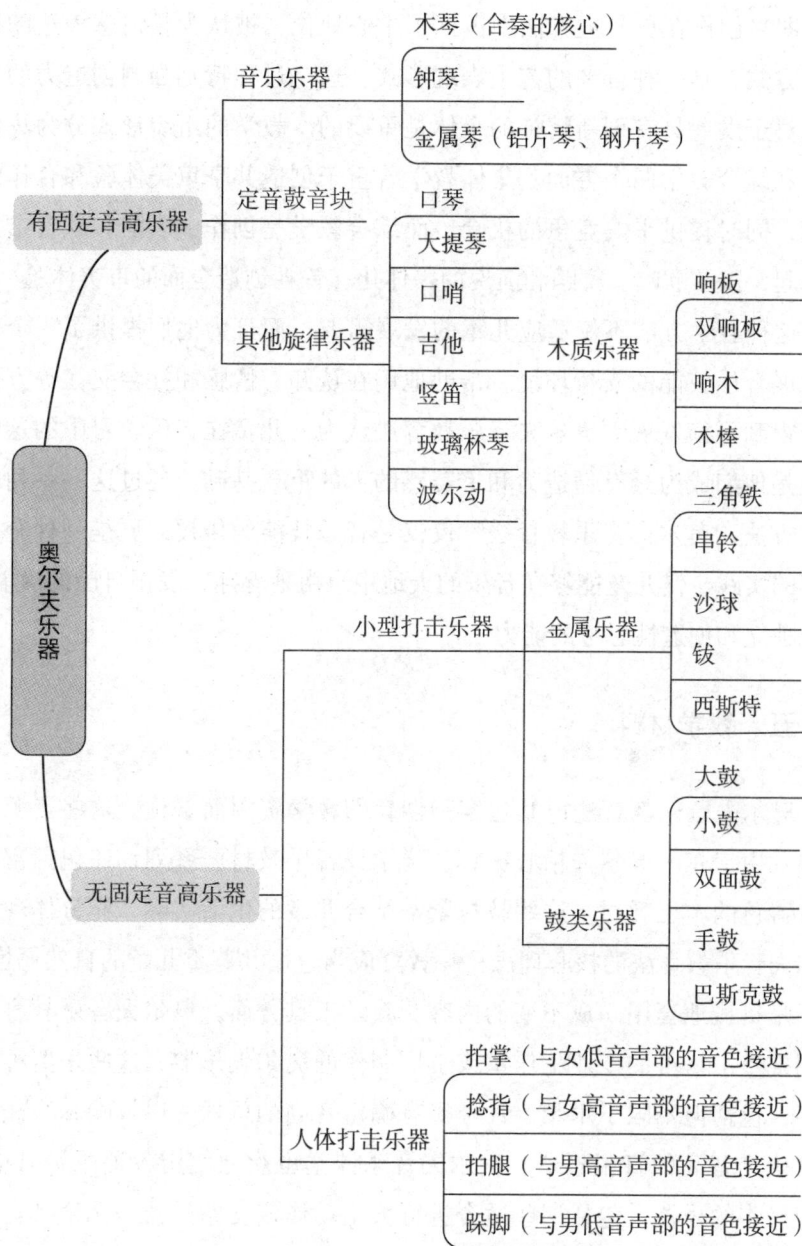

图 3-1　奥尔夫乐器

即兴创作在奥尔夫方法中占据了中心地位，被认为是情感表达的最直接方式，是一种古老的艺术表现形式。这一过程特别强调创造力的培养，对于发展具有创新精神的个体是重要的。教学的组织形式分为集体教学和综合教学两个方面。集体教学着重于创造共享审美体验和合作的环境，同时提供平等竞争的机会。而综合教学是创作、表演和欣赏结合在一起，以及歌唱、舞蹈和演奏的一体化，旨在创造全面的审美体验。

这种教学方法不仅适应儿童的发展需要，而且为他们提供了一个全面发展音乐技能的支持环境，帮助他们在认知、情感和社会交往等方面都能得到平衡发展。奥尔夫音乐教育法认为，儿童在音乐学习中的这些体验是他们成为具有创造力和审美感的人的重要基础。通过这一系列的教学方法，奥尔夫音乐教育法不仅仅是音乐技能的传授，更是一种全人教育的实践，使儿童能够在音乐的天地中自由地翱翔，发掘自己的潜能，培养独立和创造性思考的能力。

五、教学材料

奥尔夫音乐教育法以其包容和创新的教学资源而著称，这些资源不仅涉及由卡尔·奥尔夫精心编纂的《学校音乐教材》系列，还包括富有地方特色的本土教材。这些教材紧密结合儿童的生活实际，充分体现了奥尔夫音乐教育法的核心理念——教育应当遵循并尊重儿童的自然属性，而不是机械地套用一成不变的内容。教学工具方面，奥尔夫音乐教育法特别推崇由认可的专业工作室或工厂制作的奥尔夫乐器，这些乐器种类繁多，包括但不限于木琴、钟琴等有确定音高的乐器，以及响木、碰铃等无确定音高的打击乐器。奥尔夫音乐课堂也欢迎使用各种原始风格、易于操作的乐器，包括那些适合进行大型动作演奏的乐器，无论其音高是否固定。这样的教学资源，不仅丰富了音乐课堂的教学内容，还极大地拓宽了儿童对音乐世界的认知边界，为他们提供了全面、多样化的音乐学习和探索环境，对于培养儿童的音乐兴趣、审美情趣和创造力发展具有不可估量的价值。基于这些细致入微的教学材料的选择和使用，奥尔夫音乐教育法确立了其在全球音乐教育领域中的独特地位，并对后来的音乐教育实践产生了深远的影响。

第三节　达尔克罗兹音乐教学法

一、概述

达尔克罗兹音乐教学法又叫作体态律动法，其创作者埃米尔·雅克·达尔克罗兹（1865—1950 年）曾先后在维也纳、巴黎、日内瓦等地专修音乐，是瑞士日内瓦音乐学院视唱练耳、作曲与和声教授，也是世界著名的音乐教育家之一。达尔克罗兹出生于维也纳，在家庭音乐文化艺术的熏陶下，与音乐结下了不解之缘。表 3-4 为达尔克罗兹的主要经历及部分成就。

表 3-4　达尔克罗兹的主要经历

时间	主要经历
1865 年	出生
1872 年	创作出第一首进行曲和第一首歌曲
1884 年	随雷奥·德利勃和加布里埃尔·福雷赴巴黎学习音乐；随瑞士著名音乐理论家马蒂斯·路西学习音乐理论
1887 年	进入维亚纳音乐学院
1892 年	在日内瓦音乐学院教授视唱练耳、和声和作曲课程
1894 年	出版了两本综合性课高级视唱练耳教科书——《实用音准练习》和《附词声乐练习曲》

续　表

时间	主要经历
1900 年前后	提出"体态律动"的学说并建立音乐教育体系
1905 年	在苏黎世国际音乐教育会议上阐述新体系
1910 年	德国工业家多恩兄弟在赫勒劳为其建立学校及附属剧院
1915 年	在日内瓦建立雅克——达尔克罗兹学院，继续其教学法的研究与推广

二、提出背景

在 19 世纪末的西方音乐界，浪漫派音乐正处于其辉煌发展阶段。这一时期，音乐家们不断探索新的艺术路径，推动音乐艺术的发展。尽管如此，音乐教育领域却仍然沿袭着传统的教学模式，过分注重技术训练而忽视了音乐的表现力和情感传达。在这样的背景下，埃米尔·雅克·达尔克罗兹作为音乐教育的先驱，通过深入研究和声学与视唱练耳的教学实践，发现了学生在技术动作与内心音乐感知之间存在断裂的关键问题。这种断裂源于传统教育方法中的一个重大缺陷：音乐理论的教学转为非音乐性的、公式化的抽象概念练习，导致学生的音乐作品缺乏流畅性、创造性和表现力。

为了解决这一问题，达尔克罗兹开展了一系列创新性的教学实验。他设计了多样的练习，将声乐与肢体反应相结合，例如，使用手势和身体动作来表现音阶中各个音级之间的音高、倾向和进行的关系。这些综合性的方法，被他称为高级视唱练耳课程，其中理论、表演与即兴演奏被融为一体。1894 年，他出版的两部教科书《实用音准练习》和《附词声乐练习曲》，为他的音乐教学体系提供了坚实的基础。

达尔克罗兹进一步探索音乐与身体运动的密切关系，提出音乐教育首先应当是对音响运动和情感的体验。他相信人体本身包含了对音响和情感反应的所有基本要素，任何音乐想法都可以通过身体表现出来。他的实验最初主要以音乐学院的学生为对象，但他很快发现这种音乐与身体运动的结合训练特别适合儿童的天性和本能。达尔克罗兹的音乐教育理论和方法不仅站在作曲理论教授的角度，还从音乐艺术的特点出发，研究音乐教育的科学性。他的音乐教育理论和方法在 1905 年苏黎世的国际音乐教育会议上受到了广泛地关注和认可，标志着他的音乐教学法的成熟。

达尔克罗兹的音乐教育法不仅关注技术训练，更强调音乐的情感表达和审美体验。他的方法在提高学生的音乐技能、理论知识和表现力方面取得了重大突破，对现代音乐教育的发展产生了深远的影响。通过这些教学实验和实践，达尔克罗兹展示了音乐教育的新方向，强调了音乐与身体、情感之间的紧密联系，为音乐教育界带来了新的启示和改革。

三、核心理念

（一）体态律动

在达尔克罗兹音乐教学法的众多理念中，体态律动占据了核心的位置，深刻展现了达尔克罗兹的创新教育思想。此方法着重于学生对音乐的身体感知和反应，旨在通过全身的参与深入探索音乐的各个方面。体态律动不仅是达尔克罗兹教学法的重要组成部分，也对音乐教育领域产生了深远的影响。达尔克罗兹的理论认为音乐学习的出发点应当是人的体态活动，即身体动作作为情感的载体，情感是音乐的本质。他提出的节奏训练着重于大脑与身体之间的有序互动，这一过程是体态律动的精髓所在。此种互动不仅仅是身体运动的简单表达，还是情感、思维、本能与控制、想象与意志之间和谐发展的必要途径。

达尔克罗兹曾多次强调"音乐是情感的直接反应，律动仅仅是用来为自动化表达情感的音乐的运动和力度层次的载体"。① 为了增强学生对音乐节奏的理解和感知，达尔克罗兹细致归纳了超过三十种基本的节奏元素，将这些元素融入教学。这些练习不仅注重时间、空间、能量与重量之间的平衡，也包括了随音乐而动的身体表达、速度和音色的理解、记忆与节制、手臂划拍动作、时值与节奏的领悟等多种形式。这些丰富的练习内容使体态律动不单单是一种音乐教育方式，更是一种全面的身心体验。

通过这些练习，达尔克罗兹的体态律动方法不仅强化了学生对音乐的理解，提高了他们的表达能力，还强化了他们对音乐的身体感知能力。这种方法的实施意味着音乐教育不再局限于传统的理论和技术训练，而是成为一种综合性、体验性的教育模式，更加注重情感与身体的互动和整合。学生们在这样的教学环境中，不仅学习到音乐知识，还学会了如何用全身心去体验和表达音乐，这种教育方式极大地强化了他们对音乐的整体感知，提高了他们的创造力。通过体态律动，达尔克罗兹成功地将音乐教育引领到一个新的层次，为后世音乐教育的发展提供了新的视角和方法。

（二）视唱练耳

在达尔克罗兹音乐教学法中，视唱练耳部分占据核心位置，其目的在于培养学生的听音和记忆能力，特别强调发展内心听觉。这种方法将音乐视为不仅反映社会生活的艺术形式，而且是通过有组织的声音表达情感和思想的重要手段。通过这一教学，学生们被鼓励掌握音乐的核心要素，如旋律、节奏、音色等，从而拓宽音乐视野并锻炼音乐思维与感觉。达尔克罗兹在视唱练耳中采用了固定的"do"唱名法，通常从 C 调开始，涵盖了音高辨识、全音与半音的区分、音阶的理解、旋律的指

---

① 尹爱青.对体态律动教学中动作意义的再认识[J].中国音乐教育，1991（3）：6-9.

导、音程的掌握，以及和声的教学。这些练习不仅帮助学生发展视听能力，而且使他们能够感受音乐的节奏和调式特征，体验音乐的呼吸和乐句结构。

视唱练耳训练对于学生音乐教育的重要性不言而喻。它不仅培养学生的音乐感知能力，也为即兴创作提供了坚实的基础。达尔克罗兹将视唱练耳过程划分为四个阶段：倾听、体验、理解、应用（或创作）。在倾听阶段，学生倾听教师演奏的音阶或作品；在体验阶段，他们通过歌唱或身体动作表达听到的音乐；在理解阶段，教师提供理论上的指导，包括听音识谱的学习；在应用阶段，学生通过即兴创作来实践所学的知识。

这种分阶段的教学方法不仅增强了学生对音乐的理解，还激发了他们的创造力和表达能力。通过视唱练耳的训练，学生能够深入地感受音乐节奏的魅力，并为他们未来的音乐创作和表演打下坚实的基础。达尔克罗兹的这种教学方法不仅是技术训练，更是一种全面的音乐教育，使学生在音乐世界中获得丰富的感知和体验。

（三）即兴演奏

达尔克罗兹音乐教学法在即兴演奏方面展现了其独特性和创造性。这种教学法的核心在于通过直观、自然且个性化的方式培养学生运用节奏和声音素材的技巧，从而提高他们的乐谱阅读和音乐表现能力。即兴演奏作为音乐教学中的一个重要环节，不仅是音乐创造的行为，更是学生根据音乐进行即时反应和判断的过程。

"所谓即兴，是指作家因受某一外在刺激或内在冲动的作用，兴会来临，在文字操作中迅速地创造出来某种作品的情况"。[①] 在即兴演奏的教学中，钢琴常被作为主要的乐器。通过规定演奏的节奏和速度，学生在演奏中形成了对音乐的自由和平衡的体态反应。达尔克罗兹的体态律动

---

① 陈蓉.音乐教学法教程[M].上海：上海音乐学院出版社，2013：85.

教学特别强调倾听音乐的重要性，尤其是教师的即兴演奏。这种即兴演奏能够灵活地创造出合适的力度层次和节奏结构，有效地引导学生的音乐学习和即兴动作。

在教学过程中，学生被鼓励将自己的身体当作乐器来表达所听到的音乐。教学常以游戏的形式进行，旨在培养学生对音乐的理解和感受。这种方法适用于不同年龄段的学习者，包括儿童、音乐学院学生及专业艺术家。体态律动学的教学法对教师提出了较高的要求。教师需要具备准确的听觉识别能力、熟练的视奏技巧、丰富的音乐知识，以及即兴演唱和演奏的能力。此外，教师应能在即兴演奏中与学生进行有效交流，发出指导性命令。

达尔克罗兹还特别强调，教学设计应激发学生的身体参与和思考，鼓励他们使用运动中获得的素材来创造简单的音乐形式。通过这些教学方法，达尔克罗兹的音乐教学法不仅深化了学生对音乐的理解和感受，还激发了他们的创造性和音乐表现力。这一教学法为现代音乐教育贡献了重要的观念和方法，对音乐教育的发展产生了深远影响。

四、特点

（一）音乐性

达尔克罗兹音乐教学法，以其体态律动教学法为核心，展示出独特的音乐性。该方法不仅是一种教学技巧，更是一种艺术形式，将对音乐的理解和体验与身体动作紧密相连。学习者在听音乐的同时，通过身体动作来解释和表达音乐的各种元素，从而加深对音乐情感的体验。这种教学法不仅强调音乐的技术层面，更重视音乐的情感表达和审美体验。身体运动在音乐的激发下变得极富乐感和节奏感，使得音乐与身体运动在和谐与协调中相互映衬，相得益彰。这种教学法使学习者能够以全面、深入的方式理解和感受音乐，不仅提升了他们的音乐技能，也丰富了他们的情感和审美体验。通过这种方式，达尔克罗兹的教学法不仅加强了学生对音乐的理解，还激发了他们的创造性和表现力，为现代音乐教育贡献了独特的方法和理念。

对于体态律动与健美体操和舞蹈的区别，达尔克罗兹指出："体态律动的训练不是模仿动作，它不注重身体姿态或外表形式，而是要将再现音乐所必需的要素融化于我们的身心，要发展对音响节奏和身体节奏的通感，要达到能用我们的官能直接反映情感。"①可见，以音乐为主体是体态律动与以动作为主要表现形式的舞蹈与体操等进行区分的主要特征。

（二）游戏化

达尔克罗兹音乐教学法的显著特点之一是其游戏化的教学方法。这种方法基于音乐与身体之间的深刻联系，旨在激活和培养儿童的音乐才能。它重视儿童天生的兴趣和天性，通过与孩子们的愉快互动，将自然的身体节奏和音乐节奏相结合，使学习过程生动和有效。

游戏化的教学方法在达尔克罗兹的体态律动课程中尤为突出，充分体现了其对儿童身心特点的深刻理解。例如，通过"猫和老鼠"游戏教授节奏感知，学生们在模拟猫和老鼠的动作中，不仅学习到音乐的基本时值，还在游戏的过程中培养了节奏感和音乐感。这种教学方式不但能够调动儿童的积极性，还能有效地促进他们对音乐基本概念的理解和掌握。游戏化的教学法还能增强学生的创造力和想象力。在寓教于乐的过程中，孩子们在愉快、放松的氛围里自然而然地释放出他们的创造潜力，从而更好地掌握音乐知识和技巧。达尔克罗兹通过这种方式，不仅让音乐学习成为一种享受，而且帮助儿童建立了对音乐的长期兴趣和热爱。

（三）注重实践与体验

达尔克罗兹音乐教学法在现代音乐教育界中独树一帜，其显著特征

---

① 杨立梅，蔡觉民.达尔克罗兹音乐教育理论与实践[M].上海：上海教育出版社，2011：92.

在于强调实践和体验的结合。这种方法重视经验学习，优先于抽象理论学习，关注如何通过全面的感官体验来培养和加深学生对音乐的认知和理解。在体态律动课程中，达尔克罗兹特别强调学生对音乐的直接体验，相较于传统的音乐理论课程，教师的角色更倾向于引导者而非单纯的知识传授者。

这一教学法特别注重学生通过倾听来体验音乐，让学生通过身体动作来表达和反映音乐，从而使音乐概念在学生的身体活动中自然形成。通过这种方式，学生能够将听觉感受转化为动作表达，进而将这些体验转化为音乐符号的理性知识。这种教学方法使得学生不仅能够学习到音乐的基本理论知识，而且能够深入体验音乐，理解音乐的情感和内涵。达尔克罗兹音乐教学法的这种以实践和体验为核心的教学方式，与传统的理论教学有着明显的不同。它提倡通过实际的音乐体验来学习，强调学生在音乐学习过程中的主动参与和感知。这种方法不仅让学生投入和享受音乐学习过程，而且在培养学生对音乐的理解力和感受能力方面起到重要的作用。

五、应用探索

达尔克罗兹音乐教学法的核心，在于其独特的体态律动教学，它通过身体动作深化音乐理解，增强学习动力。这种方法特别强调音乐与身体活动的紧密联系，目的在于让学习者通过身体语言直观感受音乐的情感与结构，从而提升对音乐本质的理解。特别是在教授复杂的音乐理论时，如钢琴曲的结构、和声织体和调性理解，达尔克罗兹法通过生动的身体动作，使得学生容易领会和掌握这些概念。例如，通过模拟曲子的高声部和低声部的不同节奏和力度，学生或教师通过站立和蹲下的肢体动作，使音乐的结构变得清晰。

在实践教学中，达尔克罗兹法的应用充满创新性和实效性。将这一教学法应用到钢琴教学中，可以显著提高学生的学习质量和速度。通过先让学生观看专业钢琴家的演奏，再通过模仿演奏和身体动作来体会和解析乐曲，这样的教学活动不仅使学生能够深刻地理解乐曲，还能激发他们的音乐兴趣和创造力。此外，这种教学方式有助于学生更好地把握音乐的节奏和旋律，加深对音乐作品结构的理解。通过模拟练习，学生能够清晰地分辨高声部和低声部的音乐特征，从而全面理解整首曲目。

第四节 铃木音乐教学法

一、概述

铃木镇一（1898—1998 年），日本的小提琴演奏家和音乐教育家，以其革命性的铃木音乐教学法闻名于世，被誉为音乐教育的先驱之一。铃木镇一 1898 年出生于名古屋的一个乐器制造商家庭，在充满音乐与创造力的环境中长大，铃木自幼受到父亲影响，对小提琴产生浓厚兴趣。他的父亲不仅是一位乐器制造商，而且是一位热衷于小提琴研制的专家，拥有多达 21 项与小提琴相关的专利。在这样的背景下，铃木镇一从小便开始了他对小提琴的探索与学习，其一生的主要经历如表 3-5 所示。

铃木镇一的教育理念在 20 世纪 30 年代开始形成，经历数十年的发展，逐渐在全球范围内受到认可。他独特的幼儿小提琴教学法，被称为"祖国语言教学法"，该教学法源自他对儿童学习语言的过程的深入观察。铃木镇一领悟到，正如所有的孩子都能自然而然地学会母语一样，音乐教育也应该是一种自然、愉悦的过程。这种思想颠覆了传统的音乐教学方法，强调以孩子为中心，通过模仿和重复，让孩子在轻松愉快的环境中自然地掌握音乐技能。

表 3-5　铃木镇一的主要经历

时间	事　件	成就
1898 年	出生于名古屋的乐器制造商家庭，成长于充满音乐艺术氛围的环境中	创建铃木音乐教学法，并荣获日本和国际有关组织的音乐奖，美国三所大学名誉博士，及日本松本、美国亚特兰大市荣誉市民称号等
1915 年	毕业于名古屋商业学校，学校校训"人格至上，技术次之"深刻影响铃木镇一	
1920 年	留学德国，在柏林跟克林葛勒学习小提琴，与爱因斯坦交往，深受其艺术思想、教育思想和人格的影响	
1928 年	回国担任讲师	
1944 年	通过教幼儿演奏小提琴的方式开展并领导日本的"才能教育活动"，取得显著成绩	
1975—1981 年	"铃木教学法国际研讨会"在美国召开，14 个国家参加	

在音乐教育界，铃木镇一的贡献不仅仅体现在他独树一帜的教学方法上，还体现在他对音乐教育理念的创新。他坚信每个孩子都拥有学习音乐的潜能，这种观念强调音乐教育的普遍性和包容性，与当时流行的认为只有特定"天赋"的儿童才适合学习音乐的观点截然不同。铃木镇一的教育理念鼓励孩子们在没有压力的环境中探索和享受音乐，这种方法不仅培养了无数优秀的音乐家，还给全世界的音乐教育领域带来了深远的影响。

二、创建背景

铃木镇一的音乐教学法，这一创新教育理念的产生，深植于铃木对知识和经验的深刻积累，以及他对日常现象的敏锐观察。这种教学法的核心，即"祖国语言教学法"，是铃木在观察日本孩子如何流利地掌握母语的过程中受到启发而创立的。他发现，孩子们本身有较强的语言表达能力，在自然环境中学习语言时，无须刻意教授，他们便能自然而然地掌握。铃木由此推理，如果把音乐学习也建立在类似的原则上，效果可能会显著。

铃木镇一的音乐基础建立在与多位著名小提琴家和音乐理论家的学习上。他不仅在技术层面上获得了深入训练，还在音乐理论和音响学方面有所建树。这些丰富的学习经历，为他后来创立音乐教学法奠定了坚实的基础。除了音乐，铃木还广泛阅读文学和哲学作品，如《托尔斯泰日记》、培根的《随笔集》以及《歌德全集》等，这些阅读不仅丰富了他的知识储备，也深刻影响了他的音乐教育理念。铃木的教育理念不单单是音乐教育的实践，更是一种综合人文精神和科学方法的教育哲学。

在德国留学期间，铃木还有机会与当时的科学家，包括爱因斯坦等人交流，这些交流经验对他的音乐教育理念形成有着不可或缺的影响。铃木音乐教学法的形成，是一个综合多方面知识和经验的过程。他的教学理念，不仅仅是音乐教育的一种方法，更是一种全面的教育哲学，强调通过观察和体验来学习，倡导在自然和愉悦的环境中培养孩子的音乐才能。

铃木音乐教学法的成功，不仅在于它的教学效果，更在于它对教育理念的创新。它打破了传统音乐教学的局限，将音乐教育与儿童的自然成长过程相结合，强调音乐教育不仅仅是技能的训练，更是性格和情感的培养。铃木镇一所创立的音乐教学法，不仅为世界各地的音乐教育提供了新的视角，也为教育者和家长提供了关于如何更好地促进儿童全面发展的思考方向。

三、核心理念

（一）以母语为音乐学习的启蒙工具

铃木音乐教学法的核心理念中，将母语视作音乐学习的基石，体现了对人类潜能及其发展的深刻理解。这种教育理念出发点在于：每个人生来就拥有无限的可能性，能够在适宜的环境中将个人能力发展至极致。铃木音乐教学法重视的不仅是音乐技巧的传授，更着眼于激发和培养每个学习者内在的潜力。通过观察儿童学习母语的过程，铃木发现了一种自然且有效的学习方式：在日常生活中，孩子们通过不断地听、说实践，自然而然地掌握了语言。这种学习方式不依赖刻意的教学，而是建立在模仿、重复和情感互动的基础上。

铃木音乐教学法借鉴了这一自然的学习过程，将其应用于音乐教育。在这种教育模式下，音乐不再是简单的技能训练，而是一种全面的感官体验。学习者被鼓励在日常环境中不断接触音乐，通过听、模仿和实践，逐步掌握音乐的语言。这种方式强调情感的参与和体验的重要性，让学习者在轻松愉快的氛围中自然地学习和理解音乐。铃木音乐教学法的这一核心理念，不仅仅是对音乐学习方法的革新，更是一种对人类学习能力和心理发展的深刻洞见。

铃木音乐教学法也强调了良好环境对学习者发展的重要性。在充满支持和鼓励的环境中，学习者的内在潜力更容易得到发挥。因此，这种教学法倡导创造一个充满爱、鼓励和积极反馈的学习环境，以此激发学习者的热情和兴趣，促进其全面发展。铃木音乐教学法通过这样的环境设置，不仅培养了学习者的音乐技能，更重要的是培育了他们的自信、创造力和对美的感知。

（二）早期教育环境对儿童特殊才能启发的重要性

铃木音乐教学法强调早期教育环境在激发和培养儿童特殊才能方面所扮演的重要角色。铃木镇一认为，环境对于人类的成长与发展具有决定性的影响力，特别是在语言学习和音乐才能的培养方面，环境中的声音起到重要的作用。在他的观点中，孩子们对音乐的偏好不是与生俱来的，而是通过他们在生活中所接触的各种声音所塑造的。铃木提出一个假设性的论点：如果历史上的伟大人物如爱因斯坦、歌德、贝多芬等生活在石器时代，他们的文化成就和教育水平也会受到那个时代的限制。这一思想进一步推导出：即便是生活在原始时代的婴儿，也能在现代的教育环境中被培养成为能演奏贝多芬乐曲的音乐家。

进一步地，铃木深入探讨了早期音乐学习对儿童特殊才能发展的重要性。他认为，儿童在早期开始接触音乐，特别是学习乐器演奏，能够有效促进他们特有才能的发展。这个过程类似于儿童学习吃饭、说话的自然过程，使得乐器演奏自然融入他们的日常生活。相较于学龄后才开始学习音乐，学龄前儿童在学习音乐时面临的干扰和压力显著较少，这对他们的音乐才能发展是极大的优势。

铃木还从人体生理学的视角出发，支持早期教育的重要性。他指出，在儿童的成长早期，大脑发展迅速，如两岁半的儿童大脑重量已经达到成人的三分之二，七岁时则接近成人大脑重量的九成。在这一关键时期，如果能够提供适宜的教育和训练，儿童的潜能得到充分发展的可能性极大，甚至能够培养出杰出的人才。这一观点支持了早期教育的重要性，认为如果错过了这一关键时期，儿童智力的发展可能难以弥补。铃木强调，教育的延迟可能会导致儿童潜能发展的降低。

（三）以爱为教育和教学的核心

铃木镇一的音乐教学法将爱作为其教学和教育过程的核心。铃木深信，一个充满爱的教育环境对于孩子们的生命和潜能发展是重要的。在他的教学实践中，铃木始终坚持用赞赏和鼓励的方式来激发孩子们的潜力，他常用"很好，很好"这样的正面言辞来肯定孩子们的努力，并且以温和的态度指出他们可以提升的地方。他认为，即便孩子们在学习过程中未能达到预期的目标，家长和教师也应避免表现出失望或轻视的情绪，应该鼓励孩子们继续努力。

铃木特别反对在教育中使用严厉或训斥的方式。他建议，当家长或教师因孩子的某些行为感到不满或沮丧时，应该先保持冷静，避免在愤怒或失控的情绪下与孩子交流。等到情绪平复后，再以平和的方式向孩子解释和指导，这种方法比直接的训斥更能促进孩子的理解和成长。铃木强调，不当的教育方法可能会阻碍孩子潜能的发展。因此，成人在孩子的教育过程中应该采取积极、理解和支持的态度。

铃木还特别强调，创造一个愉悦和积极的学习环境对孩子的心理发展和性格塑造很重要。一个充满爱、支持和积极反馈的环境，能够帮助孩子们建立自信心和形成学习的热情，对于他们未来的成长和发展有着深远的影响。在这样的环境中，孩子们不仅能够在音乐技能上取得进步，还能在情感智力和社交能力上得到显著提升。铃木通过这种以爱为核心的教学理念，不仅在音乐教育领域取得了卓越的成就，也为现代教育提供了重要的启示，即在任何教育过程中，爱和理解都是促进学习和个人成长的关键因素。

（四）高度重视教师的教学能力和影响

铃木镇一的音乐教学法特别强调教师在教育过程中的能力和其产生的深远影响。他坚信，教师的素质和教学方法对学生的成长具有决定性的作用，就如同莺鸣般美妙的音乐能够触动人心。铃木倡导，在儿童开始学习乐器，特别是钢琴的早期阶段，就应该让他们接触和欣赏世界级大师的演奏，以此来提升他们的审美感、思维能力和想象力。他的目标不仅是提高孩子们的音乐技能，更希望通过音乐的美好旋律来培养孩子们的品格。

在铃木的教学理念中，选择合适的教师是教育成功的关键因素。他认为，教师不仅需要拥有丰富的知识和灵敏的感觉，还应具备高尚的道德品质。这样的教师能够为学生创造一个理想的学习环境，不仅在音乐技术上指导学生，更重要的是在品格、思维和情感上对学生进行熏陶。铃木的这种教学策略旨在培养学生成为具有全面发展的人才，不仅在音乐领域展现出色的才能，在个人品质上也表现卓越。

铃木音乐教学法的这一核心理念凸显了他对教育质量的重视和对教师角色的深刻理解。铃木希望通过这种方法影响和塑造未来的一代，让他们不仅在音乐上有所成就，而且在思想、道德和情感上也能达到高尚和成熟。他的教学理念不仅在音乐教育领域产生了深远的影响，也为整个教育界提供了宝贵的启示，即在任何教育过程中，优秀的教师和高质量的教育是不可或缺的。

四、在教学实践中的应用

铃木音乐教学法在实际的教学应用中呈现一定的局限性，特别是在具体的音乐操作技巧和课堂案例实践方面。与奥尔夫的元素性音乐教育、达尔克罗兹的体态律动、柯达伊手势等教学方法相比，铃木的教学方法在这些方面的研究和应用较少。学习铃木音乐教育体系时，教师和学生在课堂实践上可能会遇到一些障碍。然而，这些限制可以通过结合其他优秀的音乐教学方法来克服。

例如，在初级阶段的器乐学习中，引入记谱练习可以作为有效的辅助手段。可以借鉴柯达伊教学法中的手势训练或字母谱来进行视唱教学，这样的方法能够增强学生的音乐理解能力。奥尔夫的教学理念，即通过游戏训练来加深对音乐元素的理解和感受，可以使音乐教学更具趣味性，特别是对幼儿来说。在器乐学习之前，可以采用达尔克罗兹的体态律动法对学生进行律动训练，有助于培养孩子们的律动感和对音乐特点的把握。尽管铃木音乐教学法在某些方面可能过于强调模仿，而可能忽视孩子个性的发展和即兴创作能力，但这些不足可以通过综合应用多元化教学方法来弥补，也能够根据每个国家和地区的教育特色和需要进行调整，从而为孩子们提供全面和深入的音乐学习环境。

第五节　体态律动教学法

一、主张尊重小学生的教学主体地位

（一）小学音乐体态律动教学

体态律动教学是一种重要的小学音乐教学方式，不仅蕴含了音乐的动感特点，还涉及音乐节奏的感知与表达。通过这种方式，孩子们可以通过感受音乐的节奏、速度和强弱变化，更直观、深入地理解音乐的本质，从而显著提高学习效率。"律动"主要是指沉醉在音乐中时，人的身姿与动作也跟随音乐节拍呈现出丰富多样的韵律，体态律动音乐教学的核心就在于通过身体上有规律的律动，生动形象地展示出对音乐的感受和理解。这种教学方式不仅增强了学生对音乐的感知能力，而且有效提升了他们对音乐的理解程度。

在小学阶段，孩子们正处于身心快速成长的时期，他们通常具备强烈的模仿能力、活跃的思维和充沛的精力，这为律动教学提供了理想的环境。教师可以利用这些特质，充分发挥音乐作品的感染力，激发学生学习的兴趣和热情。通过律动游戏教学，孩子们不仅学习音乐知识，提升音乐素养，还在玩乐、唱歌和跳舞的过程中，增强身体协调性和节奏感，自然而然地融入音乐学习，这无疑增强了音乐教学的趣味性和实践性。

体态律动教学并不局限于音乐教育的传统范畴，它还包含了运动和舞蹈的元素。通过这种多元融合的方式，孩子们在律动游戏中不仅能感受音乐的韵律和情感，还能深入地理解音乐的风格和特点，提高自己的音乐表现力和创造力。这种教学方式与小学生的身心发展特点相契合，能有效地调动孩子们的感官体验，增强学习的趣味性和实践性，其效果远超过传统课堂教学。在律动教学过程中，教师会使用多种音乐素材，涵盖不同风格和时期的音乐作品，以丰富孩子们的音乐体验，拓展他们的音乐视野。通过对不同音乐风格的律动表达，孩子们不仅能学习到音乐知识，还能培养对不同文化的欣赏能力和理解力。此外，律动教学还融入了创造性教学方法，如即兴创作和表演，鼓励孩子们结合自身对音乐的感受与理解、跟随音乐的节奏做出相应的动作，这些动作可以是模仿、创造或即兴发挥，旨在使孩子们在动感中体验音乐，激发孩子们的创造性和想象力，为他们的全面发展打下坚实的基础。

（二）尊重小学生教学主体地位的体现

1.要求教师站在学生的角度考虑问题

体态律动教学法在小学音乐教育中的应用，恰恰体现了对小学生教学主体地位的尊重。这种教学方法要求教师深入学生的内心世界，从学生的视角出发，深思熟虑如何提升音乐学习的效率，并在律动游戏中营造出愉悦的学习氛围。这样的方法不仅关注音乐知识的传授，而且重视学生的个体体验和情感反应，从而让音乐教学过程贴近学生的实际需要和兴趣点。

在体态律动教学法中，教师不再是单向的知识传递者，而是变成了学生学习过程的引导者和伙伴。这种角色的转变，使得教学过程注重学生的主动参与和体验。教师根据学生的兴趣、年龄特点和认知水平，精心设计律动活动，使学生能够在轻松愉快的环境中学习音乐。例如，通过设计有趣的律动游戏，孩子们可以在玩耍中自然地感受音乐的节奏和旋律，这种学习方式不仅提高了学生的音乐素养，还激发了他们对音乐学习的兴趣。

体态律动教学法还鼓励学生表达个人的感受和想法。在律动活动中，

115

学生被鼓励根据自己对音乐的理解来创造动作，这种创造性的表达方式使学生能够深入地理解音乐，并通过身体语言展现出自己对音乐的感知。这不仅提升了学生的音乐表现力，还有助于培养他们的创造力和自信心。体态律动教学法的实施，使音乐教学变得生动和具有互动性。学生在律动中体验音乐，感受节奏，这种体验方式使得音乐知识的学习变得直观和易于理解。同时，这种教学方法助于提升学生的身体协调性和节奏感，为他们的全面发展打下坚实的基础。

2.要求教师拉近与学生的距离

体态律动教学法的核心在于缩短教师与学生之间的距离，旨在构建一个平等、亲切的教与学的环境。通过成为学生的良师益友，教师不仅传授音乐知识，更是在无形中培养学生的学习热情，激发他们的内在动力。在体态律动教学中，教师的角色转变为引导者和参与者，而非单纯的知识传递者。这种角色的转变使得教师更能理解学生的需求和感受，从而设计出符合学生兴趣和能力水平的教学活动。在律动教学中，教师与学生一同参与音乐的体验，共同感受音乐的韵律和情感，这种共享体验的过程不仅加深了师生之间的联系，也为学生营造了轻松愉悦的学习氛围。通过拉近与学生的距离，教师能够更有效地观察和理解学生的反应和需求，从而调整教学策略，使教学个性化和有针对性。学生在这样的环境中，感到被尊重和理解，进而积极主动地参与学习。这种积极的学习态度对于学生的音乐素养提升和个性发展都是极为有益的。体态律动教学的实施还强化了教师对学生创造力和想象力的培养。在律动活动中，学生被鼓励自由表达，通过身体语言展现对音乐的理解和感受。这种自由表达的机会使学生能够在音乐学习中发挥个性和创造力，同时增强了他们的自信心和自主学习能力。

3.要求教师向学生进行体态律动示范

体态律动教学法在小学音乐教学中的运用，显著体现了对学生作为教学主体地位的尊重。这种教学方式要求教师不仅是知识的传授者，还需要通过示范和一对一指导，使学生能够全面而深入地掌握律动方法。这种教学方法的核心在于教师的直接参与和示范，旨在引导学生从多个维度理解和体验音乐，包括听觉感官、心理情绪、呼吸节奏、速度力度以及肌体生理等方面，确保音乐律动顺畅自然地进行。

通过教师的身体示范，学生们能够直观地观察和学习律动的具体技巧，这种模仿学习的过程不仅提高了学生对律动技巧的掌握，还加深了他们对音乐节奏和风格的理解。教师的示范还有助于学生更好地理解音乐的情感内容，通过身体语言和律动来表达音乐所传递的情感和意境。这种教学方式使学生在音乐学习中积极主动，激发了他们的兴趣和热情。

在体态律动教学中，教师对学生的一对一指导更是重要的组成部分。这种个性化的教学方式能够确保每位学生都能得到充分的关注和指导，帮助他们根据自身的特点和进度，有效地学习和掌握律动技巧。一对一指导不仅有助于提升学生的律动技能，还能够在教学过程中及时发现和解决学生在学习中遇到的问题。体态律动教学法的运用，还有助于学生全方位地发展。通过律动，学生不仅能够提升对音乐节奏的感知能力，还能在心理情绪、身体协调性和生理健康方面得到提升。律动活动中的身体运动有助于学生身体的健康发展，同时能够在放松和减压中提升他们的情绪和心理健康。

（三）教学案例设计

在小学音乐教学中，体态律动教学法的应用为教学增添了生动性和趣味性，尤其是在具体案例设计中，这种教学方法的优势尤为明显。以三年级上册的《种太阳》音乐曲目为例，教师可以巧妙地结合音乐的节奏快慢，设计律动游戏，从而激发学生的学习兴趣和参与热情。在这个案例中，当音乐进入主歌部分，节奏变得更快，学生可以跟随音乐的节奏进行快速拍手律动。这种快速的拍手律动不仅与音乐的节奏相匹配，还能有效提升学生对音乐节奏的感知能力，同时提升整个课堂氛围的活跃度。当音乐进入副歌结尾部分，节奏放缓，学生则可以转变为缓慢的拍手律动。这种节奏的变化不仅提升了学生对音乐节奏变化的敏感度，还帮助他们理解和表达音乐所蕴含的不同情绪和风格。通过这种形式的律动，学生可以在音乐中体验到节奏的起伏和情感的变化，从而加深对音乐的整体理解。除了拍手律动之外，教师还可以根据音乐的节奏变化组织学生进行更加丰富多样的身体动作，如旋转、跑步、走路等。这些动作不仅有助于展现歌曲的情绪和节奏，还能使学生的身体得到充分运动，提升他们的身体协调性和节奏感。这种结合音乐与身体动作的教学方式，使得学生能够在身体运动中深刻地感受和理解音乐。更进一步，教师还可以引导学生模仿人类和动物的各种动作，如跳绳、捡东西、模仿鸭子走路、青蛙跳跃等。这些模仿动作不仅增加了律动活动的趣味性，还能生动地表达音乐的律动情况。通过模仿不同的动作，学生可以在律动中体验到不同角色和情境，从而增强他们对音乐的感知力和表达能力。这样的体态律动教学案例设计，不仅使学生在音乐学习中得到了全方位发展，包括听觉感知、身体协调、情绪表达等方面，还极大地提高了学生对音乐学习的兴趣。通过这种富有创意和互动性的教学方法，学生能够在轻松愉悦的环境中学习音乐，深刻地理解和感受音乐的魅力。

二、根据年龄特征设计律动游戏

（一）根据年龄特征设计律动游戏的原理与意义

体态律动教学法在小学音乐教学中的应用，特别是在设计律动游戏时，须细致考虑学生的年龄特征，这对于激发学生的学习兴趣和促进其全面发展具有重大意义。根据年龄特征设计律动游戏，意味着教师需充分理解不同年龄段学生的心理和生理特点，以及他们对音乐的理解能力和身体协调性，从而制定出符合他们发展水平的教学方案。这样的教学策略，能够确保音乐律动活动不仅适宜学生的能力，而且能够引发学生的浓厚兴趣。

小学低年级的学生通常处于初步接触音乐的阶段，对音乐的理解尚处在浅显的层面。在这一时期，通过肢体律动游戏的方式，可以显著提升教学的效果。低年级学生对小动物有着天然的喜爱，因此在律动练习中结合动物元素，能够引起他们的极大兴趣。例如，教师可以设计一些接龙类游戏，如通过节拍敲打木鱼，让学生轮流模仿他们喜欢的动物的叫声。这种游戏不仅寓教于乐，而且能够帮助学生在参与和体验中学习音乐节奏。

在设计这类游戏时，教师需考虑低年级学生的具体特点，他们的注意力集中时间较短、动作协调性正在发展中等。因此，游戏内容应简单易懂，同时富有趣味性，能够快速吸引学生的注意力。将动物元素与节奏练习相结合，不仅能有效提升学生对音乐节奏的感知力和模仿能力，还能营造活泼的课堂氛围，使学生在轻松愉悦的环境中学习音乐。

通过这样的律动游戏，学生不仅学习音乐知识，还能在游戏中培养创造力、想象力和社交能力。在模仿动物叫声的过程中，学生需要发挥想象，创造出属于自己的动物角色，这种创造性的参与对于他们的个性发展和情感表达能力都是极为有益的。同时，通过与同伴的互动，学生还能学习到如何在集体活动中沟通和合作，这对于他们的社交技能的培养也具有积极作用。

（二）教学案例设计

在小学音乐教育中，体态律动教学法的运用为激发学生的学习兴趣和理解音乐内容提供了有效途径。尤其是在设计教学案例时，考虑到学生的年龄特征和心理状态极为重要。以二年级上册《大鹿》曲目为例，其曲调相对平淡，若直接教唱可能会使学生感到难以理解和接受。因此，教师可以采取更生动的教学方式，如先为学生讲述歌曲的内容，然后选出两名学生分别扮演小兔和大鹿，跟随旋律进行律动表演。通过这种角色扮演和律动表演的结合，学生可以直观地理解歌曲内容，同时能在实践中掌握曲目的旋律。在这个过程中，小兔的扮演者需要展现出逃命时的急迫情绪，而大鹿的扮演者要展现出乐于助人的形象。这种表演不仅能活跃课堂氛围，还有助于学生更好地理解歌曲的情感内容和主题，从而降低学习难度，提高学习效率。此外，通过律动表演的形式，学生们可以在体验和模仿中提升自己的表达能力和创造力。针对低年级小学生中存在的胆怯、害怕出错等心理特点，教师的态度和教学方式很重要。在这种情况下，教师需要鼓励学生勇敢地表现自己，对于学生在表演中出现的错误不应过于严厉地指责，而是应采取委婉的方式进行指导和点拨。同时，对于勇敢表演的学生予以鼓励和表扬，甚至可以通过授予荣誉或学习用品的奖励来激发他们的积极性。这种正向的激励机制不仅能够增强学生的自信心，还能培养他们的参与意识和团队合作精神。在教学难度设置方面，教师应根据学生的身心发展水平逐步提升，避免过快提高难度导致学生感到挫败。教学应该基于学生的掌握情况，循序渐进，确保学生能够在愉悦的氛围中稳固掌握知识，逐步提高自己的音乐素养。

三、教学方式

（一）角色律动游戏

角色律动游戏作为体态律动学音乐的一种教学方式，在小学低年级音乐教育中扮演着重要角色。这种游戏通常围绕着教材中的曲目展开，许多曲目的主题涉及动物和儿童，为学生提供了丰富的角色扮演机会。在这类游戏中，教师设计的活动使学生通过扮演不同的角色，不仅可以深入理解歌曲内容，还能体会到每个角色的形象与情绪，从而激发他们学习歌曲的热情。例如，在教授《保护小羊》这首歌曲时，教师可以引导学生分别扮演歌曲中的不同角色，如小羊、牧羊人等，随着音乐的播放进行角色扮演和律动表演。这种教学方法不仅使学生在游戏中学习音乐，还帮助他们培养乐感和表演能力。通过实际的角色扮演和身体律动，学生能够更加直观地感受音乐的节奏和情感，同时能在轻松愉快的氛围中提高自己的音乐素养。

（二）表演性律动游戏

表演性律动游戏作为体态律动学音乐教学的一种方式，深受小学生喜爱，因为它既富有趣味性又具有良好的教育效果。在这种游戏中，教师引导学生通过律动自信地进行歌曲表演，以此体验音乐的魅力。表演性律动游戏的核心在于唱演结合，学生在唱歌的同时融合体态动作来表达歌曲的情感，这种集思想性、趣味性、音乐性、舞蹈性于一身的教学方法，不仅容易被学生所接受，还有助于学生的身心全面发展。表演性律动游戏还包括集体舞的教学与表演。这类舞蹈通常与音乐简单相对应，适合于班级集体进行。在组织集体舞时，教师可根据班级人数适当调整舞蹈规模，并注重队形的变换和动作的整齐划一。这不仅能够培养学生的团队协作能力，还能够增强他们的互帮互助精神和协调能力。在教学过程中，教师应为学生示范完整的舞蹈动作，并引导学生进行模仿和组合。通过练习如"穿越"和"互相跳"等动作，教师可以逐步提高教学难度，同时引导学生培养良好的空间感和协调感。对于学生在学习过程中的进步，教师应给予积极的鼓励，并鼓励学生之间进行相互帮助和支持。

（三）听觉律动游戏

听觉律动游戏在体态律动学音乐教学中起着重要的作用，尤其是在帮助学生理解音乐的音强、音调和节奏方面。传统的口头讲解往往会让学生感到困惑和枯燥，而听觉律动游戏则通过将理论知识与肢体动作和表情相结合，让学生以更生动、直观的方式感受和理解音乐。例如，在教授《山谷回音真好听》曲目时，教师可以通过展示不同的打击声音，让学生感受回音的音强、音调和音色。在教学条件有限的情况下，教师甚至可以利用生活中的碗筷、盆等物品来创造不同的音色。通过这样的方法，学生可以在轻松愉快的氛围中，通过肢体动作和律动游戏，深入地理解音乐概念。听觉律动游戏还可以结合学生熟悉的故事，创造一个富有想象力和创造性的学习环境。通过鼓励学生自编自演故事或即兴表演，不仅能够激发他们对音乐的兴趣，还能够培养他们的律动能力和创造力。这种教学方法使音乐学习不再是单一的听觉体验，而是变成了多感官、互动式的学习过程。学生在这个过程中不仅能够掌握音乐理论知识，还能够通过实践活动提升自己的音乐感知能力和表现力。

第四章 新视角下中小学生音乐思维与创造力的培养

第一节 中小学生音乐听觉的培养

一、培养中小学生音乐听觉的意义

（一）能帮助中小学生形成良好的音乐感知能力

培养中小学生的音乐感知能力，让他们形成"音乐的耳朵"，在音乐听觉的培养中占有重要的位置。这一过程不仅是教会中小学生如何理解和欣赏音乐的技术过程，更是一种全面提升他们感受、表达和创造音乐的能力的教育实践。"音乐听觉训练的目的不仅仅是训练学生对物理音高和节奏长短机械的辨别能力，更重要的是通过听觉训练掌握音乐及其表现诸要素的构成、特点、内在联系与规律，使学生具备准确把握音乐内涵的'音乐的耳朵'，所谓音乐的耳朵是指在接收到音乐音响的基本要素后对其产生综合性的感知，即体现为对其整体结构以及音乐语言的理解能力。"①音乐感知能力的培养使学生能够敏锐地捕捉音乐的旋律、节奏和和声,帮助他们深刻地感知音乐作品的情感和结构。培养中小学生音乐感知能力,能提高其对音乐细节的敏感程度,使其准确地理解作曲家的意图和音乐作品的内涵。

拥有良好音乐感知能力的学生在学习和实践音乐时往往展现出更高的成就。他们在乐队、合唱团等集体音乐活动中能更好地和他人协作,理解和响应合奏中的各种音乐线索。这不仅提高了音乐表演的整体质量,还加深了学生之间的团队合作意识和社交技能。音乐感知能力是创造力的来源,培养中小学生音乐感知能力还有助于其在音乐创作和即兴演奏中展现出独特的风格和创意。

(二)能从整体上提升中小学生视唱练耳水平

在音乐教育领域,全面提升中小学生的视唱练耳水平是一项重要的任务,涉及多方面的音乐听觉训练。音乐听觉训练作为提升中小学生音乐听觉能力的重要途径,不仅是视唱练耳的主要学习内容,更是从听觉角度纠正视唱和读谱训练中偏差的基础。音乐听觉的培养支持着视唱能力的提升,为中小学生的视唱能力的持续、高质量和有效发展提供了动力和源泉。视唱过程本质上依赖于听觉判断,这与小提琴演奏中对音准的依赖类似。在演唱乐谱时,对音准、节奏、调式调性、速度、力度及曲式等音乐元素的表现,都需要依赖于听觉感知进行控制和调整。因此,中小学生的音乐听觉水平直接影响着视唱的准确性。

视唱乐谱的选材丰富多样,包括民间音乐、创作歌曲、戏曲音乐及不同时期的古典器乐作品旋律。这些乐谱在技术、形式和表现力上展现了极大的多样性。通过人声视唱表现这些不同风格和形式的乐谱,本身就是一种创造性的表达过程。这种表达需要准确、生动,是一种结合了生活节奏和体验的声学运动。完美的音乐演奏不仅需要动员音乐听觉能

力和歌唱能力，还需要动员情感表达能力和对音乐本质的深刻理解，以及引发情感体验、联想想象和认知理解等心理反应。

在视唱练耳的教学过程中，音乐听觉与视唱表达的相互补充，共同构成音乐实践活动的重要部分。中小学生在这一过程中结合自己的学习经验和生活体验，通过音乐表达锻炼技能，丰富情感，体验生活。这种教学不仅仅是技术性的训练，更是一种情感和认知的综合发展，使中小学生在音乐的世界中既提升了技术能力，又增强了对音乐深层次理解和感受的能力。通过全面的音乐听觉培养提升视唱练耳水平，有助于中小学生更好地理解音乐，增强其艺术鉴赏力和创造性表达能力，为其未来的音乐学习和生活体验打下坚实的基础。

（三）有助于中小学生养成内在听觉能力

在音乐教育领域中，对培养中小学生内在听觉能力的重要性不容小觑。这种能力是在音乐实践活动和音乐记忆的基础上，个体内心进行的一系列音乐心理活动，涵盖音乐的想象、判断、回忆和体验等方面。内在听觉能力使学生能够在心中准确地预测和再现音乐作品的声音，哪怕在没有直接听到音乐的情况下也能做到。这种能力的培养是音乐听力训练的一个主要目标，基于音高、节奏、旋律和和声等音乐听力基础能力，与音乐记忆及理解紧密结合，共同构成了内心的音乐感知、预判和再现能力。

内在听觉能力的培养需要教师对中小学生进行系统的音乐听觉训练，包括倾听大量的音乐作品，熟悉多样的音乐元素，以及记忆丰富的音乐作品，从而逐步积累和内化接触到的乐谱和声音。这种训练不仅是基于音乐素材的，还依赖于后天的听觉训练。系统的音乐基础训练、音乐作品的记忆和全面的音乐听力分析都在提升中小学生的整体音乐素养中发挥着积极作用，更有助于中小学生形成良好的记忆和再现能力，以及将这些音乐素养与能力逐步内化为丰富的内在音乐听觉能力。

这种内在的音乐听觉能力对中小学生在音乐表演、音乐欣赏和音乐创作等活动中的表现很重要，是决定这些音乐活动质量和水平的一个关键因素。通过培养内在听觉能力，中小学生不仅能够在没有乐谱或音乐辅助的情况下，凭借想象创造出音乐的声音效果，还能在音乐实践中深刻地理解和表达音乐，从而大大提升他们的音乐体验和创作能力。

（四）有助于中小学生形成音乐记忆能力

音乐被誉为时间的艺术，其独特之处在于每个音符、旋律和节奏都充满了转瞬即逝的美妙。这种特性使得音乐记忆成为理解和体验音乐的核心能力。对于中小学生而言，培养音乐记忆能力尤为关键，因为它使他们能够全面、准确地感知和掌握音乐的各种元素。音乐记忆不仅关系到对旋律和节奏的记忆，更深入对音乐整体结构和情感的理解。听觉训练的一个核心的目标是培养学生的音乐信息接收能力和强化他们的音乐记忆力，不仅包括识别音高、节奏和和声等基本音乐元素，还涉及对音乐作品的整体结构和情感内容的理解。通过这种全面的训练，中小学生能够提升对音乐的深层次感知，增强对音乐细节的记忆和理解，从而在心中构建起完整的音乐图像。

音乐记忆的培养对于中小学生的音乐学习和欣赏能力有着深远的影响。它不仅增强了中小学生对音乐作品的理解和感受，还提高了他们的音乐学习效率。随着记忆能力的增强，中小学生能够更快地掌握新的音乐作品，更深入地理解音乐的历史和文化背景。此外，良好的音乐记忆能力还能增强中小学生的创造力，使他们在音乐创作和即兴演奏中表现得更为出色。

（五）有助于中小学生获得全方位、多元化的音乐体验

音乐听觉训练对于中小学生而言，不仅是提升音乐实践技能的关键，更是让他们适应和融入当今世界多元化音乐生活的重要手段。全球音乐文化的多样性，包含了不同民族、地区和风格的音乐作品，为人们带来

了丰富的音乐体验。音乐听觉训练的目标在于顺应这一多元文化的发展趋势，通过不断吸纳新元素和新思想，为现代音乐生活提供坚实的理论基础和专业技术培养。

当前，国内在视唱和听觉训练方面的改革正在积极顺应这种多元化趋势。这种改革倡导"开放式音乐听力训练"和"通过实际作品训练音乐听力"，有效地突破了年龄、地域、风格和题材的界限。在听力训练中采用的教材不再局限于特定风格或地区，而是包括了全球范围内各种不同形式的音乐作品。这种做法已经初步构建了一套能够适应多元音乐文化生活的音乐听觉训练体系。这种全方位、多元化的音乐体验构建理念，是音乐听力训练在现代社会中的重要价值所在。通过音乐听觉训练，中小学生不仅能够提高其音乐听觉能力，还能够深入理解和体验来自世界各地不同文化背景的音乐。这样的音乐教育使他们能够更加开放地接纳和理解多样的音乐形式，培养出对音乐的全面理解和欣赏能力。此外，这种多元化的音乐教育方式还能激发中小学生的创造力，鼓励他们在音乐创作和表演中展现个性和创新。

二、培养中小学生音乐听觉的原则

中小学生音乐听觉的培养应依据如图 4-1 所示的原则。

图 4-1 中小学音乐听觉培养原则

127

（一）趣味性原则

在培养中小学生音乐听觉能力的过程中，趣味性原则起着重要的作用。这一原则的核心在于将音乐听觉训练转化为一种有趣且引人入胜的学习体验，从而提高学习的效率并增强中小学生对音乐的兴趣和热情。趣味性原则主张在音乐教学中融入各种游戏、故事讲述和创造性活动，以激发中小学生的好奇心和探索欲望，使音乐学习成为一种愉快且富有成效的过程。

实施趣味性原则意味着将音乐教学从枯燥单一的传统模式转变为灵活多变和充满创意的过程。这种方法能有效激发中小学生的想象力和创造力，使他们在愉快的环境中学习，深入地理解音乐的各个方面。例如，通过引人入胜的节奏游戏和音乐故事，中小学生能轻松地掌握复杂的节奏模式和音乐结构，同时提升对音乐整体的感知能力。趣味性原则能够有效培养中小学生对音乐的持续兴趣。当音乐学习过程变得有趣和吸引人时，中小学生更有可能长期参与音乐活动，并在课外时间自主探索和练习音乐。这种持续的兴趣和参与是中小学生音乐技能发展的重要驱动力，也是激发中小学生长期对音乐产生热情的关键因素。

（二）多感官协调原则

在培养中小学生的音乐听觉能力过程中，多感官协调原则强调在音乐教育中应综合运用视觉、听觉、触觉等多种感官体验，以促进学生对音乐的全面理解和深刻感知。多感官协调原则的实施，旨在打破传统音乐教育中过分依赖单一感官（通常是听觉）的局限，通过多感官的综合刺激，提升学生的音乐感知能力和创造力。

多感官协调原则要求通过整合不同感官的信息，帮助学生建立起对音乐更为丰富和立体的理解。例如，视觉感官可以通过观看乐器演奏、音乐视频或舞蹈表演来激活，听觉感官通过倾听不同风格和节奏的音乐作品来培养，而触觉感官可以通过亲手演奏乐器或参与节奏打击活动来体验。这种多感官的融合不仅加深了学生对音乐节奏、旋律和和声的理解，还激发了他们对音乐背后情感和故事的感知。

多感官协调原则的应用使音乐学习变得生动和具有吸引力，特别是对中小学生而言，这种多维度的体验能极大地提高他们的学习兴趣和参与度。在这一教学原则的指导下，音乐听觉训练不仅增强了中小学生对音乐的认知能力，也促进了他们情感和审美能力的发展，还对音乐的复杂性和多样性产生了进一步地理解，从而培养出其对音乐的深刻欣赏和独到见解。多感官协调原则还有助于培养学生的创造力。在多种感官刺激下，学生们的想象力和创造力得到激发，他们可能会尝试创作自己的音乐作品，或在音乐表达中融入个人的独特风格。这种教育方式不限于提高音乐技能，更关注培养学生的综合素养和创新思维。

（三）综合性原则

在培养中小学生的音乐听觉能力中，综合性原则侧重于在音乐教育中综合运用多种教学方法和技术，以达到全面发展中小学生音乐听觉能力的目的。综合性原则的实践意味着在音乐教学中，中小学音乐教师不仅要关注传统的音乐理论和实践技能，还要关注对中小学生情感、认知和社交技能的培养。在应用这一原则时，中小学音乐教师会将诸如旋律、节奏、和声以及音乐风格等基础音乐元素的教学与音乐创作、即兴表演和集体合奏等结合应用到教学实践中，使中小学生能够在实践中深化对音乐理论的理解，同时提升他们的表现力和创造性。例如，通过分析和演绎不同音乐风格的作品，中小学生不仅感受到音乐的多样性，还形成了对不同文化和历史背景的深刻理解。

综合性原则还强调在音乐教育中融入跨学科的内容。例如，结合文学、艺术史或自然科学知识来丰富音乐课程，从而拓宽中小学生的视野，激发他们的好奇心和探究欲。通过这种跨学科的方法，中小学生不仅能够从音乐本身获得知识和灵感，还能够从广阔的角度理解和欣赏音乐。

在综合性原则的指导下，音乐教育不再是简单的技能传授，而是变成了一种全面的成长和学习过程。中小学生在这个过程中不仅学习音乐知识和技能，还在情感、社交和认知方面得到了全面发展。这种全方位的教育方法对于提高中小学生的综合素养、增强他们的创新能力以及培养他们的批判性思维都很重要。

（四）反复性原则

在中小学音乐教育中，反复性原则强调通过重复练习来加强学生对音乐元素的理解和记忆。基于反复性原则的音乐教育方法深刻认同认知心理学的理论，即通过重复可以加强大脑中的神经连接，从而促进记忆的形成和巩固。反复性原则在音乐听觉训练中尤为重要，鉴于音乐听觉是一种复杂的认知过程，反复训练可帮助中小学生通过不断经历这一过程来识别和理解音高、节奏、旋律和和声。

应用反复性原则时，教师应设计一系列重复的练习来加深中小学生对特定音乐概念的理解。例如，通过反复听同一段旋律，中小学生可以更好地识别其结构和风格特点。反复练习还可以帮助中小学生提高对复杂音乐节奏的感知能力，如通过重复拍打或演奏特定的节奏模式，中小学生可以准确地掌握节奏的细节。反复性原则同样适用于歌曲的学习和乐器的练习，使中小学生通过重复演唱或演奏，逐渐提升技术熟练度和表现力。值得说明的是，反复性原则不仅促进了音乐技能的学习，还加强了学生的情感与音乐的连接。通过反复倾听和演奏，中小学生能够深刻地体验音乐作品的情感内涵，增强与音乐的情感共鸣。这种情感的深化对于激发中小学生对音乐的长期兴趣和热情很重要。

反复性原则在音乐教育中的应用，有助于建立一个系统且逐步深入的学习过程。它鼓励中小学生通过持续的练习和复习，逐渐形成对音乐的全面理解。这种方法特别适合初学者，因为可以逐步引导他们从简单的音乐概念过渡到复杂的音乐结构和理论知识。通过反复性原则，音乐教育变得高效，能够满足不同学生的学习需求。

三、中小学生音乐听觉思维的培养目标

（一）音乐听觉能力的培养目标

1.培养中小学生感知与辨别音乐基本要素的能力

在当代教育体系中，音乐听觉能力的培养被视为关键环节，尤其对于中小学音乐教育来说，它不仅是艺术教育的重要组成部分，也是全面素质教育的体现。音乐作为一种普遍的语言，对个体的情感、认知和社会交往能力的发展起着不可忽视的作用。在培养中小学生的音乐听觉能力时，重点在于增强他们对音乐元素的感知和识别，这不仅仅是技能的培养，更是审美和文化素养的提升。

音乐听觉能力的培养涉及多个方面，其首要任务是构建音乐基础知识的框架，即对音调、节奏、和声和旋律等基本元素的理解。通过这种基础训练，中小学生能够逐步形成对音乐语言的基本认知，对后续开展更高层次的音乐欣赏和创作很重要。音乐听觉训练还包括培养中小学生对不同乐器音色的辨识能力，这不仅增强了他们对音乐细节的感知，还丰富了他们的音乐体验。中小学生通过这种训练，能够更好地理解音乐作品的结构和主题，对培养他们的音乐理解能力和创造性思维非常重要。

音乐听觉能力的培养还与心理和生理机制紧密相关。音乐的节奏、旋律和和声等元素能够通过听觉传达到大脑，激发情感和记忆，从而促进认知和情感的发展。例如，和声的训练不仅是音乐技能的提升，更是对复杂音乐结构理解能力的培养对提高中小学生的抽象思维能力大有裨益。同时，节奏感的培养有助于提高中小学生的时间感知能力和协调性，这些都是中小学生日常生活中不可或缺的技能。

2.培养中小学生的音乐听觉分析能力

在音乐教育领域，对中小学生音乐听觉分析能力的培养占据了重要地位，这一能力关乎学生对音乐的深层次理解与鉴赏。音乐听觉分析能力不仅是对音乐的直接感知，还涵盖了对音乐作品中基本要素的深入思考、细致分析、全面综合和精准判断。对这一能力进行培养，中小学生能够洞察音乐元素之间的相互联系及其互动作用，进而建立起对音乐作品的完整和丰富的感知。此能力的培养，显著区别于一般听觉教育。音乐听觉分析能力的培养，要求中小学生不只要感知音乐的表面，还要深入音乐的结构、风格、情感表达以及文化内涵等多个层面。

音乐听觉分析能力的培养使中小学生能够识别和评价音乐的各种元素，如旋律、和声、节奏以及音色等，这不仅丰富了中小学生的音乐知识，还提升了他们对音乐作品复杂性的理解。例如，通过分析一段音乐的旋律线条，中小学生能够感受到作曲家的情感表达；通过对和声的分析，他们能够理解音乐的情绪色彩；而对节奏的理解，可以帮助他们捕捉音乐的动态变化。这种分析能力的培养，不仅增强了中小学生的音乐审美能力，还培养了他们的创造力和批判性思维。

在此过程中，教师的角色显得尤为关键。教师不仅传授音乐知识，更重要的是能够激发中小学生的兴趣，引导他们探索音乐的各种可能性。通过各种教学方法，如听音乐、分析乐曲、参与音乐创作等活动，中小学生能够在实践中学习音乐，体验音乐的魅力，从而提升他们的听觉分析能力。这种教学方法有助于中小学生形成对音乐的深刻理解，让他们能够在享受音乐的同时，能理解和欣赏音乐的深层内涵。

3.培养中小学生准确表达和完整再现音乐形象的能力

培养中小学生准确表达和完整再现音乐形象的能力是音乐教育的重要组成部分。这一目标的实现依赖于中小学生能够将自己的听觉感受有效地运用到音乐实践中，进而深化他们对音乐的理解和表达。通过音乐听觉训练，中小学生不仅学会用耳朵倾听音乐的各种细节，更重要的是学会用心去感受音乐的情感和意境，从而在音乐欣赏、表现和创作方面取得进步。

在这个过程中，中小学生学习如何将听到的音乐转化为具体的音乐形象，这些内容不仅包括音乐作品的旋律、节奏和和声，还包括音乐中蕴含的情感和故事。这种能力使他们能够准确地理解音乐作品的内涵，完整地再现音乐作品的精髓。例如，在学习一首古典乐曲时，中小学生既能够复现乐曲的旋律线条，又能够体会到作曲家想要表达的情感和情景，甚至能够在自己的音乐创作中运用这些元素。

这种能力的培养对学生的音乐素养有着深远的影响。它不仅提升了他们的音乐技能，还丰富了他们的情感世界和提升其创造力。通过音乐的学习和实践，中小学生能够更好地理解和表达自己的情感，也能够更好地与他人进行沟通和产生共鸣。值得一提的是，这种训练还有助于提高学生的注意力、记忆力和想象力，对于他们的学习和日常生活都是非常有益的。

4.培养中小学生的内在音乐听觉能力

在音乐教育中，对中小学生内在音乐听觉能力的培养占据了核心地位。这一目标涵盖了音乐内容的接触和吸收，强调了将音乐材料和形象深植于记忆，进一步通过大脑的分析和综合，转化为内心的音乐判断、辨识、想象与理解。这种能力是音乐感知过程中的高级阶段，需要结合外在的音乐感受和内在的音感，要求中小学生不仅仅停留在表面的听觉体验，而是深入音乐的内涵和精神层面。

这种内在音乐听觉能力的培养意味着中小学生需要在现有的听觉印象基础上，借助想象力，深入和全面地体会音乐。通过这样的训练，中小学生不仅能够准确地记忆旋律、节奏和和声，还能够在大脑中重现音乐的整体形象，甚至是音乐所表达的情感和意境。这种能力的培养对中小学生的音乐记忆能力提出了较高的要求，但同时极大地丰富了他们的音乐体验。

培养内心音乐听觉能力对中小学生的整体发展具有重要意义。它不仅提升了中小学生的音乐技能，更加深了他们对音乐的感性理解和情感投入。中小学生通过这种训练，能够在心理层面与音乐建立更深的联系，在增强他们的音乐欣赏能力的同时，提高了他们的创造性思维和情感表达能力。这种训练还有助于提高学生的集中注意力、记忆力和想象力，对于他们的学术学习和日常生活都是非常有益的。

（二）多维音乐能力的培养目标

1.音乐感受力

音乐感受力的培养在多维音乐能力的发展中扮演着关键的角色，这是因为音乐本身作为一种深刻触及人类心灵的艺术形式，为人们提供了独特的精神享受和情感慰藉，是其他艺术形式难以比拟的。在中国，尤其是在《中小学音乐课程标准》中，音乐体验的重要性被特别强调，这反映出音乐教育不仅是音乐技能的传授，更是对中小学生全人教育的一部分。随着教育体系的持续改革，音乐教育的重心已经从单纯培养音乐家转变为培养具有全面发展的个体。音乐教育的真谛在于引导中小学生通过不同的音乐作品去感受和理解多样化的情感世界，实现美育的终极目标。

音乐感受力的提升不可忽视两个基本因素的重要性。一方面，个人的情感深度和理性认识对音乐感受有着直接影响。音乐作为直接作用于心灵的艺术，其被感受的深度与个体的精神生活丰富程度、文化生活经验宽度以及对非音乐领域知识的掌握程度密切相关。精神生活的丰富性和文化经验的广泛性使个体能够从音乐中提取更为丰富的情感和意义。另一方面，中小学生的音乐听觉能力也是影响音乐感受力的关键因素。能够准确感知音乐的结构是感受音乐情感的前提。若中小学生无法精准捕捉音乐中的旋律变化、节奏细节以及和声的变化，他们的音乐情感体验可能就会局限于对音乐内容的表层理解，甚至可能是不准确或模糊的认识。这样的音乐感知与理想中的音乐审美教育相去甚远。

2. 音乐表现力

在音乐教育领域，培养中小学生的音乐表现力是实现多维音乐能力发展的核心目标之一。音乐表现力不仅仅是技巧的展示，更深层次地涉及表演者如何将自身的情感和理性思考融入音乐，以此打动听众并精确传达音乐作品的内涵。音乐作为一种独特的心灵交流方式，其语言深深植根于丰富的情感和深邃的思想之中。因此，表演者不仅需要拥有丰富的情感和深刻的理解能力，还需要通过音乐技巧的精准运用来展示这些情感和思想。

音乐表现力的培养要求中小学生在掌握音乐基础技巧的同时，必须理解音乐作品背后的情感和意境，这样中小学生才能更好地与听众建立情感上的联系。音乐表现力的培养还需要中小学生精确掌握音高、节奏和节拍音乐表现的基本要素，缺一不可。为了达到更好的表演效果，中小学生还应学会如何适当地运用不同的音量和速度，以增强表演的表现力和感染力。只有当这些元素相互结合，中小学生才能够通过音乐的表达，将内心的情感和思想传达给听众。

音乐表现力的培养不仅是音乐技能的提升，更是情感和思维能力的发展。它要求中小学生将技术上的精确和情感上的真挚相结合，通过音乐传递出深刻和多层次的情感体验。这种能力的培养有助于中小学生在表演中更好地理解和诠释音乐作品，同时能够帮助他们在生活中更好地表达自己，与他人建立深层次的情感联系。

3. 音乐创造力

在中小学阶段，音乐教育的重点之一是培养学生的音乐创造力，是多维音乐能力培养目标的重要组成部分。音乐创造力不仅是指创作新的音乐作品，更广泛地涵盖了对音乐思维的激发、音乐表达的创新和音乐实践的探索。这种能力的培养，旨在激发中小学生的想象力和创新精神，使他们能够在音乐的学习和实践中展示个性和创造性。

音乐创造力的培养是一个综合性的过程，要求中小学生既要掌握音乐的基本知识和技能，也要学会如何运用这些知识和技能来创新和创造。在此过程中，中小学音乐教师应从最基础的内容开始，帮助中小学生了解和探索音乐的不同风格、形式和流派，鼓励中小学生在此基础上进行自己的创作和实验，展现出自己的音乐想法和创造力。

在这个过程中，教师的角色很重要。他们不仅要传授音乐知识，还要打造鼓励创新和自我表达的教学环境。这意味着教师需要激发中小学生的好奇心和探索欲，鼓励他们尝试不同的音乐元素和组合，探索音乐的多种可能性。与此同时，教师还应该鼓励中小学生分享自己的音乐创作，提供反馈意见，帮助他们不断改进。

音乐创造力的培养需要中小学生具备一定的音乐理论知识和技能。这包括音乐的基础理论，如和声、节奏和旋律的构成，以及音乐表达的多种手段。中小学生在掌握这些基础知识的基础上，可以更自由地进行音乐创作，将自己的情感和思想融入音乐。音乐创造力的培养还应注重培养中小学生的批判性思维和自主学习能力。这意味着中小学生需要学会如何从不同的音乐作品中捕捉灵感，如何批判性地分析音乐作品，以及如何独立地进行音乐创作和实践。通过这些能力的培养，中小学生可以深入地理解音乐，在创作中展现出独特的个性和风格。

四、中小学生音乐听觉训练的基本内容

（一）调式音准训练

调式音准训练在中小学生的音乐听觉训练中占据着重要的位置。这一训练的核心目的是建立一个有效的音高识别系统。音高感作为音乐感知和表达的基本能力之一，涉及对音的高低进行准确的判断。这种判断

能力主要分为两种类型：绝对音高和相对音高。特别是在儿童时期，对音高感的训练尤为关键，因为这是形成绝对音高能力的黄金时期，应当给予充分重视。历史上，音高听觉训练通常以调性为核心，这在很大程度上受到古典音乐传统的影响。在古典音乐的影响下，调性思维深深植入人们的听觉意识。这种听觉习惯使得人们倾向于将每个音符视为调性体系中的一部分，而在这个体系中，每个音符的位置、稳定性以及与其他音符的音程关系都有清晰定义。因此，在调性音乐的感知和表达方面，调式音准训练展现出了其高效性和准确性。

在中小学阶段进行调式音准训练，不仅有助于中小学生精确地理解和判断音乐中的不同音高，还能够提升他们的音乐欣赏和表达能力。这种训练能够加深中小学生对音乐结构的理解，使他们能够更好地感受音乐的美感和进行情感表达。通过这样的训练，中小学生不仅学会了如何识别不同的音高，还能够在音乐创作和表演中自信和精确地运用这些知识。

（二）旋律音程感训练

旋律音程感训练在中小学生的音乐听觉训练中占据着重要的位置。此训练基于音高感的理解，引导中小学生感知并理解两个不同音高之间的听觉间隔，即旋律音程。旋律音程由连续的单音构成，它们的序列排列就形成了旋律。这种音程感的训练不仅是对音准的感知和判断，而且包括对音程所引发的不同心理感受的认识。例如，大跳音程能带来激动和跌宕的感觉，而逐渐递进的音程带来流畅和平稳的体验。

这项训练的重要性在于它为中小学生提供了一种理解和感受旋律多样性和丰富性的工具。通过识别和理解不同的音程，中小学生可以深入地感受音乐作品的情感和风格。旋律音程感训练帮助中小学生发展对音乐的细微差别的敏感度，不仅增强了他们的音乐欣赏能力，还为他们未来的音乐创作和表演打下了坚实的基础。在实际教学过程中，旋律音程感训练应注重实践和体验。通过听不同类型的音乐作品,分析其旋律结构,以及在音乐创作和表演中的应用,中小学生可以全面地理解音程与旋律的关系。另外,这项训练应该鼓励中小学生进行创造性的探索,如通过即兴创作练习来实践音程感的运用,从而增强他们的音乐创造力和表现力。

(三)节奏感训练

节奏作为音乐的核心构成元素之一,其训练是音乐听觉训练中不可缺少的一环。节奏指各种长短相同或相异的时间单位有组织地进行序列,其中包括了强弱的因素在内。①节奏在音乐中占据重要地位,它的有序性和多变性不仅受到节拍组织的影响,而且与音乐的速度和情感紧密相关。节奏被视为音乐的基础结构,类似于音乐的骨架。在多种音乐教学方法中,如达尔克罗兹的体态律动法和奥尔夫教学法,节奏训练被赋予了极高的重视。这些教学方法通过专注于节奏的培养,激发中小学生的音乐本能,提升他们对音乐的感受力和快速反应能力。

节奏感是通过节奏感训练获得的能力,是"领悟音乐中音符时间关系的基本能力。它包括了组织、体验和再现这种时间关系的直觉"。②节奏感训练在中小学生的音乐听觉训练中占据极其重要的地位,因为它是体验和理解音乐进程的核心。每个人都天生具有感知节奏的潜质,而通过系统的节奏感训练,这种潜质可以被开发和强化。在音乐训练的初期阶段,中小学生通常会开始接受节奏感的培养,这不仅是因为节奏是音乐的基础,而且是因为节奏感的训练能够极大地提升中小学生对音乐整体结构的理解。通过各种节奏练习,如拍手、敲击乐器或节奏游戏等活动,中小学生能够加深对音乐节奏变化的感知,并提高对音乐流动性的理解。此外,节奏感训练也有助于提升中小学生的注意力、协调性和记

---

① 赵宋光.音乐教育心理学概论[M].上海:上海音乐出版社,2003:178.
② 林华.音乐审美心理学教程[M].上海:上海音乐学院出版社,2005:215.

忆力，这些能力都是音乐学习的关键技能。通过这样的训练，中小学生不仅能够在音乐领域取得进步，还能在其他学科和日常生活中展现出更好的学习和应用能力。

（四）听觉训练

中小学生听觉训练内容如图 4-2 所示。

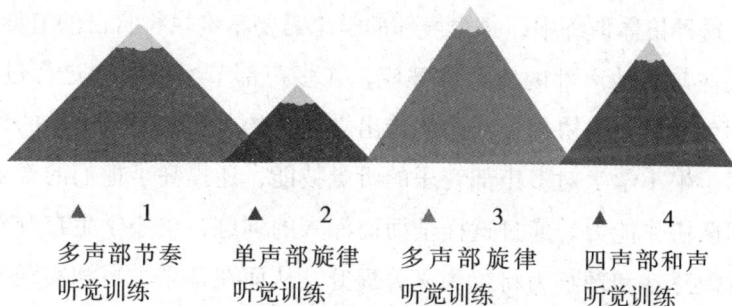

图 4-2　中小学生听觉训练内容

1.多声部节奏听觉训练

多声部节奏听觉训练在中小学生的音乐教育中扮演着重要的角色，这种训练专注于不同声部的节奏，涵盖从二声部到三声部、四声部乃至更复杂的多声部结构。这项训练的核心目的在于培养中小学生对复杂节奏线条的理解力和感受能力，从而加深对多声部音乐结构的领悟，同时促进多声部听觉和思维的发展。在实施这项训练时，通常会从二声部起步，随着中小学生能力的增强，逐渐提高声部的数量和训练的难度。这样循序渐进的方法有助于中小学生逐步适应并掌握复杂的节奏模式。

多声部节奏训练不仅包含了单声部节奏的各种节拍和节奏型组合，还涉及多种声部的组合方式，如支声呼应型、模仿型、对比型等。这些不同的组合方式能够提高学生对音乐节奏的理解和感知。为了有效地培养中小学生的多声部节奏感，可以采用多种训练方法，如节奏的阅读和听写。其中，节奏阅读可以结合体态律动教学法，让中小学生通过口、手、脚的协同动作来练习多声部节奏，使每个身体部位对应一个不同的声部，以此进行立体化的节奏训练。这种方法不仅锻炼了中小学生在多声部节奏中的同步能力，还提升了他们身体各部分的协调运动能力，加强了身体的协调律动和对不同节奏声部的感知及表现能力。

中小学音乐教师还可以在中小学生群体中实施多人分声部的协作训练。在这种集体训练中，每个声部的学生需要精确执行自己的节奏部分，同时关注与其他声部的协调和呼应。在多声部节奏的协同进行过程中，中小学生通过相互协作，共同创造出立体化的节奏效果。这样的练习不仅加强了中小学生对多声部音乐的听觉技能，还提高了他们的音乐表现力和团队协作能力。通过这样全面而深入的训练，中小学生在音乐领域的听觉敏感性和理解力将得到显著提升，从而在音乐学习和实践中展现出更高的成就。

2.单声部旋律听觉训练

单声部旋律听觉训练在中小学生音乐听觉训练中扮演着重要的角色。旋律，也被称为曲调或旋律线，构成了音乐的基本表现形式，它是音高、节奏、力度、速度和音色等多种音乐要素的综合体现。旋律在音乐作品中的作用很重要，因为它在所有音乐元素中最显著且最易于被人们感知和理解。旋律感，即对连续音高水平的感知能力，是一种线性的、充满特定意义的序列理解能力，使得旋律不仅可以被识别，还能被记忆。因此，一个人的旋律感知能力强弱直接反映了其音乐听觉能力的水平。

旋律感的培养对于中小学生的音乐能力发展极为关键。通过旋律听觉训练，学生们不仅能够提升对音乐基础要素的理解和感知，还能加深对音乐作品整体结构和情感表达的理解。旋律听觉训练通过不同的练习和活动，如听辨不同的旋律、练习旋律的唱读、分析旋律的构成等，帮助学生逐步建立对音乐旋律的深刻认识。这种训练不仅加强了学生对音乐语言的理解，而且激发了他们的音乐创造力和表现力。

3.多声部旋律听觉训练

多声部旋律听觉训练对中小学生而言，是音乐听觉训练中不可或缺的一部分。这一训练重点在于处理和理解从二声部到三声部、四声部甚至更复杂的多声部的节奏结构。它的目的在于建立中小学生对多声部音乐的理解，加强对不同层次节奏线条的感知和领悟，培养他们的多声部音乐思维能力。训练过程是循序渐进的，起始于二声部的基础训练，随后逐步增加声部数量和提高复杂性。这样的训练不仅涵盖了单声部节奏训练中的各种节拍和节奏型的应用，还包括了多种声部的组合方式，如支声呼应型、模仿型和对比型等。这些多样化的组合方法促进学生对音乐节奏的全面理解。训练方法包括节奏的阅读和听写，其中体态律动教学法在节奏阅读中特别有效。通过这种方法，学生们可以通过身体的不同部位协调运动来实践多声部节奏，使每个部位都能对应一个特定的声部，并同步进行不同的节奏训练。这不仅锻炼了学生们对多声部节奏的同步能力，还增强了他们身体各部分的协调性和对不同节奏声部的感知力与表现能力。

在多人分声部的团体练习环节中，每个声部的学生需要精确执行自己的节奏部分，同时与其他声部进行协调和配合。在多声部节奏的协同进行中，中小学生通过团队合作，共同营造出立体化的节奏效果。这样的训练不仅深化了中小学生对多声部音乐结构的理解，还增强了他们的听觉技能和团队协作精神，使中小学生能够在音乐领域中发展深入的理解力和协作能力，为他们未来的音乐学习和实践奠定坚实的基础。

4.四声部和声听觉训练

四声部和声听觉训练在中小学生的音乐教育中扮演着重要的角色。这项训练致力于提高学生对和声色彩、力度、功能和逻辑发展的感知与辨识能力，旨在为学生发展复杂的听觉思维提供坚实的基础。四声部和声以其饱满且均衡的音响特质在和声结构的音乐作品中显著，它避免了声部过密所可能带来的拥挤感和混乱感，因此成为和声听觉训练的主要形式。这种训练方法不仅与人类听觉辨识结构相契合，而且遵循音乐表现的自然规律，与其他音乐能力的学习相互补充和加强。四声部和声听觉训练一般在音乐听觉训练的中后阶段进行，要求学生已经具备了一定的音程、和弦、调内音程连接和调内和弦连接的听辨能力，以及对和声学理论的充分理解。

在进行四声部和声的听觉训练时，学生需要通过两个主要部分——构唱和听辨——来加强他们的技能。他们首先通过构唱来熟悉各类和弦的原位和转位音响以及和声效果，然后进行听辨训练，包括在不同调式中构唱和听辨三和弦与七和弦、和声进行的正格、变格和完全进行，以及各种终止式的序进效果，如正格半终止、变格半终止等。此外，学生还将学习如何在不同调式中加入副三和弦的和声进行，以及离调和转调的和声进行，以此熟悉完全功能体系的和声序进效果。这些训练内容与和声学理论学习紧密相连或保持一致。听辨训练的重点在于和声功能连接的标记，以及各声部音的听辨和记写能力。通过这样全面而深入地训练，学生的和声听觉能力得到显著提升，为他们在音乐领域的深入学习和实际操作打下了坚实的基础。通过四声部和声听觉训练，学生们不仅能够提升自身的音乐理解能力，还能够在音乐创作和表演中展现出更高的技巧。

第二节　中小学生音乐情感的培养

一、音乐情感的特征描述

（一）易感性

音乐情感的易感性在音乐艺术中占据着核心地位。这种易感性主要来源于声音的直观性和其对听者听觉感官的直接作用。当音乐播放时，它直接与听者的听觉接触，引发一系列生理反应，进而唤起深层的情绪和产生情感共鸣。这种通过感官直接获得的情感体验，以及由此引发的心理变化，构成了音乐情感与日常生活中情感体验的本质区别。音乐的这种易感性，赋予了它在触动人心方面的独特优势，使其成为一种能够深刻影响人们情感和心理状态的艺术形式。与其他艺术相比，音乐更能直接和深入地影响人的情感世界，这也是音乐作为一种艺术形式所独有的魅力所在。通过音乐，人们能够感受到丰富、深刻的情感体验，这些情感体验不仅丰富了人们的艺术生活，也加深了其对世界和自我内心世界的理解。

（二）典型性

音乐情感的典型性是一种独特的艺术概念，在音乐领域中扮演着重要角色。这个概念虽然起源于文学和戏剧等其他艺术领域，但在音乐中表现出独有的特质。典型性指的是音乐如何跨越不同的时代、民族和文化背景，表达一种广泛认可的思想意识形态及其引发的情感反应和表达方式。这意味着，尽管作曲家与其同时代的人可能经历相似的事件，但作曲家能够以深刻、强烈和细腻的方式体验这些事件，基于现有的音乐流派进行创新，创造出新的流派和表达方式，从而与所要传达的情感内容相契合。

音乐中的典型性与个体化是相辅相成的。例如，贝多芬在创作《第三交响曲》时，不仅深入观察和体验了法国大革命及其全球影响，而且在作品中以突破性的交响乐形式表达了他的个人理解和情感体验，展示了作品的典型含义与其独特个性的完美结合。荣格的"集体无意识"理论将艺术情感表达归结为"原型"，强调了人类情感的典型性如何转化为不同的"原型"。这些原型的存在使得伟大的音乐作品能够超越时空的限制，持续被人们所欣赏和感动。通过这些"原型"，音乐作品不仅与听众产生共鸣，而且在不断流传的过程中，继续影响着新的听众群体，使得它们成为跨越时间和空间的经典作品。因此，音乐情感的典型性是音乐作品能够深刻触动人心并持久流传的关键因素之一。

（三）概括性

音乐情感的概括性是其在艺术表达中的显著特点，是区别于文学的明确语义和造型艺术的具象表现。音乐利用声音作为表达媒介，虽然这些声音在特定文化中可能具有一定的象征意义，但大部分情况下它们并不承载严格的语义内容。与此同时，音乐中的声音手段不具备造型艺术的物质形态，却充满时代感和动态特性，这些特点使得音乐在表达真实情感时具有一定的模糊性。

正是这种摆脱语言直接限制和现实客观事物依赖的特性，赋予了音乐一种非特定性的概括性，不仅为音乐创造了模糊性和不确定性的空间，也为听众提供了广阔的想象空间。这种概括性使得听众可以在音乐的引导下，根据个人经验和情感体验进行解读和联想，从而建立起一种深刻且个性化的联系。音乐情感的概括性使得音乐成为一种独特的艺术形式，不仅能够触动人心，还能激发听众的想象力和创造力。通过音乐，人们能够超越现实的限制，进入自由和开放的情感世界，在这个世界中，每个人都可以根据自己的理解和感受来体验音乐，使得音乐成为一种多元化和包容性强的艺术形式。因此，音乐情感的概括性不仅是其艺术表现的关键，也是其拥有深远影响力和持久魅力的重要源泉。

（四）抽象性

音乐情感的抽象性是音乐艺术的一个核心特征，源于音乐作为一种非言语艺术形式的本质。不同于文学或绘画等艺术，音乐不依赖于具体的视觉形象或文字描述来表达情感和思想。音乐的抽象性表现在它通过旋律、节奏、和声和音色等音乐元素，传递情感和表达思想，这些元素在听者的心中激发情感反应和思维联想，而不是直接呈现具体的故事或图像。

音乐情感的抽象性使得音乐具有普遍性和跨文化的共鸣。由于不局限于特定语言或文化符号，音乐能够跨越国界和文化差异，触动不同背景人群的内心。这种抽象性也赋予音乐一种独特的表现力，使其能够表达那些难以用言语准确描述的复杂和微妙的情感。音乐能够唤起深层的情感体验，如悲伤、喜悦、宁静或激情，这些情感经常是模糊和多层次的，超出了日常语言的表达范畴。

音乐情感的抽象性为听众提供了广泛的解释空间。不同的听众可能会根据自己的经验、情感状态和文化背景，对同一段音乐产生不同的感受和解读。这使得音乐成为一种极具个性化的艺术形式，每个人都可以在音乐中找到自己的情感共鸣和个人意义。这种个性化的体验使得音乐不仅是娱乐和审美的对象，更是深刻的心灵沟通方式和自我探索的途径。

二、音乐情感的表现特点

（一）活泼欢快

音乐中的活泼欢快情感是一种极为受欢迎的表现形式，以其独特的音乐元素营造出愉悦和轻松的氛围，为听众带来欢乐的体验。这种情感通常通过明快跳跃的旋律、紧凑快速的节奏来表达，使音乐充满了动感和活力。活泼欢快的音乐风格经常在充满生机的舞曲中得到体现，或在那些具有鲜明音乐形象和强烈节奏感的作品中展现。这些音乐作品的特色在于它们能够直接触及人们的情感，引发内心的喜悦和兴奋。活泼欢快的音乐不仅仅是听觉的享受，更是情感上的释放，能够激发人们的积极情绪，让人们在音乐的旋律中找到乐趣和快乐。

（二）庄严壮美

庄严壮美的音乐风格在音乐情感的表现中占有独特的地位，通过强大而雄伟的旋律、整齐划一的节奏以及强烈的力度表达出一种精神上的振奋和前行的力量。这种音乐风格能够深刻地触动听众的内心，激发起一种勇敢和有决心的情感。进行曲是庄严壮美音乐风格的典型代表，通过有力的节奏和宏伟的旋律传达出一种不屈不挠和崇高的精神。这类音乐不仅在听觉上给人以震撼，更在情感上引发共鸣，让人感受到一种超越日常的宏大气象。庄严壮美的音乐往往被用于表达重大的历史事件、崇高的理念或是为了鼓舞人心。它的力量不仅在于其音乐结构和表现方式，更在于能够激发人们内心深处的情感，引领听众体验超越常态的精神状态。

（三）平缓优雅

平缓优雅的音乐风格在音乐情感的表现中具有独特的魅力，以其流畅美妙的旋律、柔和的节奏、适中的速度和力量以及悦耳动听的音色来定义。这种音乐能够温柔地引领听众进入宁静祥和的心灵空间，同时激发出如诗如画的想象力。它的柔和和优雅特质使人感到心灵的平静和舒适，仿佛是温柔抚慰，给予人们精神上的慰藉和放松。平缓优雅的音乐往往被用于表达内心的深情和细腻的情感，是表现温馨、恬静生活场景的理想选择。这种风格的音乐不仅在听觉上给人以美的享受，还在情感上提供了优雅而宁静的体验。

（四）悲观凄凉

音乐中的悲观凄凉情感表达是一种深刻的艺术形式，通过特定的音乐元素展现了情感的深度和复杂性。这类音乐的特点通常是包含下行的旋律、缓慢的速度和沉重的节奏等元素，它们共同作用于听者的情感，引发深沉而沉郁的感受。在中小学生的音乐教育中，由于他们的知识和经验相对有限，对于悲观凄凉情感的深度理解可能存在挑战。因此，在教学中，对这种情感的介绍通常集中在基础认知上，帮助学生初步理解和感受这种情感的特点。尽管这类音乐可能带来沉重或压抑的感觉，但它也是表达人类情感丰富性和深度的重要方式之一。通过这种音乐，学生可以学习到音乐是如何传达和表达不同情感的，同时能增进他们对音乐多样性和表现力的理解。

（五）诙谐幽默

音乐中的诙谐幽默情感是一种独特且富有创造性的表现形式。尽管在音乐作品中不那么常见，但当它出现时，总能以其独特的方式给人带来愉悦。这种情感的表现通常依赖于装饰音和特殊的节奏安排，创造出一种轻松愉快且富有趣味性的氛围。以美国作曲家格罗费的《大峡谷》组曲中的《羊肠小道》为例，这首曲目就是诙谐幽默情感的典型展现。其中的双簧管独奏部分采用爵士风格的诙谐旋律，搭配装饰音和椰壳敲击的嗒嗒声，构建了幽默而生动的音乐场景，让人联想到一群骑着毛驴的旅行者在崎岖的山路上跋涉的画面。这种音乐不仅在技术上展现了作曲家的创造力和对音乐元素的巧妙运用，也在情感上为听众提供了一种轻松愉悦的体验。诙谐幽默的音乐通过这样的表现手法，增添了音乐艺术的多样性，展示了音乐表达不限于严肃或深沉的情感，也能轻松愉快，充满乐趣。这种风格的音乐作品为听众提供了从日常生活中跳脱出来而享受纯粹快乐的机会，使音乐成为提升生活品质和丰富情感体验的重要途径。

三、培养中小学生音乐情感的意义

（一）情感体验是通向音乐之路的桥梁

音乐是听觉的艺术，能通过声音直击人的内心深处，触动人的灵魂，使人获得相应的感受。音乐的力量存在于其情感表现中，它不以任何语言或语义做武器，仍能比其他艺术更有力地震撼人的心灵。音乐学家张前先生指出："音乐是一种善于表现情感的艺术，音乐欣赏的过程同时也是情感体验的过程。它既是欣赏者对音乐情感内涵进行体验的过程，也是欣赏者自己的感情和音乐中表现的感情相互交融、发生共鸣的过程。"[①]

英国的海里斯认为："音乐可以在心中引起一系列的感情。一些声音在我们心中激起悲哀，另一些声音在我们心中激起快乐，第三类声音激起尚武的精神，第四种激起温情等。"[②]音乐作为一种情感表达方式，其能够触动最深层的情感，激发人们的共鸣，这使得音乐教学不仅仅是技巧和知识的传授，更是一种情感体验的传递和分享。通过音乐教学，学生们不只是学习音符、旋律、节奏和和声，更重要的是学会如何通过音乐来理解和表达复杂的情感。音乐中的每一个元素，从旋律的抑扬顿挫到节奏的快慢变化，都承载着特定的情感色彩，通过这些元素的组合，音乐能够传达喜悦、悲伤、愤怒、宁静等多种情感。

在音乐教学过程中，教师引导学生去体验和理解音乐作品中的情感内容，帮助他们建立音乐与情感之间的联系。这种体验不仅促进了学生情感智力的发展，还增强了他们的同理心和情感表达能力。例如，当学生们演奏或倾听一段悲伤的音乐时，他们不仅在学习音乐的技术层面，更在情感层面上体验到音乐的力量，学习如何用音乐来表达和理解悲伤。

---

① 张前，王次炤．音乐美学基础[M]．北京：人民音乐出版社，1992：237．

② 何乾三．西方哲学家、文学家、音乐家论音乐：从古希腊罗马时期至十九世纪[M]．北京：人民音乐出版社，1983：90．

（二）音乐情感是连接多元文化的纽带

在培养中小学生音乐情感的过程中，音乐情感作为连接多元文化的纽带发挥着重要的作用。音乐作为一种普遍的人类语言，跨越了地理、种族和语言的界限，使不同文化背景的人们能够通过共同的情感体验相互理解和欣赏。在音乐教育中，通过介绍和学习来自世界各地不同文化的音乐，学生们不仅获得了音乐技能的提升，更重要的是，学习到了如何欣赏和理解不同文化的音乐表达方式，这对于培养他们的全球视野和跨文化理解能力很重要。

音乐情感的共鸣为学生们提供了一个深入了解和体验不同文化的窗口。世界各地的音乐风格虽然多样，但其背后表达的基本情感是相通的。无论是非洲的鼓声、亚洲的弦乐，还是西方的交响乐，所有这些音乐形式都在以其独特的方式表达类似的情感如喜悦、悲伤、庆祝和哀悼。通过这些情感体验，学生们不仅认识到音乐的多样性，更能体会到不同文化间情感的共通性，从而培养出对多元文化的尊重和欣赏。

（三）培养音乐情感能促进中小学生全面发展

培养中小学生的音乐情感，对于他们的全面发展具有深远的意义。这种培养不仅仅涉及音乐技能的提升，更关乎学生人格的塑造和情感体验的丰富。中华民族自古以来便重视音乐教育，孔子的"兴于诗，立于礼，成于乐"强调了音乐在个人修养和提升精神境界方面的重要作用。这表明音乐不仅是艺术表达的一种方式，更是个人成长和发展的重要途径。

在音乐教学中，学生通过多元化的音乐作品体验，能够丰富自己的情感体验。音乐的多样性使他们能够接触和理解不同文化和背景下的情感表达方式，对于培养他们的情商和文化理解能力很重要。赵宋光先生在《音乐教育心理学概论》中指出，高情商的人具有更好的竞争力、调节力、控制力和交际活动能力。音乐情感的培养正是为了提升学生们的这些能力。音乐情感的教学不仅提高了学生的艺术鉴赏力，还有助于他们形成健康的心理状态和良好的情绪调控能力。这些能力对于学生适应社会，建立良好人际关系极为重要。通过音乐，学生能够更好地理解自己和他人的情感，提升沟通能力，同时在音乐的学习和实践中形成了积极的自我认知和自我表达。

四、培养音乐情感的方法

（一）听觉体验法

听觉体验法作为培养学生音乐情感的一种重要方法，其核心在于引导学生通过纯粹的听觉感受来深入体验音乐的情感和意境。这种方法强调不依赖于语言的解释或外部提示，而是通过直接倾听音乐来激发学生内心的感受和想象。在这个过程中，教师扮演的角色是引导者而非讲解者，让音乐本身与学生发生直接的情感交流。

听觉体验法的实施通常包括让学生在没有任何先入为主的信息的情况下倾听特定的音乐作品。例如，在欣赏舒曼的《梦幻曲》时，教师可以选择先不介绍曲目的背景或主题，而是让学生们闭上眼睛，专注于音乐本身。这种方法使学生完全沉浸在音乐中，听觉成为他们理解和感受音乐的唯一途径。

通过这样的听觉体验，学生们能够自由地发挥自己的想象力，将音乐中的旋律、节奏和情感与个人的经历和感受联系起来。不同的学生可能会有不同的体验和解读，如有的可能感到自由飞翔，有的可能回忆起童年的温暖，还有的可能想象自己在优美的自然景观中遨游。这种个性化的体验对于培养学生的音乐情感很重要，因为它鼓励学生们独立思考和感受，而不是被动接受既定的解释。

在这种教学法下，学生们的听觉感知能力得到加强。他们通过反复倾听，对音乐的旋律、节奏和节拍进行深入的感性认识。这种认识对于学生学习演唱新歌曲、理解歌曲的意境和情感大有裨益。同时，这也有助于提高学生的音乐鉴赏能力，让他们能够更加深刻地理解音乐作品的艺术价值。

（二）视听结合法

视听结合法是一种在音乐教育中非常有效的教学方法，通过将视觉和听觉的元素相结合，极大地增强了学生对音乐作品情感的理解力和体验感。教育心理学家认为，当学习者同时开放多个感知通道时，他们能够更准确、更有效地把握学习对象。这种方法不仅激发学生学习音乐的积极性，而且帮助他们更准确地体验音乐情感。

在视听结合法的应用中，影视歌曲的教学是一个典型的例子。传统的歌曲教学可能更多地关注歌词和旋律，但影视歌曲的特殊性在于它们通常与特定的故事情节和画面相结合。利用影视资源，教师可以借助故事情节和画面来帮助学生理解作品的音乐形象，从而深化对作品的理解，并激发学生的情感。例如，在教学《雪绒花》这首歌时，通过介绍《音乐之声》的故事梗概并播放相关片段，学生们不仅能欣赏到美妙的旋律和深情的歌词，还能感受到角色的爱国情怀，使得歌曲不再仅仅是音乐上的享受，而是情感上的共鸣。

视听结合法还可以应用于特定题裁的音乐教学，如《天鹅湖》。这部作品不仅是音乐上的杰作，还是舞剧史上的重要作品。通过观看舞剧，学生们不仅能听到柴可夫斯基精妙的音乐，还能看到舞者优美的舞姿和戏剧化的表演。音乐中的每一个旋律、每一个节拍都与舞蹈、剧情紧密结合，使得学生们的听觉体验得到视觉上的增强。这种体验使得学生们的情绪变得丰富，他们能够深刻地理解音乐所表达的情感和故事。

（三）音乐情境法

音乐情境法在音乐教学领域中占据了极其重要的地位，通过创造具体的环境和背景，显著提升学生在音乐学习过程中的情感体验和兴趣。

这种教学方法的核心在于利用特定的场景和情境来增强音乐作品的感染力，使得学生能够在真实、生动的环境中体验和理解音乐。例如，唱国歌这一简单的活动，如果放置在不同的环境中，如普通的教室、学校升旗仪式，甚至是在天安门广场的升旗仪式现场，其带给学生的情感体验和心理感受大不相同。这种情境的变化不仅丰富了学生对同一首歌的感受，还加深了他们对音乐情感表达的理解。在音乐情境法的实施过程中，教师可根据音乐作品的内容和风格，设计和构建与之相匹配的情境。这样做不仅能提高学生对音乐作品的认知并产生情感共鸣，还能激发他们的想象力和创造力。通过将音乐与具体的情境相结合，学生们能够深入地感受音乐的情感色彩，从而全面和深刻地理解音乐作品。这种教学方法让学生在情感上与音乐产生深刻的联结，不仅加强了他们的音乐欣赏能力，还促进了其情感表达和情感理解能力的发展。

第三节　中小学生音乐想象力与记忆力的提升

一、音乐想象力的提升

（一）提高中小学生音乐想象力的意义

1.中小学生形成音乐创造力的基础

在音乐教育的广阔天地中，中小学生的音乐想象力的培养显得尤为重要，不仅是音乐创造力形成的根基，而且是开启中小学生心智和感性世界的钥匙。音乐想象力的培养使得中小学生能够在心中构建音乐的世界，让他们能够在思维的海洋中自由游弋，探索音乐的无限可能。通过这种想象力的培养，中小学生不仅能够理解和欣赏现有的音乐作品，更重要的是，能够创作出富有创新性和个性化的音乐，这些作品反映了他们独特的视角和内心世界。

音乐想象力是一种特殊的思维能力，要求中小学生能够在脑海中构建和编排音乐元素，如旋律、和声和节奏，这些元素在他们的创作中融合和发展，形成新颖而独特的音乐作品。这种能力的培养不限于音乐领域，它还能激发中小学生在其他艺术形式和学科领域的创新思维。例如，在美术或文学创作中，音乐想象力可以帮助中小学生发现不同艺术形式之间的联系，激发他们创作出跨学科的艺术作品。

在音乐教育中，重视对中小学生音乐想象力的培养，有助于他们深入理解音乐作品的内涵，感受音乐的情感和美学价值。这种理解超越了音乐的表面结构，触及作品的深层次元素，如和声、结构和风格。音乐想象力的培养还有助于中小学生在音乐学习过程中发展创造性思维和解决问题的能力，这对于他们在未来的学习和生活中都是非常宝贵的。

音乐想象力的培养不仅影响中小学生的音乐学习，还对他们的个人成长和社会发展有着深远的影响。通过音乐想象力的培养，中小学生能够更好地理解和表达情感，提高他们的情感智力和社交技能。音乐想象力的培养也有助于提高中小学生的自信心和自我表达能力，使他们在面对挑战和困难时变得坚强和自信。

2.有利于中小学生形成开放的思维

在音乐教育的脉络中，培养中小学生的音乐想象力对于促进他们形成开放的思维具有不可估量的价值。音乐，作为一种多维度的艺术形式，提供了一个理想的平台，让中小学生探索、体验和理解多样化的文化表达。音乐想象力的培养使得中小学生能够超越传统的听觉体验，进入一个丰富和多元的音乐世界。在这个过程中，中小学生通过想象力探索音乐的不同层面，包括旋律的创新、和声的多样性以及节奏的变化，这些探索不限于音乐本身，更延伸到音乐所蕴含的文化、情感和历史背景。

通过音乐想象力的培养，中小学生能够发展出从多个角度理解和解释音乐的能力。这种能力使他们能够欣赏和理解不同音乐风格和文化背景下的作品，从而形成了一种包容和尊重多元文化的态度。这种开放的思维方式不限于音乐领域，它还能够帮助中小学生在其他学科和日常生活中展现出广阔的视野和更深入的理解。

音乐想象力的培养还有助于提升中小学生的批判性思维和解决问题的能力。在音乐创作和欣赏过程中，中小学生学会如何分析音乐作品，理解其背后的创作意图和文化背景，这种分析能力是批判性思维的基本要素。同时，音乐创作过程中的问题解决，如将不同的音乐元素融合成一个和谐的整体，也是对中小学生解决问题能力的有效锻炼。

音乐想象力的培养能够激发中小学生的创新思维。在音乐的世界里，没有固定的答案，中小学生通过想象力创作音乐时，便是他们在实践中学习如何突破常规，尝试新的方法和思路。这种创新思维的培养对于中小学生未来在各个领域的发展很重要，无论是在艺术、科学还是其他学科领域。

3.能增强中小学生跨学科学习能力

在教育领域内，音乐想象力的培养对于增强中小学生的跨学科学习能力发挥着重要作用。音乐，作为一种艺术形式，与数学、语言艺术、历史等多个学科有着密切的联系。通过激发和培养音乐想象力，中小学生能够更有效地建立起音乐与其他学科之间的桥梁，从而更容易地理解和吸收来自不同学科领域的知识。例如，音乐中的节奏和模式与数学中的计数和比例有关，音乐的历史背景与文学和历史学科紧密相连，而歌词创作与语言艺术领域的表达和创造力息息相关。中小学生在音乐学习过程中所培养的这种想象力，使他们能够深入地理解音乐作品中的抽象概念，并将这些概念应用到其他学科的学习中。

音乐想象力的培养有助于中小学生在各学科间建立联系，促进他们形成全面和深入的知识体系。这种跨学科的学习方法不仅仅是学习知识的过程，更是一种思维方式的训练。通过音乐想象力的培养，中小学生学会了如何在不同学科间迁移和应用概念，这种能力对于他们的长远发展很重要。中小学生不再是被动地接受知识，而是主动地探索和连接不同学科之间的相似之处和相互关系。这种探索和连接的过程有助于他们形成复杂的思维模式，提升了他们对世界的理解能力。

音乐想象力的培养还能够激发中小学生的创新思维和提高解决问题的能力。在跨学科的学习过程中，中小学生需要运用音乐想象力来找到创新的解决方案，这种能力在他们未来的学习和职业生涯中将发挥重要作用。音乐想象力的培养让中小学生在面对新的挑战和问题时，能够灵活运用从不同学科中获得的知识和技能，从而有效地解决问题。

4. 能激发中小学生深入探索音乐的热情

在音乐教育的实践中，提高中小学生的音乐想象力对于激发他们对音乐的深入探索热情具有显著的效果。音乐想象力的培养不仅是技能的提升，更是情感和认知的深化过程。当中小学生在音乐学习过程中运用想象力，他们的内心世界与音乐紧密相连，这种连接激发了他们对音乐深层次理解和创造的强烈兴趣。这种兴趣和热情远远超越了课堂学习的范畴，促使中小学生主动探索音乐的各个方面，包括不同的音乐风格、历史背景以及音乐创作的各种可能性。

音乐想象力的培养使中小学生能够在思维上超越传统的音乐概念和界限，探索音乐的新领域。通过想象力的运用，中小学生能够发现音乐与人类情感、文化、历史的深刻联系。这种发现不仅丰富了他们对音乐的认知，还增强了他们深入了解音乐的热情。在这个过程中，中小学生开始欣赏并理解不同文化和时代背景下的音乐作品，这种理解促使他们对音乐有深层次地探索和认识。

音乐想象力的培养也鼓励中小学生参与音乐创作和表演活动。在创作自己的音乐作品时，中小学生不仅是在运用他们所学的音乐理论和技能，更是在实践中探索自己的情感和想法。这种创作过程极大地提升了他们对音乐的兴趣和热情。音乐表演也是音乐想象力培养的一个重要方面，通过表演，中小学生能够将他们的想象力和情感直接呈现给观众，这种互动经验不仅加深了他们对音乐的理解，还增强了他们继续探索音乐的动力。

音乐想象力的培养还能够帮助中小学生建立对音乐学习的长期兴趣和热情。当中小学生发现音乐学习不仅仅是记忆和重复，而是充满创造性和探索性的过程时，他们的学习动力会得到显著提升。这种动力是内在的，源于中小学生对音乐的真实感受和对创造性表达的渴望。因此，音乐想象力的培养不仅对中小学生当前的音乐学习有积极影响，还对他们未来的音乐旅程和个人成长有着深远的意义。

（二）提升中小学生音乐想象力的方法

1. 倾听法

提升中小学生音乐想象力的有效途径之一是通过倾听法。音乐艺术的学习与体验本质上依托于听觉的敏感性和丰富性。为了达到这一目标，教师采取的关键策略是设计并提出精心构思的问题，这些问题旨在引导学生全身心投入音乐的倾听中，从而在深度上理解音乐作品的含义和情感。例如，在学生欣赏《伏尔加船夫曲》之前，教师可能会提出一系列问题，如探索歌曲所传达的情绪、节奏的变化、力度的调整以及学生个人的感受和体验。这些问题不仅促使学生倾听时更有目的性，而且激发他们对音乐的深层次思考。

对于其他音乐作品，如《保卫黄河》，教师通过朗诵歌词并提出问题，如探寻歌曲中表达的保卫黄河的动机和所呈现的深沉情感。这种方法使学生在音乐的环境中自然而然地沉浸，并激发他们的情感体验。当探索如《茉莉花》这样的曲目时，教师通过提出引导性问题，如询问音乐中使用的乐器种类，帮助学生在欣赏的过程中识别和理解不同的乐器声音。而在体验《渔舟唱晚》这一作品时，教师可以通过创造性的问题引导学生想象音乐所描绘的场景：在余晖下，渔船在波光粼粼的水面上缓缓行进，渔民们享受着宁静的时刻。通过这种倾听法，学生的听觉感受和想象力被充分激发，他们在音乐的体验过程中也变得更加积极主动。这种方法不仅增强了学生对音乐的理解力和感受，而且促进了他们对音乐深度探索的兴趣和热情，进而在音乐学习中实现更高层次的思考和感悟。

2.感受法

提升中小学生音乐想象力的过程中，感受法作为一种核心的教学策略，扮演着重要的角色。这种方法通过激发学生的感官体验，引导他们从直观的感受过渡到深层的想象，从而在音乐学习中实现全面和深入的认知发展。在这个过程中，教师采取多元化的方法，如感情丰富的演唱、乐器演奏以及多媒体的运用，以增强学生对音乐的深入理解和体验。

感情演唱环节中，教师鼓励学生通过情感丰富的表现来演唱歌曲。这样的演唱不仅有助于学生把握音乐的核心形象，还能让他们在演唱中深入体验和表达情感。这种情感的流露和体验能够有效激发学生的音乐想象力和思维，使他们在音乐的海洋中更自由地遨游。在乐器演奏的环节中，尤其对于那些熟悉某种乐器的学生，通过亲身演奏来表达对音乐作品的理解和感受，是一种极其有效的学习方式。通过亲手触摸乐器并参与演奏，学生不仅能够更全面地理解音乐，而且能够更深入地融入音乐的世界中去。多媒体的应用在音乐教学中同样发挥着重要作用。通过视觉和听觉的结合，多媒体使学生能够更直观、更生动地感受音乐作品。例如，在欣赏《歌唱祖国》时，通过多媒体的展示，学生不仅能够听到悦耳的音乐，还能够在脑海中勾勒出祖国大好河山的壮美形象，想到五星红旗在风中飘扬，想到祖国广袤的土地和美好的家园，感受到祖国的繁荣昌盛，从而从内心深处升腾出对祖国和家乡的热爱以及身为中国人的自豪。这种音画结合的体验不仅加深了学生对音乐作品的理解，还极大地丰富了他们的想象空间。

3. 描述法

描述法在提高中小学生音乐想象力的众多方法中占据着重要的地位。这一方法的核心在于引导学生在倾听完音乐作品之后，用语言来表达他们的感受和理解。这种表达不仅局限于对音乐作品的直接音响感知，还包括对音乐所引发的情感体验和联想想象的深入探索。在这一过程中，学生将个人的音乐体验与他人分享，同时通过倾听同伴的描述来扩展和丰富自己的音乐想象。

教师在这个过程中扮演着重要的角色，不仅要鼓励学生在音乐的基础上展开丰富的想象，还应激励学生大胆地表达自己的想法和感受。这种描述方式不单是个人感受的简单表达，更是一种促进互动和共享的重要手段。通过这样的互动，学生不仅能够全面地理解音乐作品，还能从中获得深刻的音乐体验。教师通过鼓励学生分享自己的想象，实际上是在促进班级内部的交流与合作，使得音乐学习变得生动和有趣。通过描述法，学生能够在音乐学习的过程中学会如何用语言来表达复杂的情感和思考，不仅加深了他们对音乐的理解，还促进了他们语言表达和社交能力的发展。这种方法有效地将音乐教育与人文素养的培养相结合，对学生的全面发展具有重要意义。

4. 表现法

表现法作为提升中小学生音乐想象力的重要手段，其核心在于让学生通过多样化的艺术形式来表达对音乐的感受和理解。这种方法基于学生的体验、想象和情感体验，进而引导他们将这些内在体验转化为具体的艺术表现。就像古诗中所描绘的那样，平凡的花朵和鸟儿能够激发人们深刻的情感反应，表现法正是这种情感的有效传达方式。

表现法的多样性为学生提供了广泛的选择，包括但不限于演唱、演奏、绘画、写作、情境表演以及再创作表演等。这些不同的艺术形式不仅使学生能够从多角度接触和理解音乐，还允许他们根据自己的兴趣和特长选择最适合的表现方式。例如，通过演唱或演奏，学生可以直接表达音乐给他们带来的情感体验；通过绘画或写作，他们能够将音乐引发的联想和想象具象化；而情境表演和再创作表演为学生提供了一个舞台，让他们将音乐与故事、情景相结合，创造出全新的艺术作品。

表现法在提升学生音乐理解力的同时，也极大地促进了他们个性和创造力的展现。通过将内心的感受和音乐想象转换为看得见的艺术作品，学生不仅能够深刻地感受音乐，还能在这一过程中探索和发展自己的艺术潜能。这种方法使学生在音乐教育的旅程中不仅学习到了音乐知识，还获得了表达自我和创造美的能力。

二、音乐记忆力的提升

音乐记忆力的提升在提高个体的形象思维能力方面扮演着关键角色。记忆力不仅是知识获取的基石，也是形象思维发展的基础。事实上，许多取得巨大成就的艺术家和科学家都具有非凡的记忆力，这一点在他们的工作和创造过程中很重要。音乐在增强记忆力方面展现了其独特的优势。这一点由美国精神病学家史蒂夫·史密斯在得克萨斯大学所做的一项实验得到了证实。实验中，两组学生被要求学习相同的内容，但在不同的环境下进行学习：一组在完全安静的环境中，而另一组在播放着轻柔古典音乐的环境中。研究结果表明，后者在理解和消化学习内容方面表现更佳。虽然不能过分夸大音乐对记忆力的影响，但不可否认的是，音乐在促进记忆力方面确实存在客观效果。提升中小学生音乐记忆力的方法主要有如下几种：

（一）兴趣记忆法

在提升音乐记忆力的过程中，兴趣记忆法展现了其不可忽视的重要性。这种方法依赖于对特定事物的兴趣激发，通过主动参与来实现记忆的加强。这与传统教学中普遍采用的死记硬背形成了鲜明对比。死记硬背虽然看似能让学生记住大量信息，但实际上是在教师的强制推动下被动完成的，这种被动记忆过程往往会导致学生失去对学习的兴趣，甚至可能引发厌学情绪。因此，对传统记忆方法进行改革，采用更能激发学生兴趣的记忆方式对提高学生的音乐记忆力很重要。

通过激发学生对音乐的兴趣，兴趣记忆法能够显著提高他们的记忆效率。当学生对音乐学习感兴趣时，他们更倾向于主动探索和深入理解音乐内容，从而使记忆过程变得有效和持久。这种方法不仅有助于避免学习过程中的负面情绪，而且能够促进学生在音乐学习中进行积极参与。通过兴趣记忆法，学生可以在享受音乐的同时，加深对音乐的理解和记忆，使音乐教育过程生动和有效。

（二）联想记忆法

联想记忆法在提升音乐记忆力的过程中扮演着核心角色，这种方法的有效性得到了美国哲学家和心理学家威廉·詹姆斯的理论支持。他曾指出，与大脑中已有的知识相连的新信息更易于被记忆。在音乐学习和欣赏中，这一方法的应用尤为突出。以中国古曲《春江花月夜》为例，通过与曲中《江楼钟鼓》旋律的联想，学习者可以更快地掌握曲调的主题和变化，甚至可以通过联想江南的美景、落日余晖和远处的箫鼓声，将这些富有诗意的场景与音乐紧密结合，从而使得对音乐作品的记忆深刻和持久。

对于那些无明确标题的音乐作品，联想记忆法的应用同样重要。这时，记忆的过程往往依赖于个人对音乐所表达情感的深入理解和平时积累的丰富想象。通过将音乐与特定的情感、场景或个人经历相结合，学习者不仅能够提高记忆效率，还能够增强音乐欣赏的深度和趣味性。实际上，联想记忆法的应用不仅仅是一种记忆技巧，更是一种艺术体验的深化过程。它使得学习者能够将音乐与生动的场景、情感和经验相融合，从而在记忆的同时丰富了个人的音乐体验和感悟。

（三）重复记忆法

重复记忆法在提升音乐记忆力的过程中起着重要的作用。这种方法通过反复加深对音乐的记忆，帮助学生更牢固地掌握音乐知识。显然，记忆的巩固化依赖于持续的重复。然而，更为关键的是这种重复的方式。相较于传统教学中机械性的重复，如死记硬背，科学性的重复更显必要和有效。

记忆过程中的首要步骤是第一次记忆，是构建记忆基础的关键时刻。在这一阶段，记忆应尽可能地清晰和坚固，这可以通过激发学生的兴趣，并在兴奋状态下进行记忆来实现。虽然初次记忆往往不具持久性，但它为后续的深层次理解记忆奠定了基础。理解记忆不仅仅是重复初次记忆的内容，而是在深刻理解的基础上进行的。这种方式能够使得记忆深入和持久。

在记忆过程中，最有效的一步是将所学内容运用起来。例如，学习一段旋律时，首先需要培养学生对旋律的兴趣，并在教师的指导下进行初步记忆。随后，通过教师和学生的共同研究和分析，对音乐的元素和表现形式有了深入理解，记忆因此得到加强。整个记忆过程通过唱歌和演奏等实践活动来实现，从而使记忆根深蒂固。显然，为了达到最佳记忆效果，这一过程需要多次重复。重复记忆法不仅加强了学生对音乐的记忆力，还提高了他们对音乐的理解和欣赏能力，使音乐教育过程富有成效。

（四）对比记忆法

提升音乐记忆力在音乐教育与实践中占据了极为关键的地位，而对比记忆法的应用在这一过程中展现出显著的效果。该方法的核心在于通过对两种相反音乐特征的比较和对照，加深理解和记忆。这种对比，很像是语言学习中反义词的记忆，如高与低、黑与白、大与小，这样的对比不仅能够加深记忆的印象，还能加强对音乐细节的洞察。

在音乐的不同体裁之间，对比记忆法找到了广阔的应用空间。举例来说，将催眠曲的柔和与进行曲的庄重进行对比，让学习者在感受音乐情绪的同时，也对这两种风格的特点有了深刻理解。同样，舞蹈音乐中的华尔兹与波尔卡，三拍子与二拍子的节奏差异，不仅增加了学习的趣味性，也帮助学生在听觉上分辨和记忆不同的节奏模式。此外，弦乐与管乐的对比，高音与低音的差异，甚至是音乐作品中不同情绪的表达对比，都是通过直观感受来加强记忆力的有效手段。

对比记忆法在音乐教学中的应用，不仅使得学习过程更加生动有趣，而且帮助学生更深入地理解音乐的多样性和复杂性。音乐是一种丰富而细腻的艺术形式，它的多维度特性在对比学习中得到了充分的展现。学生通过这种方法能够更容易地把握音乐的本质，记忆力得到显著提升。这不仅有助于他们在音乐理论的学习上取得进步，更为音乐创作和表演提供了坚实的基础。学生在掌握了如何通过对比分析去记忆不同音乐元素后，能够在音乐学习的道路上走得更远，取得显著的成果。

（五）放松记忆法

放松记忆法在提升音乐记忆力的过程中起到重要的作用，这种方法的核心在于在舒适和积极的情绪状态下进行记忆活动。音乐，作为一种强大的情感媒介，能够有效地维护内心的平静和情绪的稳定，进而在提升记忆力方面发挥显著作用。在音乐教育的领域内，培养学生对音乐的感知能力和欣赏习惯成为一项重要任务。通过音乐欣赏课的开设，学生们得以接触多样化的音乐作品，不仅增强了他们的音乐理解能力，还促进了其对音乐美学的深入认识。

音乐欣赏的过程不应局限于课堂内，而应贯穿于整个教育体验。在这一点上，创造一个充满音乐的校园环境显得尤为关键。例如，有些学校在特定时间段内播放柔和的音乐，如上午、中午和课间休息时，这样的实践已经证明了其有效性。尽管有观点质疑这种安排的实际影响，认为学生可能忽视背景音乐，但长期来看，这种安排能够有效地缓解学生的紧张感，降低噪声水平，帮助学生稳定情绪，并实现文明休息。

音乐的选择应注重其节奏和风格，以中慢速度的曲目为主，同时注意音量的适宜性和曲目的长度。为了持续激发学生的兴趣，曲目应当定期更新。此外，每日五分钟的音乐欣赏广播和定期举办的小型音乐会也是营造音乐氛围的有效手段。这些做法不仅使学生能在充满美感的音乐中放松身心，还有助于维持积极的情绪状态，从而有效地提升他们的音乐记忆力。这样的环境不仅给音乐爱好者提供了美的享受，还为所有学生提供了提高记忆力的有效方式。

第四节　中小学生创造性音乐活动的开展

一、开展创造性音乐教育活动的价值

（一）有助于中小学生抽象思维与形象思维的形成和发展

创造性音乐教育活动在中小学生的教育中扮演着重要的角色，特别是在促进中小学生抽象思维与形象思维的形成和发展方面。音乐，这种独特的表达艺术，不仅擅长于表达和激发情感，还在促进中小学生心智发展方面发挥着重要作用。音乐的本质在于其不能直接以具体的形式传达现实生活的具体形象或创作者的思维，这就要求听众在欣赏音乐的过程中，通过联想、想象等形象思维活动来填补这一空白，从而使音乐的声音艺术形象超越感官的限制，达到无限的想象空间。

音乐中的造型性或描绘性作品，尽管试图通过音乐元素来描绘客观世界的具体画面，如自然风光、人物形象、生活场景和戏剧情节等，但其所呈现的终究还是基于声音的形象。因此，听众必须通过形象思维，

如联想和想象，将这些音响转化为具体的客观世界形象和意境。在理解音乐所表达的情感和理解描述性或造型性音乐的形象上，音乐欣赏都离不开形象思维的积极参与。

音乐中的形象思维在其他艺术形式的欣赏中表现出独特性，基于音响激起的情感体验。每个人在音乐欣赏时的情感体验都不尽相同，这不仅展现了音乐表现内容的多样性和音乐欣赏中发散思维的存在，还强调了情感体验在音乐欣赏过程中的重要作用。在这一过程中，中小学生通过形象思维获得的感性体验，经过抽象思维的转化，上升为深刻的理性认识，而这种理性认识又反过来转化为深层次的情感体验。

在音乐作品的不同体裁和类型中，抽象思维的表现形式各异。声乐作品中音乐与歌词的结合，使得抽象思维更加明显，而器乐作品中的抽象思维则表现得更加复杂。这不仅包括对乐曲标题的理解，也涉及对作品的时代背景、作曲家的思想和创作意图的深入探讨，尤其是对乐曲表达的感情内容和社会意义的深入理解。

在严肃音乐，如贝多芬的交响曲欣赏中，抽象思维还包括对音乐中蕴含的哲学思想的领悟。贝多芬的观点是人们应以理性的方式倾听音乐，不仅适用于其作品，还为音乐欣赏中抽象思维的应用提供了有力证明。在音乐欣赏的过程中，从音响感知和感情体验到理性认识的转化，是一种不可或缺的过程。通过这种过程，中小学生的音乐理性欣赏能力随着知识的增长、生活经验的积累和情感体验的深化而逐渐增强，进而实现审美心理的成熟和完善。因此，音乐教育中创造性活动的开展，对于中小学生抽象思维与形象思维的形成和发展具有不可估量的价值。

（二）能培养中小学生的发散思维和辐合思维

音乐教育活动的创造性价值在于其能够促进中小学生发散思维与辐合思维的发展。音乐作为一种独特的艺术形式，与以视觉形象为主的造型艺术如绘画、雕塑，或以语言和文字为基础的文学艺术截然不同。音乐欣赏的体验不依赖于具体的视觉形象或明确的语言内容，而是建立在无形的艺术之上。在音乐欣赏中，听众的联想和想象过程自由而广阔，具有再造想象和创造性想象的元素，这使得音乐与其他艺术形式区别开来。

在倾听音乐的过程中，听众的想象和联想不受具体环境、情节或人物的限制。他们可以根据个人的生活经验和情感体验，自由地展开想象。这种自由性和随意性是音乐独有的特点，使音乐中的想象可以是连续的形象画面，瞬间的生活场景显现，或仅仅是与形象相关的词语或意念。由此产生的想象活动表现形式多种多样，并具有鲜明的个人特色。

在音乐审美过程中，发散思维起着关键作用。这种思维使得不同的听众在欣赏同一首乐曲时会产生不同的情感体验和音乐形象，每一种体验和形象都是独特的。然而，音乐欣赏不仅依赖于发散思维，也需要辐合思维的辅助。辐合思维并非旨在达到统一的视觉意象，而是指引听众的联想和想象活动在音乐作品表达的基本范畴内进行。

音乐欣赏中的想象活动，尽管自由，但并非任意或无根据。听众的想象总是受到音乐作品本身的影响和制约，并在一定方向上发展，这正是辐合思维的体现。通过结合发散思维和辐合思维的音乐欣赏，学生可以在自由和有序之间找到平衡，从而全面和深入地理解与体验音乐的魅力。这种平衡不仅促进了他们的思维发展，也为他们的创造力培养奠定了坚实的基础。

（三）对中小学生形成创造性思维具有重要意义

音乐教育活动的创造性对中小学生培养创造性思维的意义显著，体现在它融合了多样的思维元素。音乐欣赏不仅仅是依靠单一的思维方式，而是一个相互作用和相互补充的综合过程。在这个过程中，形象思维和发散思维共同构成了音乐欣赏的基础和核心。它们的结合影响着审美的感受，并通过与辐合思维和抽象思维的结合，使得音乐欣赏能够从感性走向理性，深入理解音乐作品的深层含义。

音乐欣赏的过程实质上是一个涉及多种思维要素的协同动作，这些元素在互动中形成了一个综合的审美"画面"。尽管不同人的审美观点和欣赏习惯可能导致这些思维要素的运用存在差异，有时甚至会为了满足特定需求而强调某一思维要素，但从总体来看，音乐欣赏过程中这些多元思维要素的综合运用是基本且必要的。这种多元一体的音乐审美心理机制与创造性思维的操作具有高度相似性，因而，开展多元化的音乐审美活动能够有效促进学生创造性思维的发展。

音乐欣赏中创造性思维的构成要素会因不同音乐类型的差异而变化。例如，维也纳古典乐派的音乐作品在艺术表达上展现了深刻的抒情性、戏剧性和哲理性，要求听众将情感体验与深度思考结合起来以实现充分欣赏。相对地，浪漫乐派强调对个人内心情感和主观感受的表达，其欣赏过程侧重于形象思维。而印象派音乐，代表作家如德彪西，强调将音乐与视觉艺术结合，使得对这类音乐的欣赏更加强调视觉联想和想象。在标题音乐和歌曲的欣赏中，形象思维起到重要作用，而无标题音乐的欣赏凸显发散思维的自由性和随意性。而对于交响乐等严肃音乐的欣赏，抽象的哲理思考往往占据更大的比重。

不同年龄段的学生在音乐欣赏时展现出不同的思维特征。幼儿和中小学生倾向于通过联想和想象进行音乐欣赏，展现出活跃的发散性思维。但他们由于知识和经验有限，通常需要借助辐合思维来寻找正确的理解。成年人的音乐欣赏与其生活经验紧密相关，表现出个体差异性和群体共性。而高雅音乐如交响乐更容易受到文化修养深厚和生活经验丰富的听众的喜爱。无论对音乐抱有怎样的欣赏态度，都属于这种多元一体音乐审美心理机制的范畴，对中小学生的思维发展都具有重要意义。开展音乐教育，不仅可以实现音乐根本的教学目的，还能使中小学生的创造性思维得到不同程度地训练。

二、培养中小学生的创造才能

（一）创造的第一步是模仿

在音乐教育领域，培养中小学生的创造才能始于模仿过程的基础。模仿不单是儿童获取知识的初步手段，而且与他们的思维过程深度相关，涉及模仿者的思考与表达。这一过程中，模仿本身嵌入了创造性的要素，故其重要性不应被轻视。例如，在歌曲创作的早期阶段，学生们常常从通过模仿现有的作品开始，逐渐在模仿中发展出个人的独特风格和特点。在初级阶段的声乐教学中，通过示范演唱的方法，学生们可以在模仿中逐步学习并掌握唱歌的技巧。重要的是，在模仿的过程中进行思维活动，不仅仅是机械式重复，因为这种思维活动是激发学生创造性思维的关键。音乐教育通过这种方式能够有效地鼓励学生在模仿的基础上进行创新，从而培育他们的创造才能。这种教育方法不仅让学生掌握音乐的基本技能，还激发他们的创新思维，使他们能够在音乐领域甚至广泛的领域中展现自己的创造力。通过这种教育，学生能够在模仿中发掘自我，逐渐形成个性化的表达方式，这对于他们的艺术成长和个人发展具有深远的影响。

（二）敢于提出问题是创造力形成的标志

音乐教育在培养中小学生的创造才能方面发挥着至关重要的作用，其中，敢于提出问题成为衡量学生具备创造性思维的关键标志。在传统的课堂环境中，学生往往因为时间限制或教学方法的局限而难以提出问题。更重要的是，学生试图表达自己独特的观点时，有时会受到教师的制约，这不仅抑制了他们的思考动力，还限制了他们的创造力发展。在音乐教育中，教师和教育体系需要重视并改善这一问题，创造一个自由开放的学习环境，鼓励学生提出问题，尤其是那些非传统或创新性的问题。

在音乐教育的课堂上，教师应该鼓励学生提出问题，无论这些问题是常规的还是非常规的。这样的鼓励不仅能激发学生的好奇心，还能增强他们的探索精神和创新能力。通过提问，学生能深入地探索音乐的各个方面，从而加深对音乐的理解和欣赏。此外，敢于提问的习惯有助于学生形成独立思考的能力，为他们的创造性活动奠定基础。

（三）养成良好思维习惯是形成创造力的必备条件

在中小学音乐教育中，养成良好的思维习惯对于学生创造力的形成具有不可替代的重要性。音乐教育的目的不仅在于传授音乐知识和技能，更重要的是培育学生的思维方式，尤其是创造性思维。良好思维习惯的养成，为学生打开了探索音乐世界的大门，激发了他们的好奇心和创新意识，促使他们主动思考、积极探索，从而深入理解音乐的精髓与美学。

在养成良好思维习惯的过程中，教师的引导很重要。他们不仅是音乐知识的传授者，更是学生思维习惯形成的引导者。教师应当通过多样化的教学方法，鼓励学生积极思考、主动探询，允许并尊重学生提出问题，甚至是那些挑战传统观念的问题。通过这种教学风格，学生的思维活动得到了激活和鼓励，他们学会了如何观察、分析、判断和创新。在音乐教育中，鼓励学生进行创造性的实践也是养成良好思维习惯的重要环节。例如，通过即兴创作、编曲或进行音乐表演，学生不仅能够实践所学知识，还能在实践中锻炼其思维能力，学会如何从不同角度理解和表达音乐。在这一过程中，学生的创造性思维得到了培养。

三、创造性的音乐教育活动

（一）基于创造性的多元化音乐活动

在中小学音乐教育中实施基于创造性的多元化音乐活动，对于激发和促进学生形象思维的发展扮演着重要的角色。这些创造性活动超越了传统教学的范畴，展现了教育理念与教学形式的创新与转变。活动如演唱、演奏和音乐欣赏不再是单纯的技能练习，而是变成了一种通过学生个人的创造性思维进行的艺术表达，这种方法不仅让学生重视音乐，更重要的是让他们在其中融入自己的理解和风格。

创造性音乐游戏作为教学方法的一部分，有效地将音乐与游戏融合，采用了一种更为轻松和愉悦的教育模式。这种模式使学生在无压力的环境中学习音乐，极大地提高了学习的趣味性和效率。音乐游戏多种多样，如模仿性游戏、创造性游戏、活动性游戏、韵律性游戏及表演性游戏等，不仅丰富了音乐教学的内容，也大大激发了学生的创造力和参与热情。

随音乐走步活动，尽管表面看似简单，实际上却是培养学生音乐创造性思维的有效途径之一。在这一活动中，学生通过听觉感知音乐的节奏和结构，同时在情感上与音乐互动。这种互动不仅是对音乐的物理特性的感知，更是一种情感和创造思维的融合。学生在走步时通过各种步伐和表情来表达音乐带给他们的情感体验，同时需要用创造性思维来设计他们的走步方式。这样的活动不仅提高了学生对音乐的理解能力，也促进了他们动作协调性的提升。

这些创造性音乐活动的实施，不仅使学生在音乐理解、欣赏和表现方面的能力得到了全面的增强，还使学生的音乐学习变得丰富，极大地鼓励了他们在创新思维和创造力方面的发展，从而为学生在音乐领域乃至广阔的艺术和学术领域的成长奠定了坚实的基础，使他们在音乐学习的过程中不仅学到音乐知识，还培养了独立思考和创新的能力。

（二）音乐创作练习

在中小学音乐教育中引入音乐创作练习，对于挑战并发展学生的音乐能力和创造性思维很重要。尽管作曲在许多人眼中可能是一个专业领域的高级技能，但实际上它并不遥不可及。事实上，适当地指导和鼓励可以使学生们发掘自己作曲的潜力。音乐创作的活动在中小学阶段不应局限于专业技能的培训，更重要的是，应当被视作一种旨在培养学生的创造性思维和音乐学习能力的创造性活动。

当涉及音乐创作时，考虑到学生的年龄和知识水平是重要的。使用简单的音乐知识作为创作的基础，使得学生能够在创作过程中感受到成功的喜悦。对于中小学生而言，创作歌曲是一种理想的初始形式，因为歌曲本质上是诗歌的音乐化形式。歌词中的抑扬顿挫与音乐的结构天然一致，使得歌曲创作成为作曲之路的一种直接而有效的方式。

音乐创作的起始阶段通常是最具挑战性的，不仅需要创造能力，更需要特殊的创造性思维能力和音乐直觉。创作过程涵盖了对音乐形式的理解和情感体验的深入。例如，为了创作一首歌曲，深入体验歌词中的情感，在此基础上创作出旋律，就像刘炽在创作《我的祖国》时那样，是在对民歌风格和歌词情感的深刻体验基础上产生了灵感。

对中小学生的音乐创作，我们的期望应该是合理的。一旦音乐的开头部分形成，接下来的音乐可以通过各种作曲技巧来发展，如重复、变化、对比和变奏等。尽管整个过程涉及作曲技术，但创造性思维始终贯穿其中，可以不断调整和改进，直至创作出满意的作品。这个过程不仅让学生学到音乐创作技巧，更重要的是，锻炼了他们的创造性思维，为其在音乐领域乃至广泛领域的学习和创新奠定了坚实的基础。通过这种创造性的练习，学生在音乐创作的探索中逐渐形成了独立的思考方式和创新能力，为他们未来的艺术和学术发展打下了坚实的基础。

（三）客观评价自己与他人的音乐作品

在创造性的音乐教育活动中，客观评价自己和他人的音乐作品是富有创造性思维的关键环节。孩子们在这个过程中的表现通常非常直接和坦率，他们自信地分享自己的观点，并且对是否正确不过分担忧。这种方式与成年人的自我限制形成鲜明对比。因此，教师在评价活动中指导学生如何适当地评价他人变得尤为重要。这不仅能够帮助学生理解，通过不断地学习和自我提升才能准确地评价他人，还能培养他们尊重他人的良好品质。学生在这个过程中还能够练习人际交往技能，学会在公共场合勇敢地表达自己的见解，这对他们将来形成良好的社交技能非常重要。因此，在音乐教学中，应给予学生足够的机会去自由表达自己的观点，这是他们成长和学习过程中的重要组成部分。

对学生而言，正确地评价自己较为困难。他们需要认识到，人无完人，正确地自我评价是学习过程中的重要一环。只有在认识到并接受了自己的不完美之后，学生们才能客观地评价他人。这种评价方式有助于他们在音乐学习上的进步，对他们的个性发展大有裨益。通过这样的过程，学生们不仅学会了音乐技巧，还学会了如何采取建设性的态度进行评价，为他们的全面成长打下了坚实的基础。这样的教育模式既强调了音乐技能的提升，又注重了学生作为全面发展的个体的成长，为他们的未来发展奠定了全面而坚实的基础。

第五章　新视角下中小学音乐教师的发展

第一节　中小学音乐教师师德师风培养

一、中小学音乐教师师德师风建设的理论依据

（一）师德师风概述

1.概念

师德师风作为教育领域的重要概念，涵盖了教师个体的职业道德修养和教师群体的整体道德风气。

师德，即教师职业道德，是职业道德的一个重要分支，关乎教师个体在职业生活中的道德规范和标准。教师通过教育和自我修养，将职业道德规范和标准内化于心，形成一种自我德行，这种德行在教师的职业行为中发挥作用，帮助教师协调职业生活中的各种利益关系，确保教师职业职能的正常发挥和有序发展。

师风，则是指教师群体在行使权利和履行职责时所展现出的思想道德和行为风尚。它是在一定条件下，由教师群体的思想道德和行为方式

共同塑造的一种工作环境和生活氛围。师风不仅反映了教师群体的整体道德水平,还创造了一种稳定的教育环境,对教师个体的师德具有重要的影响和促进作用。

师德和师风是相辅相成、相互影响的。一个教师的师德表现,不仅影响着个人的职业生涯,还对整个教师群体的师风产生影响。反之,一个积极健康的师风环境也会促进教师个体师德的提升。因此,师德和师风是教师职业生活中不可分割的两个方面,共同构成了教师职业道德的整体。

在教育实践中,积极培养和维护良好的师德师风很重要。这不仅有助于提升教育质量和教师个人的职业素养,还有助于营造健康、积极、向上的教育环境。优秀的师德师风是教师专业成长的基础,也是教育事业健康发展的重要保障。通过强化师德师风的教育和实践,可以有效促进教育行业的整体进步。

2.内涵

师德师风作为教育行业的核心价值观,蕴含着丰富的内涵。它不仅体现在教师的职业责任上,也反映在教师的个人素养和社会角色中。教师的职业责任可以概括为传道、受业、解惑。传道是指教师在教育过程中传承优秀的传统文化,弘扬先进的文化价值观和思想品德,这一过程注重学生的思想道德和价值观念的形成,旨在培养具有全面人格的学生。为了达成这一目标,教师自身必须具备良好的道德品质和健康的价值观念。授业则侧重于教授专业知识和技能,激发学生的潜能,培养具有专业特长的人才,要求教师不断提升自身的专业水平和教学质量。解惑关注解答学生的疑惑和难题,引导学生健康成长。

在教师的个人素养方面,修身是基础。教师需追求高尚的道德修养,保持职业威信和尊严,致力教书育人的崇高事业。这包括淡泊名利,全心投入教育事业,不断提高自身的专业能力,严于律己,不断提升个人道德修养,为学生树立良好的榜样。教师还应保持谦卑的态度,对学生充满仁爱之心。在教师的社会角色方面，教师应心怀天下。作为承担着教书育人、传承文化和传播文明重任的群体，教师的工作不仅关系到个体学生的成长，更关乎国家、民族和社会的未来。因此，教师应以国家和民族的发展为己任，树立正确的政治方向和政治信念，为国家和民族的进步做出贡献。

3. 内容

师德师风是指教师在职业行为和道德规范方面的总体表现和风貌。这一概念深刻反映了教师作为特殊职业群体所应具备的道德品质和行为准则。在广义上，师德师风不仅仅涉及教师的个人品德，更包含了其专业能力、对学生的态度、教学方法和对教育事业的忠诚度等多个方面。

第一，师德师风要求教师具有高尚的道德品质。这包括诚实守信、公正无私、爱岗敬业等基本素质。教师作为学生的榜样，其言行举止对学生有着深远的影响。因此，教师的道德品质不仅关系到自身职业形象的树立，还直接影响到学生的道德培养和人格发展。

第二，专业能力也是师德师风的重要组成部分。一个优秀的教师不仅要有扎实的专业知识，还应具备有效的教学技能和不断更新的知识结构。在快速发展的社会中，教师需要通过终身学习不断提升自己，以适应教育发展的需求。

第三，对学生的关爱和正确的教育态度是师德师风的体现。教师应关心学生的全面发展，尊重每个学生的个性差异，公平对待每一位学生。

第四，在教学过程中，教师应采用适宜的教学方法，激发学生的学习兴趣，引导学生发展自主学习能力。教师对教育事业的忠诚和热爱也是衡量师德师风的重要标准。

第五，教师应全心全意投入教育工作中，努力提升教育教学质量，为学生的成长和发展贡献力量。

4.目标

中小学音乐教师师德师风建设的目标是多维度的，旨在塑造一支专业精湛、道德高尚、具有良好师风的教师队伍，从而为学生提供一个优质、健康的音乐学习环境。这一目标的实现，不仅对提升学生的音乐素养很重要，也是促进学生全面发展的关键因素。音乐教师作为艺术教育的传递者，需要具备深厚的音乐理论知识和实践技能，能够引导学生感受音乐之美，激发学生的创造力和想象力。与此同时，音乐教师的师德建设，涉及教师的职业道德、教学态度和人格魅力，这些都直接影响到学生的品行培养和价值观形成。音乐教师应展现出尊重学生、关爱学生的教育情怀，以身作则，成为学生学习和成长过程中的良师益友。在师风方面，音乐教师应具备持续学习和创新的精神，不断更新教学内容和方法，追求教学艺术的精进，营造生动活泼、富有启发性的课堂氛围。音乐教师还应具备良好的团队合作精神和社会责任感，积极参与学校文化建设，促进音乐教育与学校其他教育活动的融合，为学生提供全面发展的平台。

（二）中国的师德理论

中国的师德理论源远流长，深植于尊师重教的优秀传统文化之中。在中国传统文化中，教师享有极高的社会地位，被赋予"传道、授业、解惑"的崇高使命。教师不仅是知识的传授者，更是道德和文化的引领者。在春秋战国时期，儒家将教师与天地君亲并列，可见教师在社会中的重要地位。荀子的观点"无师，吾安知礼之为是也"强调了教师在道德和礼仪传授中的核心作用，彰显了教师职业的社会价值和教育重要性。

教师的职业态度在中国传统文化中同样被高度重视。孟子和孔子等古代思想家强调教师应爱岗敬业，将教书育人视为快乐的事业，坚持不懈地教育学生。这种职业态度要求教师对教育事业充满热爱和执着，以无限的热忱和牺牲精神投身于教育工作。在教学方法上，中国古代教育家提出了一系列创新的教学理念。如孔子的"启发式"教育、因材施教和无类教学，荀子的寓教于乐等，都深刻影响了中国的教育方式。同时，他们还强调了与学生之间的互动关系，主张教师应该关爱学生，互相学习，共同进步。

中国师德理论还特别强调教师的社会责任。教师不仅要传授知识技能，还要教导学生如何做人，对国家的长治久安和社会的稳定负有重要责任。王夫之、李大钊等人提出的教师理念，都强调了教师在社会发展中的重要作用。中国师德理论还要求教师在个人品德修养方面严于律己，时刻自省，成为学生的榜样。

（三）国外的师德理论

国外的师德理论，从古希腊罗马时期到现代，经历了漫长的发展和变迁。在古代，教师的社会地位并不高，但仍有思想家和教育家对师德师风提出了自己的见解。例如，柏拉图和亚里士多德主张教师应严格管理学生，而苏格拉底倡导建立民主平等的教育氛围，强调教师与学生间的平等交流。德谟克利特和昆体良主张爱护学生，反对体罚。昆体良强调教师的责任不仅是教学，还包括教育学生如何做人。

进入中世纪，宗教思想对师德师风的发展产生了影响，但到了文艺复兴之后，师德理论得到了新的发展。夸美纽斯、洛克等教育家重视教师的表率作用，认为教师应在言行上给学生树立良好的榜样。夸美纽斯还对教师应具备的素质进行了深入的探讨，强调教师需要具备一定的学识基础、教学方法和技巧，并保持终身学习的态度。

近现代以来，随着教师专业化进程的推进，师德师风问题受到了更多关注。教育家们从多个方面对教师职业行为提出了要求。

首先，强调教师个人品德修养，赫尔巴特、第斯多惠等提出教师应具备良好的品质和人格。

其次，教师直接影响着学生人格的形成，乌申斯基等认为教师应为学生树立良好的榜样。在师生关系方面，苏霍姆林斯基、杜威等提倡热爱学生，建立民主平等的关系，并尊重学生的个性发展。教育家们还关注教师的教学技能和方法，提倡与时俱进的教学要求。

最后，国外的师德理论强调教师的社会责任。杜威等认为教师应当是服务社会的公仆，强调教师职业在维持社会秩序、促进社会发展中的重要作用。

这些观点共同构成了丰富的国外师德理论体系，对教师职业行为的规范和提升起到积极的推动作用，也为全球教育界提供了重要的借鉴和启示作用。

二、中小学音乐教师师德师风建设的重要意义

中小学音乐教师师德师风建设的重要意义如图 5-1 所示。

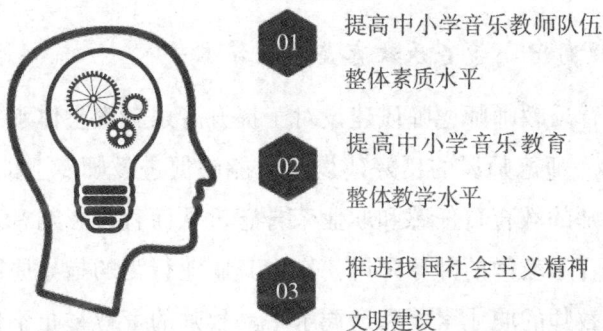

01 提高中小学音乐教师队伍整体素质水平

02 提高中小学音乐教育整体教学水平

03 推进我国社会主义精神文明建设

图 5-1 中小学音乐教师师德师风建设的重要意义

（一）提高中小学音乐教师队伍整体素质水平

中小学音乐教师师德师风建设的重要意义体现在其对提升教师队伍整体素质水平的直接影响上。师德师风不仅涉及教师的个人品德和职业行为，更是教师专业成长和教育质量提升的关键。音乐教师作为传递艺术之美、培养学生情感和审美能力的重要角色，其师德师风的建设直接

关联到音乐教育的效果和学生的全面发展。

音乐教师师德师风的强化，首先体现在提升教师的道德水平和职业责任感上。通过对师德师风的重视，教师能够树立正确的职业观念，不断提升自我修养，实现从教育者到艺术传播者的角色转变。在这一过程中，教师不仅传授音乐知识，更在无形中传递了良好的道德观念和生活态度。其次，师德师风的建设有助于提高教师的专业素养。音乐教师不仅需要具备丰富的音乐知识和艺术感悟，还应掌握先进的教育方法和技巧。在不断追求专业发展的同时，注重师德师风的培养，能够使教师更加专注于教育本身，提升教学效果，为学生创造丰富和深入的音乐学习体验。最后，良好的师德师风有助于培养教师的情感智慧和同理心。音乐教育不仅是技能的传授，更是情感的交流和心灵的触碰。一个具有高尚师德和良好师风的教师，能够更好地理解学生的情感需求，采取贴合学生个性的教学方法，从而促进学生的全面成长。

（二）提高中小学音乐教育整体教学水平

中小学音乐教师师德师风建设对于提升音乐教育整体水平具有不可忽视的作用。师德师风的良好建设不仅能够促进教师专业能力的提升，还能增强教师的教育责任感和职业荣誉感，从而直接影响音乐教育的质量和效果。音乐教师的师德师风，作为其职业行为的指导原则和价值取向，反映了教师的职业素养和道德水平。教师的言行举止不仅体现在传授音乐知识和技能上，同时潜移默化地对学生进行道德教育和情感培养，这对学生的全面发展和音乐素养的提高具有重要作用。

在音乐教学过程中，师德高尚的音乐教师能激发学生的学习兴趣和热情，创造富有启发性和互动性的学习环境。通过对音乐文化的热爱、对教育事业的执着和对学生的关爱，教师能够有效地传达音乐的魅力，培养学生的音乐审美和创造力。具备良好师德的音乐教师在教学方法和手段上往往创新和灵活，能够根据学生的需求和兴趣设计课程，有效提升教学的互动性和实践性。

师德师风的建设还有助于构建健康和谐的师生关系，营造积极向上的教育环境。在这样的环境中，学生能够在尊重和信任的基础上自由表达、积极探索，进而在音乐学习中取得更好的成就。良好的师德师风还能够促进教师之间的相互学习和协作，创建积极进取的教育团队，共同推动音乐教育的发展。

（三）推进我国社会主义精神文明建设

中小学音乐教师师德师风建设在推进我国社会主义精神文明建设方面扮演着重要的角色。音乐作为一种深具感染力的艺术形式，对于培养学生的情感、审美和人格具有不可估量的作用。在此背景下，音乐教师的师德师风不仅关系到音乐教育的质量，更影响着学生的精神文化生活和价值观念的形成。音乐教师通过传授音乐知识和艺术欣赏，能够在学生心中播下美的种子，培养他们对美好生活的追求和对社会主义核心价值观的认同。同时，教师的高尚师德和优良师风本身就是对学生进行思想道德教育的生动教材，能够潜移默化地影响学生，培养他们成为有责任感、有道德观念的社会成员。

音乐教师在教学过程中展现的职业精神和敬业态度，能够为学生树立起积极向上、勤奋努力的良好榜样。这种榜样的力量对于学生的成长极为重要，能激励学生形成积极的人生态度和价值追求。在音乐教育中，教师还会教授学生如何欣赏多元文化，有助于学生形成开放、包容的心态，促进社会主义精神文明的发展。音乐教育还是传承和弘扬中华优秀传统文化的重要途径。通过音乐课程，教师能将中国传统音乐文化与现代音乐教育相结合，让学生在学习中感受中华文化的魅力，增强民族自豪感和文化自信。这对于促进民族文化的传承和发展，以及构建社会主义核心价值体系具有重要作用。

三、中小学音乐教师师德师风建设的路径选择

（一）完善中小学音乐教师师德师风建设的组织架构

完善中小学音乐教师师德师风建设的组织架构是一个系统性工程，它要求在学校、地区教育部门和社会三个层面上形成有效的协作和支持体系。在学校层面，应建立以校长为首的领导小组，负责制订和实施师德师风建设计划。该计划应包括明确的目标、实施步骤和评估机制，确保师德师风建设的有序进行。同时，应成立专门的师德师风监督委员会，由教师代表、家长代表和教育专家组成，负责对教师的师德表现进行监督和评价，确保教师行为符合职业道德标准。在地区教育部门层面，应建立跨学校的师德师风培训和交流平台，通过定期举办培训班、研讨会等活动，帮助教师更新知识，提升专业技能，同时增强师德意识。地区教育部门还应定期对学校的师德师风建设工作进行检查和评估，以保证各项措施的有效实施。在社会层面上，可以通过媒体宣传、社区参与等方式，提高公众对师德师风重要性的认识，形成全社会支持教师职业道德建设的良好氛围。另外，中小学学校可通过建立教师职业道德奖励机制，鼓励教师展现高尚的师德和优秀的教学风格。

（二）积极开展中小学音乐教师师德师风培训活动

中小学音乐教师师德师风培训活动的核心目标在于培养教师的专业素养和道德责任感，提升音乐教育的整体质量。在这一过程中，重要的是采用多元化的培训方式和内容，确保教师能在各方面得到充分的提升。培训内容应覆盖音乐专业知识的更新与深化，如古典音乐理论、现代音乐技巧、世界音乐文化等，同时需包括教育心理学、教学方法论等教育学科知识，以帮助教师更好地理解学生的心理需求。此外，师德教育是培训的重要组成部分，通过讨论教育伦理案例、分享优秀教育实践等方

式，提高教师的职业道德认识和自我约束能力。为了加强实践性和互动性，培训中应结合工作坊、模拟教学、同行评议等方法，鼓励教师在实践中学习和成长。同时，通过邀请资深教育专家和优秀音乐教师举办讲座和交流，能够为中小学音乐教师提供宝贵的学习机会和启示。有效的激励和反馈机制是培训活动中不可或缺的部分，通过对教师教学成果和师德表现的评价与奖励，激发教师的积极性和创造性。总体而言，中小学音乐教师师德师风培训活动应注重理论与实践的结合，注重培养教师的终身学习意识，不断提升教师的专业能力和道德素养，从而为学生提供丰富、高效和人文的音乐教育体验。

（三）完善中小学音乐教师师德师风的考评与奖惩机制

在完善中小学音乐教师师德师风的考评与奖惩机制方面，关键在于建立一个公正、透明且全面的评价体系。这一体系应综合考虑教师的专业技能、教学效果、师德表现及其对学生全面发展的贡献。考评机制需包括自评、同行评价、学生及家长反馈和专家评审等多个维度，确保评价的客观性和公正性。在具体实施中，可以运用现代信息技术手段，如电子评价系统，收集和处理各方面的反馈信息，提高评价效率和准确性。考评结果应与教师的职业发展、晋升及奖励挂钩，以此激励教师不断提升自身的教育教学水平和职业道德。对于表现优异的音乐教师，除了经济奖励，还可以给予更多的职业发展机会，如参加高级培训、出席重要会议、承担重要项目等，以此促进其职业成长和个人价值的实现。同时，对于师德表现不佳的教师，应实施相应的惩戒措施，如警告、培训、调整岗位等，必要时甚至包括解聘，以此维护教育行业的良好形象和职业道德标准。需要注意的是，这一考评与奖惩机制应定期进行审视和调整，以适应教育发展的新要求和社会变化的新趋势，确保其长期有效性和适应性。通过这样一个多元、动态和发展性的考评与奖惩机制，可以有效地促进中小学音乐教师师风、师德的提升，为学生营造一个健康和富有成效的学习环境。

（四）完善中小学音乐教师师德师风的监督机制

完善中小学音乐教师师德师风的监督机制是确保教育质量和教师职业道德的重要环节。有效的监督机制应建立在多元参与和透明公正的基础上，涵盖学校管理层、同行教师、学生及家长，甚至社会公众的参与。这一机制应包括定期的教学观摩、师德评估、反馈收集和问题整改等环节。教学观摩不仅是同行教师之间相互学习的机会，也是监督教学质量和教师表现的重要方式。通过定期安排教师互访课堂，可促进教学方法的交流和提升，同时监督教师的教学行为是否符合教育标准。师德评估则注重于教师的职业道德和行为规范，可以采用匿名调查、学生和家长反馈等方式，收集关于教师师德表现的信息，确保评估的全面性和真实性。学校应建立一个开放透明的反馈机制，鼓励学生、家长乃至社区成员就教师的师德师风表现提出意见和建议，同时确保这些反馈能够得到妥善处理和回应。对于存在问题的教师，应及时进行问题整改，采取培训、辅导或者其他必要措施，帮助教师改正错误，提升职业素养。

第二节　中小学音乐教师专业技能发展

一、中小学音乐教师应具备的专业技能

（一）应具备深厚的音乐理论知识

中小学音乐教师作为艺术教育的关键传递者，拥有深厚的音乐理论知识是其专业素养的重要组成部分。这不仅涉及对音乐历史、流派、作曲家及其作品的深入理解，也包括音乐理论的基础知识，如音乐符号、节奏、和声、曲式等。具备这些知识能够使音乐教师在教学过程中更加游刃有余，能够有效地引导学生理解音乐作品背后的文化和情感内涵，

激发学生对音乐的兴趣和理解。深厚的音乐理论知识还能够帮助教师在教学中灵活运用不同的教学方法，如通过分析不同作曲家的作品，展示音乐风格的多样性，或者通过解析曲目的结构，帮助学生建立对音乐形式的认识。对音乐理论的深入掌握还能够使音乐教师在创作和即兴表演中更加得心应手，进而激发学生的创造力和表现力。音乐理论知识的丰富也有助于教师与学生进行有效的交流和互动，能够根据学生的兴趣和需求，调整教学内容和方式，使音乐学习成为愉悦和富有成效的体验。因此，作为音乐教师，不断深化对音乐理论的理解和应用，是提升教学质量、丰富学生音乐体验的关键所在。

（二）应具备娴熟的音乐演奏技巧

中小学音乐教师的职业要求不局限于理论知识的掌握，娴熟的音乐演奏技巧同样是其必备的专业技能之一。音乐演奏技巧的高低直接影响到教师在课堂上的教学效果和学生的学习热情。教师的演奏能力不仅能够为学生提供直观的音乐范例，还能够增加课堂的趣味性和互动性。例如，在教授一个新曲目时，教师能够通过演奏展示曲目的风格和技巧要点，使学生对音乐有直观地理解和感受。此外，娴熟的演奏技巧也使得教师能够在教学中灵活运用各种音乐作品，包括古典音乐、民族音乐、现代音乐等，从而扩展学生的音乐视野。在课堂上，教师能够通过演奏不同风格的音乐，激发学生的音乐兴趣，培养学生对音乐的感受力和理解能力。音乐演奏技巧的提升同样促进教师个人的艺术修养和创造力，使他们在教学过程中自信和富有激情。同时，优秀的演奏技能也是音乐教师专业成长的重要体现，通过定期地练习和学习，教师能够不断提升自己的艺术水平，成为学生学习的榜样。因此，中小学音乐教师应致力于提高自己的音乐演奏技巧，不仅能够提升教学质量，还能够丰富学生的音乐体验，培养他们对音乐的热爱和欣赏能力。

（三）应具备系统的音乐教学方法与技巧

在中小学音乐教师应具备的专业技能中，掌握系统的音乐教学方法与技巧很重要，这直接关系到音乐教学的有效性和学生音乐素养的培养。系统的音乐教学方法涉及多种教学策略和技术，包括但不限于音乐听觉训练、声乐与器乐教学、音乐理论解析、音乐史和音乐欣赏教育等。这些教学方法不仅要能够适应不同年龄段学生的认知和心理特点，还要能够激发学生的音乐兴趣和创造力。例如，对于年幼的学生，教师可以运用游戏和故事的形式来介绍音乐基础知识，使音乐学习既轻松又有趣；对于年长的学生，则可以通过分析经典音乐作品，引导学生深入理解音乐的艺术魅力和文化价值。音乐教师还应具备将音乐教学与学生的日常生活和其他学科知识相结合的能力，例如，通过音乐与数学、物理的关联教学，帮助学生从不同角度理解音乐，并促进跨学科思维的发展。在教学技巧方面，有效的课堂管理、灵活多变的教学方式、对学生个别差异的关注和适应，都是音乐教师必须掌握的关键技能。音乐教师还应不断更新自己的教学理念和方法，如融入信息技术在音乐教学中的应用，以适应现代教育的发展趋势。

（四）应对音乐历史与文化有深入了解

中小学音乐教师在专业技能的培养上，对音乐历史与文化的深入了解是不可或缺的一环。这种理解不仅包括对不同音乐时期、重要作曲家及其作品的认识，还涵盖了音乐与社会、文化、政治等多方面的关系。音乐不仅是艺术的表达，还是人类历史和文化的重要组成部分，每一段音乐历史都与特定的社会背景和文化传统密切相关。中小学音乐教师若对这些内容有深入了解，便能够在教学中更有效地结合音乐与历史、文化的教学，引导学生理解音乐作品背后的深层含义，从而促进学生的全面发展。例如，通过讲述巴洛克时期的音乐特点和社会背景，可以帮助学生理解那个时代的音乐风格和艺术表现；探讨现代音乐与技术发展的关系，可以使学生了解音乐与科技、社会的互动。此外，音乐教师对不同文化的音乐传统的理解，如非洲音乐、亚洲音乐等，能够丰富教学内容，拓宽学生视野。这种跨文化的音乐教育不仅促进了学生对世界多元文化的尊重和认识，也为学生提供了广泛的音乐体验。

二、中小学音乐教师专业技能发展目标

中小学音乐教师专业技能发展目标如图 5-2 所示。

培养教师跨文化
音乐教育意识
3

演奏技巧与声乐表
现能力发展目标
2

音乐理论与作
品分析能力发
展目标
1

提高教师的乐器
演奏技能
4

图 5-2　中小学音乐教师专业技能发展目标

（一）音乐理论与作品分析能力发展目标

中小学音乐教师在专业技能发展的过程中，对音乐理论与作品分析能力的深入掌握显得尤为重要。这包括对音乐史的全面了解，从古典到现代的音乐流派和作品，教师应能够熟练地解读和传达音乐背后的历史语境和艺术特色。和声学的知识使教师能够准确理解音乐作品的结构和情感表达，提供深入的作品解析。曲式分析能力则加深对音乐结构和风格的认识，使教师能够在教学中精准地把握不同作品的艺术特征和表现形式。这些能力的集成不仅提升了音乐教师自身的专业水平，更重要的

是，为学生提供了一个坚实的音乐学习基础。通过教师的专业引导，学生能够逐步建立起系统的音乐知识体系，从基础的音乐理论到对复杂作品的理解与分析。这不仅增强了学生的音乐欣赏能力，使他们能够深刻地理解和感受音乐的魅力，还激发了学生的创作意识。教师的专业知识和教学方法能够引导学生发掘自己的音乐潜能，鼓励他们进行音乐创作和表达，从而促进学生全面、多元的艺术发展。因此，中小学音乐教师在音乐理论与作品分析能力上的深化和提升，是音乐教育质量提高的重要保证，也是培养学生音乐素养和创造力的关键所在。

（二）演奏技巧与声乐表现能力发展目标

在中小学音乐教师的专业技能发展中，演奏技巧与声乐表现能力的提升占据了核心地位。这方面的发展目标不仅包括掌握各类乐器的基本演奏技巧，还涉及声乐技巧的熟练运用，以及将这些技能有效融入教学实践的能力。对于音乐教师而言，精湛的演奏技巧不仅是展示音乐作品的重要手段，也是激发学生兴趣和理解的关键。通过教师的现场演奏示范，学生可以直观地感受音乐的魅力，对音乐作品的结构、风格和情感有深刻认识。此外，声乐表现能力对于音乐教师而言同样重要，尤其是在教授歌曲和合唱等内容时，教师的声乐技巧直接影响到学生的学习效果和兴趣。有效的声乐指导能够帮助学生正确地发声、呼吸和表达，培养他们的音乐感和表演技巧。除了技能本身，教师还应学会如何将演奏和声乐技巧传授给学生，如何在课堂上营造鼓励实践、富有启发性的学习环境。这要求教师不仅要在技艺上精进，还要在教学方法上创新，善于调动学生的参与积极性，激发他们的学习动力。

（三）培养教师跨文化音乐教育意识

培养中小学音乐教师的跨文化音乐教育意识是专业技能发展的重要组成部分，关系到音乐教育的广度和深度，以及学生对多元文化的理解和尊重。在全球化背景下，音乐作为一种普遍的语言，跨越国界和文化，成为连接不同文化的桥梁。教师在掌握本国音乐文化的同时，应积极增进对世界各地音乐文化的了解，包括不同国家和地区的传统音乐、民族音乐、现代音乐等。这样的知识不仅扩展了教师自身的文化视野，也使他们能够在教学中引入多元文化元素，为学生提供充足的音乐学习资源。通过了解和欣赏不同文化的音乐，学生能够更好地理解音乐在全球文化中的地位和作用，培养国际视野和跨文化交流的能力。教师还应引导学生认识到音乐在传达情感、表达思想方面的独特价值，鼓励学生探索和尊重不同文化背景下的音乐表现形式。在教学实践中，教师可以通过组织音乐欣赏会、文化主题的音乐活动、交互式的音乐项目等方式，使学生亲身体验和参与多元文化音乐的学习。这样的教学不仅增加了学习的趣味性，还强化了学生的文化敏感性和创造力。

（四）提高教师的乐器演奏技能

在中小学音乐教师专业技能的发展目标中，提高乐器演奏技能是一个重要的方向。这一技能的提升不仅直接影响到教师在音乐教学中的表现能力，也是激发学生学习兴趣和音乐感知能力的关键。乐器演奏技能的提高需要教师在日常教学之外投入额外的时间和精力进行专业训练。这可以通过参与专业的乐器培训课程、参加工作室或大师班来实现。在这些培训中，教师不仅能学习到先进的演奏技术，还能接触到不同风格的音乐作品，从而拓宽自己的音乐视野。此外，定期的个人练习对于维持和提升演奏水平很重要。通过持续地练习，教师能够磨炼技巧，提高演奏的精准度和表现力。在实际教学中，教师可以将自己的演奏技能融入教学活动，如通过现场进行乐器演奏，直观地向学生展示音乐的魅力和技术要点。这样的教学方式不仅能够提高课堂的趣味性，还能够激发学生的模仿欲望和学习动力。乐器演奏技能的提升也有助于教师在各种学校活动和公共演出中展现专业水平，增强学校音乐教育的影响力。

三、中小学音乐教师专业技能发展的路径与方法

（一）为中小学音乐教师提供专业的培训

为中小学音乐教师提供专业培训，是推动其专业技能全面发展的关键路径。这种培训涵盖了音乐理论、演奏技巧、教学方法和教育技术等多个重要领域，旨在全方位提升音乐教师的教学能力和专业素养。在音乐理论方面，培训内容应深入探讨和声学、曲式分析及音乐史等核心知识，使教师不仅能够准确理解音乐作品的结构和风格，还能够教授学生如何欣赏和分析音乐。这样的理论学习对于提高教师的音乐教学质量和深度具有重要意义。

在演奏技巧方面，培训应注重实际操作和表演技能的提升。提供各种乐器的实践操作指导和声乐训练，不仅有助于提升教师个人的艺术表现能力，也使他们能够在课堂上有效地进行音乐示范，从而直观地带领学生进入音乐的世界。此外，培训还应包括创新的教学方法，如互动式教学、项目式学习等，这些方法能够提高课堂的趣味性和互动性，激发学生的学习兴趣和创造力。

随着科技在教育领域的广泛应用，教育技术的掌握同样不可忽视。培训中应包含数字音乐工具的使用、在线资源的整合等内容，以使音乐教师能够有效地利用现代技术手段丰富和优化其教学实践，从而能够在提升个人专业水平的同时，更好地引导和激发学生的音乐潜力，为他们提供富有成效和愉悦的学习环境。

（二）为音乐教师提供全面、深入的职业教育

在中小学音乐教师的专业技能发展过程中，提供全面、深入的职业教育是重要的。这种教育不仅应包含音乐的基本理论和实践技能，还应涵盖教学方法、心理学、教育技术等多方面内容。全面的职业教育意味

着教师不仅要深入学习音乐理论，如和声学、曲式分析、音乐史等，还要掌握各种乐器的演奏技巧及声乐表现。教育应强调教学方法的创新，包括不同年龄段学生的音乐教学策略、课堂互动技巧以及如何有效地激发学生的兴趣和创造力。同时，融入音乐心理学的知识有助于教师更好地理解学生的心理需求和学习动机，从而进行个性化的教学设计。随着科技的发展，教育技术的应用成为教师职业发展的重要部分。这包括数字音乐软件的使用、在线教育资源的整合以及多媒体教学工具的有效运用，这些技能能极大地提高教学效率和学生的学习兴趣。为了实现这一全面的职业教育，学校和教育部门可以通过举办专业培训课程、工作室、研讨会和教师交流活动等方式，为音乐教师提供持续学习和成长的机会。鼓励教师参与国际交流和合作项目，以拓宽他们的视野，了解不同文化背景下的音乐教育实践。通过这样综合性和层次化的职业教育，音乐教师能够不断提升自身的专业素养，有效地促进学生的音乐学习和全面发展。

（三）为音乐教师提供更多的学术交流和研讨机会

在中小学音乐教师专业技能发展的路径与策略中，为教师提供更多学术交流和研讨机会是一项重要的举措。这样的机会可以帮助音乐教师拓宽视野，了解音乐教育领域的最新发展，同时为他们提供了一个分享经验、获取新知识和技能的平台。学术交流可以通过定期组织的研讨会、学术会议和工作室来实现。这些活动不仅为教师呈现了前沿的音乐教育研究成果，还提供了与其他专家和同行交流思想、探讨问题的机会。此外，通过参与或组织音乐节、音乐比赛和展览等活动，教师可以在实践中学习并应用新的教学方法和理念。

进一步地，学术交流也可以在广泛的范围内进行，如通过国际交流项目或合作，教师可以接触到不同文化背景下的音乐教育实践，从而促进跨文化的理解和教学方法的创新。同时，鼓励教师参与在线论坛和社交媒体群组，不仅便于他们及时获取最新的音乐教育信息，还可以使他们在全球范围内与同行进行交流和合作。通过这些学术交流和研讨机会，音乐教师能够不断更新自己的知识和技能，与时俱进地提高教学质量。这有助于他们个人的专业成长，对提升整体的音乐教育水平有着积极的影响。

第三节　中小学音乐教师教学能力发展

一、教学认知能力的发展

中小学音乐教师的教学认知能力是指其理解、规划和执行音乐教学活动的能力，包括多个方面：音乐理论知识的掌握、教学内容的策划与设计、对学生学习过程的理解与指导、评估学生学习成果的能力以及自我反思和持续学习的能力。

对于音乐理论知识的掌握，教师需要有深厚的音乐基础，包括音乐史、和声学、曲式分析等，这些知识不仅是音乐教学的基石，也是教师引导学生深入理解音乐的关键。教学内容的策划与设计能力要求教师能够根据学生的年龄特点和认知水平，创设合适的教学活动，使音乐学习既具挑战性又能激发学生的兴趣。理解学生学习过程的能力，包括教师对学生音乐认知发展的了解，以及能够根据学生的具体情况进行个性化教学。评估学生学习成果的能力涉及如何有效地使用各种评估工具，如音乐表演、音乐创作或理论测试，以检测和促进学生的音乐学习成果。自我反思和持续学习的能力要求教师不断审视和更新自己的教学实践，通过参与专业培训、研讨会或自我学习等方式，持续提升自己的教学水平。

为了培养中小学音乐教师的这些教学认知能力，学校和教育机构应提供全面的专业发展支持。这包括定期组织教师参与音乐教育相关的研修班和工作室，以增加他们的音乐理论知识和提升教学设计技巧。同时，通过提供实践机会，如课堂教学观摩、教学案例分析等，帮助教师深入理解学生的学习过程和需求。此外，开展教师培训项目，特别是在学生评估方法和自我反思技巧方面的培训，能够提高教师的专业判断能力和自我改进的能力。鼓励教师参与学术交流和研讨，与同行分享经验，不仅能够增加他们的专业知识，还能够开阔视野，了解音乐教育的新趋势和方法。最后，创建一个支持性和协作性的教学环境，让教师感受到专业成长的重要性，同时为他们提供必要的资源和支持，以促进他们的持续专业发展。通过这些策略，中小学音乐教师能够全面提升教学认知能力，更有效地支持学生的音乐学习和全面发展。

二、教学操作能力的发展

中小学音乐教师的教学操作能力是其有效开展音乐教育活动的基础，包括乐器演奏、声乐指导、音乐创作与改编、教学媒体的应用以及课堂管理等多个方面的能力。

乐器演奏技能是音乐教学中不可或缺的一部分，教师需要掌握至少一种乐器的基本演奏技巧，以便在课堂上进行直观的音乐示范和指导。声乐指导能力同样重要，特别是在教授歌唱和合唱时，教师需能有效指导学生正确的发声方法和歌唱技巧。音乐创作与改编能力涉及创造性地编排音乐素材，适应不同教学场景和学生需求。这要求教师具备一定的音乐理论知识和创造力，以便能够设计和编排适合学生的音乐作品。教学媒体的应用能力则是现代音乐教育中越来越重要的一环，包括数字音乐软件、音乐制作工具和多媒体教学设备的熟练使用，这些技术能极大地丰富教学内容和提高教学效果。课堂管理能力则涉及如何有效地组织和管理音乐课堂，包括维持课堂秩序、激发学生兴趣、调动学生参与以及处理各种教学中的突发情况。

为了培养中小学音乐教师的这些教学操作能力，首先需要提供专业的培训和练习机会。这可以通过组织乐器演奏和声乐技巧的培训班、工作室等形式进行，同时可以通过校内外的专业开展活动，如大师班、演奏会、音乐节等，提供实践和学习的机会。对于音乐创作与改编能力的培养，可以通过提供音乐创作的课程、研讨会或项目，鼓励教师在实际教学中进行创意尝试和应用。教学媒体应用能力的提升，则需要通过技术培训和实践，使教师熟悉和掌握现代音乐教育中的各种教学工具和软件。课堂管理能力的提升，则可以通过模拟教学、案例研讨和教学观摩等方式，帮助教师掌握有效的课堂管理技巧和策略。通过这些全面而系统的培训和实践活动，中小学音乐教师能够全面提升其教学操作能力，有效地开展音乐教学活动，激发学生的音乐兴趣和创造力。

三、教学管理能力的发展

中小学音乐教师的教学管理能力是指在音乐教学过程中有效组织、指导和评估学生学习的综合能力。这包括课堂管理、学生行为和学习动机的引导、教学资源的有效利用、课程规划与实施，以及对学生学习进度的评估和反馈等方面。

课堂管理能力要求教师能够创造一个积极的学习环境，有效维持课堂秩序，同时鼓励学生的积极参与。这需要教师具备良好的组织和沟通技巧，能够快速应对各种教学情境。在学生行为和学习动机的引导方面，音乐教师需要了解学生的心理特点和学习需求，运用不同的激励策略和教学方法来提高学生的学习兴趣和参与度。教学资源的有效利用能力涉及如何合理安排教学材料、教具和技术设备，以优化教学效果。课程规划与实施能力则要求教师能够根据学生的实际情况和学校的教学目标，设计合适的教学计划和活动。对学生学习进度的评估和反馈能力包括对学生学习成果的定期检测，以及针对学生学习情况提供适当的反馈和指导。

为了培养中小学音乐教师的教学管理能力，可以通过以下几个方面来进行：提供专业发展培训，如教学法、课堂管理策略和学生心理学方面的培训，帮助教师提升在不同教学情境下的应对能力。通过教学研讨会、工作室和同行交流活动，教师可以分享经验、学习先进的教学管理理念和实践经验。实践中的指导和反馈也很重要，可以通过课堂观摩、教学案例分析等方式，提供实际的教学管理经验和具体的改进建议。鼓励教师参与教育研究和项目，如课堂管理的研究或学生激励策略的探索，不仅能够提高他们的研究能力，还能帮助他们在教学实践中更加主动和进行创新。通过这些系统的培训和实践活动，中小学音乐教师能够全面提升其教学管理能力，有效地开展音乐教育活动，促进学生的全面发展。

四、教学创新能力的发展

中小学音乐教师的教学创新能力是指在音乐教学过程中运用新颖的教学方法、技术和理念来提高教学效果和学生学习体验的能力。这包括设计创新的教学活动、运用新技术和媒体资源、发展跨学科教学模式、创造性地调动学生参与以及个性化教学的实施等方面。

设计创新的教学活动要求教师能够根据学生的兴趣和需求，设计出既有趣又有教育意义的音乐学习活动。这可能包括项目式学习、角色扮演、音乐创作等多种形式，以提升学生的参与度和学习动力。运用新技术和媒体资源以及利用数字工具和网络资源来丰富音乐教学内容。这可能包括在线音乐库的使用、数字音乐制作软件的应用以及多媒体教学平台的整合。发展跨学科教学模式要求教师能够将音乐教学与其他学科内容相结合，如将音乐与历史、文学、艺术等学科相融合，以增强学生的综合学习体验。创造性地调动学生参与包括鼓励学生在音乐学习中发挥主动性和创造性，如参与音乐创作、表演和批判性分析等。个性化教学的实施则涉及根据每个学生的特点和需求，提供定制化的教学支持和引导。

为了培养中小学音乐教师的教学创新能力，首先应提供丰富的专业发展机会，如创新教学法的培训、教学设计研讨会和技术应用工作室。这些活动能够帮助教师掌握最新的教学理念和方法，并鼓励他们在实际教学中进行尝试和应用。鼓励教师参与跨学科项目和国际交流，可以拓宽他们的视野，激发创新思维。同时，学校和教育机构应提供必要的资源和支持，如提供先进的教学技术和丰富的教学材料，以便教师能够有效地实施创新教学。其次，鼓励教师进行教学实验和研究，如通过课堂实践来探索新的教学方法或评估教学创新的效果。通过这些实践，教师能够不断完善和创新自己的教学方法。最后，创造开放和协作的教学环境，鼓励教师相互学习和分享创新经验，是促进教学创新的另一项重要策略。通过这些综合的培训和支持措施，中小学音乐教师能够有效提升其教学创新能力，使音乐教学生动、有效和富有吸引力。

五、打造良好的音乐教育环境

在中小学音乐教师的教学能力发展策略中，打造良好的音乐教育环境对于促进音乐教师的教学能力发展具有重要意义。一个具有支持性和资源丰富的教育环境能够激发教师的教学热情，提供更多的创新和实验机会，同时促进专业成长和技能提升。

在这样的环境中，音乐教师能够获得必要的资源，如各类乐器、音乐软件和教学材料，这些资源是开展高质量音乐教学的基础。此外，通过定期组织音乐会、教学展示和研讨会，教师能够在实践中学习新的教学方法和理念，同时与同行交流和分享经验。这种交流和互动不仅提供了专业的成长机会，还有助于构建一个积极互助的教育社群。

良好的音乐教育环境还包括持续的专业发展机会，如参与研修班、在线课程和工作室，这些活动能够帮助教师不断更新教学理念和技能。鼓励教师进行教学创新和实验，为他们提供实验教学的自由度和支持，有助于教师探索更有效的教学策略和方法。同时，学校管理层应重视音乐教育的地位，为音乐教师提供必要的支持和认可，如合理的教学时间、适当的班级规模和教学评价体系。这种认可和支持能够增强教师的职业归属感和教学动力。

与社区和外部艺术机构的合作也是营造良好音乐教育环境的一个重要方面。通过与音乐团体、艺术家和其他学校的合作，教师和学生可以获得广泛的音乐学习资源和体验机会。例如，组织学生参加音乐节、工作室和音乐比赛，不仅能激发学生的学习兴趣，还能提供教师进行教学观摩和学习的机会。

六、构建合理的教学监督机制

在中小学音乐教师教学能力发展策略中，构建合理的教学监督机制是提高教学质量的关键因素。这种监督机制旨在通过定期的评估和反馈来确保教学活动的有效性和教师教学技能的提升。

有效的教学监督机制包括定期的教学评价、同行评审、学生反馈以及专业发展指导等多个方面。通过这种机制，教师可以获得对自己教学方法和效果的客观评估，从而进行及时的调整和改进。定期的教学评价能够为教师提供关于其教学实践的具体反馈。这种评价可以基于课堂观察、教学成果和学生的学习进展来进行。同行评审则是一种有效的专业发展工具，通过同行之间的观摩和讨论，教师可以学习新的教学方法，获取灵感和建议。学生反馈同样重要，可以提供教师教学方法对学生的实际影响的信息，帮助教师理解学生的需求和感受，从而更好地调整教学策略。

专业发展指导是教学监督机制中不可或缺的一部分。这包括为教师提供定期的培训、研讨会和工作室，以更新其教学知识和技能。这种指导还应包括个性化的职业发展规划，帮助教师根据自己的需求和兴趣制定提升教学能力的计划。通过参与这些活动，教师不仅能够提高自己的专业技能，还能够保持对教育最新趋势和方法的了解。

有效的教学监督机制还需要建立在透明和公正的基础上，确保评估和反馈过程中的公平性和客观性。这包括明确的评估标准和程序，以及确保所有教师都能接受公平和全面的评价和支持。此外，鼓励教师对自己的教学进行自我反思和评价，是提高教学质量的另一个重要方面。通过自我评价，教师可以深入地理解自己的教学风格和效果，识别改进的领域。

七、制定完善的教学评价机制

在中小学音乐教师教学能力发展策略中，制定完善的教学评价机制是提高教学水平的关键因素。这样的评价机制能够为音乐教师提供关于其教学实践的定期和系统性反馈，从而促进他们的专业成长和教学方法的改进。完善的教学评价机制应涵盖多个方面，包括教师教学方法的有效性、课堂管理技能、学生参与度、教学内容的创新性以及学生学习成果的评估。

有效的教学评价机制需要基于明确且全面的标准和指标，以确保评价的客观性和公平性。这些标准应涵盖音乐教学的所有重要方面，包括课程设计、教学实施、学生评估和教师的持续专业发展。通过定期的教学评价，包括课堂观察、学生反馈和同行评审，教师能够获得关于自己教学实践的全面了解，并根据这些反馈进行必要的调整和改进。

教学评价机制还应包括对教师专业发展的支持和鼓励。这可以通过提供教育培训、研讨会和工作室等方式实现，以帮助教师更新其教学知识和技能，学习新的教学方法。鼓励教师进行自我评估和反思，是教学评价机制的另一个重要组成部分。通过自我评估，教师可以深入地理解自己的教学风格和方法，识别自己的优势和需要改进的领域。有效的教学评价机制还应鼓励教师之间的交流和合作，通过分享教学经验和最佳实践，教师可以相互学习和启发。同时，教学评价的结果应被用作教师专业成长和职业发展的依据，而不仅仅是一种行政管理工具。通过这种方式，教学评价可以转化为教师专业发展的动力，提高其教学水平。

第六章　新视角下中小学音乐教育的发展

第一节　传统课堂转化为现代课堂

一、传统课堂到现代课堂的过渡

在中小学音乐教育领域，从传统课堂到现代课堂的转变显著地体现了教育模式的演进和发展。这一转变并不意味着传统课堂的全面否定，而是代表了一种在传统教学模式基础上的发展与创新。这种转型的核心在于引入信息技术等现代教学手段，旨在使课堂生动活泼、提高教学效率。历史上，传统教学模式为国家培养了众多人才，但为了满足现代教育的需求，信息技术的融入成了教育发展的必然选择。这种新兴的教学模式不仅使课堂充满活力，而且使学生的学习过程方便、快捷，从而有效提高了教育质量。通过这样的改革，中小学音乐教育能更好地适应时代的发展，为学生提供全面、高效的学习体验。

（一）教学模式的变革

在传统音乐教学中，教师通常扮演主导角色，侧重于知识和技能的传授。然而，随着教育理念的进步和学生需求的变化，现代音乐课堂呈现出显著的转型。这种转型体现在教学模式上的根本变化，即从教师中心转向以学生为中心。在现代音乐课堂中，教师的角色经历了重大转变，从单纯的知识传授者转变为学生学习的引导者和协助者。这种角色的转变强调了学生的主体性，赋予学生更多的自主权和选择权。在这个过程中，教师不再是唯一的知识源泉，而是成为激发学生兴趣、引导他们探索和体验音乐世界的促进者。这种以学生为中心的教学模式鼓励学生主动参与，激发他们的创造力和想象力，使音乐教育更具吸引力和实效性。

在这种新的教学模式下，学生被鼓励去探索、体验和创造音乐，而不仅仅是被动接受知识。这种探索和体验不仅包括对音乐知识的学习，还包括对音乐表现、创作和欣赏的实践。学生在这个过程中可以发展自己的音乐技能，同时能培养独立思考和创新能力。此外，学生在现代音乐教育中的参与性和互动性得到加强，这不仅有助于提高他们的学习动力，还有助于培养团队协作能力和社交技能。

总之，传统课堂到现代课堂的过渡是中小学音乐教育的重要变革。这种变革不仅仅是教学方法的更新，更是教育理念的升华。通过将教学焦点从教师转移到学生，现代音乐教育注重学生的主体性，鼓励他们主动学习和创造，从而为学生提供了丰富和具有挑战性的学习环境。这为学生的全面发展和终身学习奠定了坚实的基础，使他们能够在音乐领域乃至其他领域获得更多成长。

（二）技术的融入和应用

现代音乐教育课堂通过整合各种科技元素，如多媒体教学和互联网资源，极大地增强了音乐教学的生动性和趣味性。这种教学模式的创新不仅让课堂变得吸引人，还显著提高了教学的效率。利用多媒体教学工具，教师能够将复杂的音乐理论以直观、易懂的方式展现给学生，如通过音乐视频、音频和图形动画等多种形式，使得音乐知识的传授生动和具体。这样的教学手段不仅帮助学生更好地理解音乐概念和历史，还能激发他们对音乐学习的兴趣。互联网资源的利用则打破了传统教室的物理界限，为学生提供了接触世界各地不同音乐文化的机会。通过网络平台，学生能够观看国内外的音乐演出，了解不同国家和地区的音乐风格，从而拓宽他们的音乐视野和文化认知。互联网还提供了与其他音乐爱好者交流和分享的平台，增强了学生的学习动力和参与感。现代音乐教育课堂上的科技应用还包括数字音乐创作工具和在线评估系统。这些工具使学生能够在创作自己的音乐作品时自由和便捷，同时让教师能够有效地评估学生的学习成果和进步情况。通过这种方式，音乐教学变得个性化和富有成效，同时为学生提供了实践和创新的机会。

（三）加强课堂互动

现代音乐教育课堂突破了传统的教学范式，注重营造互动和合作的学习环境。在这种环境中，教师不再是单向的知识传递者，而是变成了促进学生之间交流与合作的引导者和协调者。通过小组讨论、合作创作等多种教学方式，学生的参与感和合作能力得到显著提升。这种教学模式的转变为学生提供了更多的实践操作机会，使他们能够在音乐学习过程中主动探索、共同创作，从而深入地理解音乐的本质和美学。小组讨论和合作创作等活动不仅激发了学生对音乐学习的热情，还促进了他们创意思维的发展。学生在这样的课堂氛围中学会了如何与他人沟通和协作，如何集体解决问题，以及如何在团队中发挥自己的独特作用。加强课堂互动的教学方法还有助于培养学生的社交技能和团队协作精神。在音乐教育的过程中，学生不仅学习音乐知识和技能，更重要的是学会了倾听他人的意见，尊重不同的观点，并在团队合作中找到自己的位置。这些技能对学生的学习和生活都具有重要的意义。

（四）应用多样化的评估方式

从传统课堂到现代课堂的重要过渡，其中一个关键方面是应用多样化的评估方式。这种转变标志着现代音乐教育对评估方法的深刻理解和应用，突破了传统评估方式的局限，更加注重对学生能力的全面评价。在这种评估模式下，不仅关注学生的音乐技能，如声音表现、乐器演奏技巧等，而且涵盖了创造力、合作能力和学习态度等多个维度。这样的全面性评估有利于教师深入地理解每个学生的综合能力和潜力，也帮助学生认识到音乐学习不仅是技能的培养，更是综合素质的提升。

在现代音乐教育中，创造力的评估尤为重要。教师通过观察学生在音乐创作、即兴表演和音乐理解方面的表现，评估他们的创新思维和创作能力。这种评估方式鼓励学生跳出传统音乐教育的框架，激发他们的想象力和创造性。合作能力的评估通过小组合作项目、合奏或合唱等活动来进行。在这些活动中，学生需要与同伴协作，共同完成音乐作品。这样的评估不仅反映了学生在音乐技能方面的合作能力，还涉及沟通、协调和团队合作的广泛技能。学习态度的评估关注学生对音乐学习的态度和参与度。教师评价学生在课堂上的积极参与、作业完成情况以及对音乐学习的热情和兴趣。这种评估有助于培养学生的自我激励和持续学习的习惯。

二、利用科技手段创新教学方法

（一）使用多媒体和互动软件

在现代音乐教育中，多媒体教学工具和互动软件的运用已成为提升教学质量的关键因素。这些工具和软件，如音乐制作软件和虚拟乐器应用等，不仅丰富了课堂内容，还使音乐理论和作曲技巧的教学直观和易懂。通过引入这些技术手段，教师能够以生动的方式呈现音乐知识，从而培养学生的兴趣，激发他们对音乐学习的热情。

使用多媒体工具，教师可以展示音乐作品的背景、作曲家的生平、不同音乐风格的特点等，为学生提供全面和立体的音乐学习体验。例如，通过播放不同历史时期的音乐作品，学生可以直观地感受到各个时期的音乐特色和发展脉络。互动软件则为学生提供了一个互动式学习平台，学生可以在这些平台上进行音乐创作、模拟演奏和即兴练习，不仅提高了学生的学习动手能力，还促进了他们的创造思维发展。

这些多媒体工具和互动软件还为学生提供了大量实践操作的机会。在音乐创作软件中，学生可以尝试编曲、混音等活动，这些活动不仅让学生亲身体验音乐制作的过程，还能够深化他们对音乐结构和编曲技巧的理解。虚拟乐器应用则让学生有机会接触和演奏那些他们在现实生活中难以接触到的乐器，从而拓宽他们的视野。

（二）整合在线音乐资源

在现代音乐教育的课堂中，互联网的运用已成为开阔学生音乐视野的重要途径。通过整合各种在线音乐资源，教师为学生提供了一个丰富的音乐世界，极大地丰富了他们的学习体验。利用互联网资源，教师能够带领学生接触到广泛的音乐作品，从古典到现代、从民族音乐到世界音乐。通过欣赏和分析这些作品，学生不仅能够学习不同音乐风格的特点，还能深入了解作品背后的文化和历史背景。例如，观看音乐会录像不仅能够让学生体验音乐会的氛围，还能让他们学习演奏技巧和表演风格。此外，互联网上的各种音乐教育平台和论坛也为学生提供了与世界各地音乐爱好者交流的机会，这种交流有助于增强他们的音乐理解，提高他们的欣赏能力。

在线音乐资源的整合不限于音乐作品的欣赏，还包括对音乐理论和作曲技巧的学习。通过网络课程和教学视频，学生可以学习音乐理论知识，理解音乐的构造和创作过程。这种学习方式更加灵活和个性化，能够满足不同学生的学习需求和兴趣。在线音乐资源的整合还激发了学生的创造力和探索精神。面对如此广阔的音乐世界，学生被鼓励去探索自己感兴趣的音乐领域，进行音乐创作和实验。这种自主学习的过程不仅提高了学生的音乐素养，还培养了他们的独立思考和自我表达能力。

（三）进行数字音乐创作

在当今时代，数字技术在音乐教育领域的应用已经成为推动教学进步和创新的关键因素。利用数字音乐制作工具，学生能在课堂上直接参与音乐创作和编辑，这种教学方式不仅极大地激发了学生的创造力，还让他们学会了如何使用现代技术进行音乐制作，从而拓宽了他们的视野。数字音乐创作工具，如音乐编辑软件、电子音乐合成器、虚拟乐器等，为学生提供了实验和创新的平台。这些工具的应用使得音乐创作不再局限于传统乐器和作曲技巧，学生可以通过这些工具探索各种音乐风格和元素，创造出个性化的音乐作品。这样的实践活动不仅增强了学生对音乐的理解和兴趣，还培养了他们的技术运用能力和创新思维。

在数字音乐创作的过程中，学生被鼓励去尝试、探索并实现自己的音乐构想。通过使用这些先进的工具，学生能够深入了解音乐制作的各个方面，包括节奏编排、和声处理、音色选择等。这种深入的学习体验使学生能够全面地理解音乐，并在创作过程中发展出独到的风格和表达方式。数字音乐创作的过程还有助于培养学生的批判性思维和解决问题的能力。在创作过程中遇到的挑战和问题要求学生进行思考和创新，以找到解决方案。这种过程不仅涉及音乐技能的提升，更关乎逻辑思维、创造性思考和决策能力的发展。

整体来看，数字音乐创作在现代中小学音乐教育中的应用，为学生提供了与时俱进的学习环境。这种教学方法不仅提高了音乐教育的趣味性和参与度，还促进了学生在音乐领域的全面发展。通过这些实践活动，学生不仅能学习音乐知识和技能，还能发展关键技能，如创造力、批判性思维和技术能力，为他们的学习和生活打下坚实的基础。

（四）在线协作和评估工具

在线协作和评估工具的应用在现代音乐教育中扮演着重要的角色。

通过各种在线协作工具和平台，学生得以在课外继续进行音乐学习和创作，同时为教师提供了便利的途径进行在线评估和反馈。

这种教学方式的应用，不仅促进了学生之间的合作，还使教师能够更有效地追踪学生的学习进度和成长情况。在线协作工具和平台的使用极大地拓宽了音乐教学的边界。学生可以通过这些平台与同学进行交流、分享音乐创作，甚至可以远程合作完成音乐项目。这种方式为学生提供了灵活的学习环境，让他们能够在任何时间和地点进行音乐学习和实践。这些平台还提供了丰富的音乐资源和工具，如在线音乐库、作曲软件等，为学生的自主学习和创作提供了广泛的支持。对于教师而言，在线评估和反馈工具使得对学生的学习进度进行监控和评价变得容易和高效。教师可以通过这些工具了解学生的音乐创作和练习情况，及时提供专业的指导和反馈。这种及时地交流和反馈对于学生音乐能力的提升具有显著的促进作用。在线协作和评估工具还促进了学生之间的合作和交流。在这些平台上，学生不仅可以学习音乐知识，还可以培养团队合作、沟通协调等重要的社交技能。这些技能在他们的音乐学习和生活中都是极其重要的。

三、采用民主化的教学理念

在现代教育的广阔领域中，教学观念正经历一场深刻的转型，那就是向民主化的教育理念的转变。这种改变意味着教学模式从以往的教师为中心转变为关注学生，注重激发学生的主动学习和参与的过程。在这种新的教学理念中，学生与教师之间的关系变得平等，重视的是每位学生的独特性和潜在能力的培养。

这种教育观念，可以追溯到中国的春秋战国时期，孔子提出了"有教无类"和"因材施教"的教育思想。这些深远的教育理念强调教师在教学过程中应全面考虑每个孩子的个性和需求。每个孩子都有其独特的思维方式和成长环境，这决定了他们吸收知识的能力也各不相同。在传统的教育模式下，教师可能因为一些学生学习速度较慢而感到挫败，甚至可能放弃对这些孩子的教育，导致学生和家长也放弃了学习。在极端情况下，这种教师的否定态度可能导致孩子产生自卑感，进而引发自闭症状或误入歧途。

然而，在现代教育环境中，教师们被要求重新审视每个孩子的个体差异，并根据每个学生的具体情况制定相应的教学策略。对于那些学习能力较强的孩子，教师可以设定更高的挑战性目标；而对于学习能力稍弱的孩子，要给予更多的鼓励和支持。这种以学生为中心的教育理念不仅涵盖了每一位学生，特别是那些年龄较小的学生，还强调了教育的人本主义和对每位学生的全面关怀。这种教育模式不再仅仅是将知识灌输给学生，而是成了激发每位学生潜力、尊重他们个体差异和促进他们全面发展的过程。

这种教育观念的转变，将"教授学生知识"提升为"教会学生如何学习"。在这个过程中，学生被鼓励主动探索和参与，教师的角色则转变为引导者和促进者，共同探索知识的海洋。通过这种方式，学生能够根据自己的兴趣和能力，以积极的态度参与学习，从而更好地发挥自己的潜力。

更重要的是，这种教学理念的民主化还意味着每位学生都被赋予了平等的学习机会，无论其学习能力如何。教师通过观察和了解每学生的特点，能够提供个性化教育，帮助学生发现自己的兴趣和才能。这种教育方式不仅使学生在知识和技能上获得成长，还在情感、社交和心理方面得到发展。

四、现代课堂的互动与合作学习模式

（一）布置小组合作项目

在当今中小学音乐教学的现代课堂中，互动与合作学习模式已成为重要的教学策略。在这种模式中，布置各种小组合作项目，如合作创作歌曲、策划音乐会或进行合奏，极大地促进了学生之间的互动和合作，从而在提高音乐技能的同时，培养了他们的团队合作精神和沟通协调能力。在这样的学习环境中，学生不仅作为音乐学习的参与者，更成为学习过程的共同创造者。

合作创作歌曲的项目要求学生们一起讨论并决定歌曲的主题、风格、旋律和歌词。这个过程不仅激发了学生们的创造力和音乐才能，还锻炼了他们的沟通技能和团队合作能力。学生们在分享和评价彼此的想法时，学会了相互尊重和倾听，对于培养他们的社交能力和批判性思维非常重要。策划音乐会的项目则是一个全面的学习体验。在这样的项目中，学生们不仅要选择合适的曲目，还要负责音乐会的整体策划，包括场地布置、节目安排和宣传等。通过这种实践活动，学生们不仅能够更好地理解音乐会的筹备过程，还能学习如何在团队中协作并承担责任。

集体合奏则为学生提供了一个共同表演和创作的平台。在合奏中，每位成员都扮演着重要的角色，他们必须学会如何与其他成员协调和同步，以确保音乐的整体和谐和效果。这种活动不仅提高了学生的音乐技能，还增强了他们的团队意识和合作精神。通过这些小组合作项目，学生们在享受音乐创作和表演的乐趣的同时，在不断地提升自己的沟通能力、团队协作能力以及项目管理技能。这些技能对于学生的全面发展很重要，不仅在音乐领域，更在他们的生活中发挥着重要作用。

（二）合理进行角色分配和任务分工

在现代中小学音乐教学中，互动与合作学习模式的一个重要方面是合理地进行角色分配和任务分工。这种方法在音乐项目中得到广泛应用，学生根据自己的兴趣和能力被分配到不同的角色和任务，如作曲者、指挥、演奏者等。通过这种角色分配和任务分工，学生能够从多个角度参与音乐创作和表演，这不仅增强了他们的责任感和参与感，也促进了他们的全面发展。

当学生承担不同的角色和任务时，他们被鼓励发挥自己的特长和创造力。例如，作为作曲者的学生需要创作音乐，他们必须思考如何表达音乐主题，如何选择合适的音乐元素来构建旋律和和声。指挥则需要理解乐曲的整体结构，并引导合奏团队表达乐曲的情感和风格。演奏者则需要熟练掌握乐器技能，以及如何与团队中的其他成员协作，以确保演奏的协调性和整体性。

这种角色分配和任务分工的方法不仅提高了学生对音乐的认识和理解，还培养了他们在团队中协作的能力。每位学生都有机会体验不同的音乐角色，从而获得不同的学习体验和技能。这种多角度的参与和学习使得音乐教育不再是单一的音乐技能训练，而是成了一种全面的教育体验。这种教学方法还促进了学生之间的相互学习和交流。在合作的过程中，学生们需要相互沟通和协调，共同解决问题，这不仅增强了他们的沟通能力，还促进了他们的社交技能和团队协作能力的发展。每个学生在团队中都扮演着重要的角色，他们的成功不仅取决于个人的努力，还取决于团队的协作。

（三）互动式音乐游戏和活动

在现代中小学音乐教学中，互动与合作学习模式的一个重要组成部分是通过设计各种互动式音乐游戏和活动，如音乐接龙、节奏比赛等，来激发学生的积极参与，增加课堂的趣味性和互动性。这种教学方法的运用，不仅让音乐学习变得生动和有趣，而且有效地提升了学生的音乐技能和团队合作能力。

互动式音乐游戏和活动为学生提供了轻松愉快的学习环境，使他们能够在玩乐中学习音乐知识和技能。例如，音乐接龙游戏要求学生们轮流演唱或演奏音乐片段，不仅锻炼了他们的即兴创作能力，还增强了他们的记忆力和音乐理解力。节奏比赛则要求学生们在一定时间内准确地识别和复现不同的节奏模式，这种游戏有助于提高他们的节奏感和音乐协调能力。

通过这些活动，学生被鼓励以积极的态度参与音乐学习。他们在互动中不仅学习音乐知识，还培养了自信心和表达能力。同时，这种教学方式有助于培养学生之间的团队精神和合作能力。在游戏和活动中，学生需要与同伴协作，共同完成任务或竞争，不仅提升了他们的社交技能，还增强了他们在团队中的协作意识。互动式音乐游戏和活动还为教师提供了有效的教学工具，帮助他们更好地评估学生的音乐技能和学习进度。在这些活动中，教师可以观察学生在音乐不同方面的表现，如节奏感、音准、音乐记忆等，据此提供个性化指导和反馈。

（四）建立互助学习小组

在现代中小学音乐教学中，互动与合作学习模式的一个重要方面是建立互助学习小组。这种教学模式通过鼓励学生在音乐学习中相互帮助和学习，不仅促进了学生之间的互动，还增强了他们的学习效果。在互助学习小组中，每位学生都有机会分享自己的知识和技能，同时从同伴那里获得支持和启发。这种学习方式的实施，充分体现了学生中心的教学理念。在互助学习小组中，学生们被鼓励主动探索音乐知识，互相交流音乐理解和感受。例如，在学习一个新的音乐概念或技巧时，学生可以在小组内进行讨论，共同解决问题，或者通过合作练习来提高技能。这种互动不仅增加了学习的趣味性，还帮助学生巩固和深化了音乐知识。

互助学习小组也有助于培养学生的社交技能和团队协作能力。在小组学习过程中，学生们学会如何倾听同伴的意见，如何有效地沟通和表达自己的想法。这种互动和交流对于提高学生的团队合作精神很重要，同时促进了他们的社交能力的发展。互助学习小组还为教师提供了更多的机会来了解学生的学习需求和进步。在这种互动的学习环境中，教师可以观察学生如何与他人协作，如何解决问题，从而准确地评估学生的学习状况，提供个性化指导。

五、评估与反馈机制的变革与应用

（一）持续性评估

在现代中小学音乐教学中，评估与反馈机制经历了显著的变革。其中，持续性评估成了一种重要的评估方式，它不再仅仅依赖于期末或学期结束的总结性评价，而是注重观察和记录学生在整个学期中的持续进步和成长。这种评估方式的应用为音乐教学带来了深远的影响。持续性评估的核心在于跟踪学生的学习过程，而不仅仅是学习结果。在这种评估模式下，教师定期观察学生在音乐课堂上的表现，如参与讨论、练习和表演的积极性，以及他们在音乐技能和创造力上的进步。这种评估方法的优势在于它能够提供全面和客观的学习反馈，帮助学生和教师了解学习过程中的各个方面，包括学生的优势和需要改进的领域。

持续性评估还鼓励学生参与自我评估和反思。学生被鼓励定期回顾自己的学习进程，思考自己在音乐学习中取得的成就以及需要改进的地方。这种自我评估不仅有助于增强学生的自我意识，还提高了他们的自主学习能力。通过持续性评估，教师能够及时地识别学生在学习过程中遇到的困难，提供针对性指导和帮助。这不仅使教学个性化，还帮助每位学生根据自己的节奏和能力进行学习。另外，持续性评估也为教师提供了更多的机会来调整教学策略，确保教学内容能够满足学生的需求和兴趣。

（二）多元化评估标准

在中小学音乐教学的现代课堂中，评估与反馈机制的变革与应用体现在多元化评估标准的实施上。这种变革背后的核心理念是，音乐教育的评估不应仅限于传统的音乐理论考试或表演技能测试，而应该全面考虑学生在音乐领域的多方面发展。这种多元化评估标准的应用，不仅全面地反映了学生的音乐学习成果，还促进了他们在音乐领域的全面发展。

在多元化的评估标准中，学生的创造力是一个重要的评价维度。在音乐教学中，学生被鼓励进行创作和即兴表演，评估他们的创造力不仅基于他们创作的原创性和创新性，还包括他们在音乐创作中展现的想象力和独创性。音乐表现力是另一个重要的评估标准。这不仅涉及学生的表演技巧，还包括他们在表演中表达情感和传达音乐内涵的能力。评估学生的音乐表现力有助于促进他们在音乐表达和沟通方面的成长。团队合作能力的评估则体现在学生在合奏、合唱或其他集体音乐活动中的表现。这包括学生在团队中的协作程度、沟通能力以及他们如何在团队中贡献自己的部分。这种评估有助于培养学生的团队精神和协作技能。音乐欣赏和分析能力的评估则关注于学生对音乐作品的理解和分析。这包括他们对音乐作品的历史背景、风格特征的了解，以及他们如何解读和评价音乐作品。这种评估有助于提高学生的音乐鉴赏能力和批判性思维。

（三）互动反馈系统

在中小学音乐教学的现代课堂中，评估与反馈机制的变革与应用的一个关键方面是互动反馈系统的实施。这种系统使教师与学生之间的反馈过程变得互动和及时，极大地提高了教学的有效性和学生的学习体验。在这种互动反馈系统中，通过课堂讨论、线上平台交流等方式，教师能够及时给予学生建设性反馈，同时学生可以直接表达自己对音乐学习的感受和想法。互动反馈系统的一个核心特点是它促进了双向沟通。在课堂上，教师可以及时回应学生的问题和疑虑，提供个性化指导。这种即时反馈对学生来说非常宝贵，因为它可以帮助他们立即纠正错误，理解复杂的音乐概念，提高学习效率。此外，学生通过参与课堂讨论，不仅能够提出自己的观点，还能从同伴的观点中学习，这种互动过程增强了学生的批判性思维和创造性思维能力。

线上平台的使用加强了教师与学生之间的互动。通过线上教育平台，教师可以布置作业、上传教学资源，并跟踪学生的学习进度。学生可以在这些平台上提交作业，参与在线讨论，并接收来自教师的即时反馈。这种线上互动方式尤其在远程教学或课后辅导中表现出了极大的优势，为学生提供了灵活性和便利性。互动反馈系统还提供了一个平台，让学生能够主动参与自己的学习过程。学生被鼓励反思自己的学习经历，提出改进建议，这不仅提高了他们的自我评估能力，还增强了他们的自主学习能力。同时，这种系统使教师能够更好地理解学生的需求和偏好，从而调整教学方法，确保教学内容和方式能够满足学生的个性化需求。

（四）学生自评和同伴评价

在中小学音乐教学的现代课堂上，评估与反馈机制的变革和应用的一个重要方面是学生自评和同伴评价的实施。这种评估方法的引入不仅改变了传统的教师主导评估模式，还为学生的个人和集体学习提供了深层次的参与和反思机会。鼓励学生进行自我评估是一个重要的教学策略。通过自评，学生被引导去评价自己的音乐学习进展，包括技能掌握、作品创作、表演呈现等各方面。这种自我评估的过程要求学生不仅要了解评估的标准和目标，还需要对自己的音乐学习过程进行深入的反思和分析。这样的自我评价过程不仅有助于学生更好地理解他们在音乐学习中的优势和需要改进的领域，还能增强他们的自我反省能力和批判性思维。通过反思自己的学习经历，学生能够识别自己的学习风格和偏好，从而有效地规划和调整自己的学习策略。

同伴评价则是另一种重要的互动评估方式。在这种评估模式中，学生被鼓励去评价他们的同学在音乐学习中的表现。这种同伴评价不仅是对音乐技能和知识的评估，还包括对团队合作、参与态度和创造力的评价。通过参与同伴评价，学生能够从不同的视角观察和学习，同时能在评价过程中提高自己的批判性思维和分析能力。同伴评价还有助于培养学生的团队精神和相互支持的意识。在这个过程中，学生不仅学会如何给予建设性的反馈，也学会如何接受和利用来自同伴的反馈来提升自己的音乐学习。

第二节　中小学音乐教育新型课堂模式

一、MOOC 模式

（一）慕课在线教育平台的特点

慕课（Massive Open Online Courses，MOOC）是一种创新的在线教育形式，为广大学习者提供了接触和学习高质量教育资源的机会。慕课的显著特点是开放性和大规模参与性。这种教育方式通过互联网平台，使得全球的学生都能够免费或以较低成本接触到来自世界顶尖大学和机构的课程。慕课平台通常提供视频讲座、阅读材料、互动论坛和在线测试等学习资源。学生可以根据自己的时间安排和学习进度灵活地学习，也可以与其他学习者或教师进行线上互动和讨论，增强了学习的互动性和参与感。许多慕课还提供了证书或学分，有助于职业发展和继续教育。慕课的出现，打破了传统教育的地域和经济限制，为个人自我提升和终身学习开辟了新途径。它不仅促进了知识的普及和教育资源的平等化，还推动了现代教育技术的发展和应用，成为当代教育创新的重要标志。慕课在线教育平台的特点如图 6-1 所示。

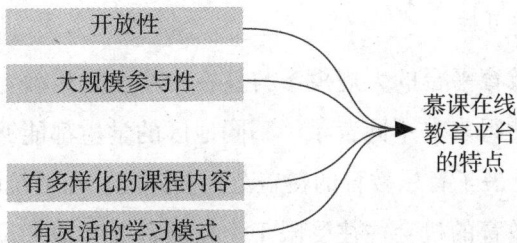

图 6-1　慕课在线教育平台的特点

1. 开放性

慕课作为一种在线教育平台，其开放性在中小学音乐教育中体现显著。这种开放性不仅改变了传统的教育模式，还为音乐教育提供了新的视角和方法。慕课平台的开放性使得中小学音乐教育不再受地理位置的限制。无论学生身处何地，只要能够接入互联网，就能够享受到来自世界各地的顶尖音乐教育资源。这种普遍可及性大大拓宽了学生的学习视野，使他们能够接触到不同文化背景下的音乐风格和教学方法。慕课平台对于音乐教育内容的开放性为教师提供了丰富的教学资源。在这些平台上，教师可以找到从基础乐理知识到高级演奏技巧的各种课程。这些资源不仅可以作为教学的辅助材料，还可以激发教师的教学灵感，帮助他们创新教学方法和策略。慕课平台的开放性还体现在它对不同学习需求的包容性上。无论是初学者还是有一定基础的学生，都能在平台上找到适合自己的课程。这种个性化的学习体验有助于满足不同学生的学习需求，使他们能够按照自己的节奏学习和进步。慕课平台的开放性还为学生提供了一个展示自己音乐才能的平台。一些慕课课程提供了互动环节，如在线演出、作品分享等，这不仅能够增强学生的实践能力，还能增强他们的自信心和提高他们的表现力。慕课平台的开放性在促进音乐教育的国际化方面发挥了重要作用。通过这些平台，学生和教师可以接触到不同国家的音乐教育体系和理念，促进了音乐教育的全球交流和融合。

2. 大规模参与性

慕课在线教育平台的大规模参与性在中小学音乐教育中具有显著影响。这种特点使得来自不同背景、不同地区的学生都能够同时接受音乐教育，极大地扩展了音乐教育的覆盖范围和深度。在传统的教育模式中，学生接受音乐教育的机会往往受限于学校的资源和地理位置，但慕课平台的出现打破了这些限制，让每个孩子都能够接触到优质的音乐课程。例如，居住在偏远地区的学生也可以通过网络学习世界各地的音乐风格和技巧，这在传统教育模式下是难以想象的。

慕课平台的这种大规模参与性还促进了音乐教育的多样性和包容性。学生不仅能学习到经典的西方音乐理论，还能接触到世界各地的民族音乐、现代音乐等多种风格，有助于培养学生的全球视野和多元文化理解。此外，通过慕课平台，学生还能与来自不同国家和文化背景的同学交流，这样的国际化交流对于学生的音乐素养和社交能力的提升极为有益。

在教学模式上，慕课的大规模参与性也带来了创新。借助技术的支持，音乐教师可以设计更具互动性和创造性的教学活动，如在线合奏、远程音乐会等。这些活动不仅使音乐学习过程更加生动有趣，还有助于提高学生的参与度和学习积极性。同时，慕课平台上的大规模用户群体也为音乐教育研究提供了丰富的数据资源，有助于教育工作者更好地了解学生的学习需求和偏好，从而不断优化和创新教学方法。

3. 有多样化的课程内容

慕课在线教育平台的多样化课程内容在中小学音乐教育中展现了其独特的价值和优势。这一特点意味着学生可以接触到丰富多样的音乐知识和风格，从而全面提升他们的音乐素养和审美能力。慕课平台提供的课程内容不仅涵盖了从基础乐理到高级演奏技巧的各个层面，还包括了世界各地的音乐文化、历史以及不同音乐流派的详细介绍。这种全面而深入的课程设计使得中小学生能够在音乐学习中获得广阔的视野，了解不同文化背景下的音乐表达方式。

多样化的课程内容还为音乐教师提供了宝贵的教学资源。通过慕课平台，教师可以轻松获取到最新的教学方法和材料，使得课堂教学生动有趣，同时提高教学效果。例如，教师可以通过平台上的世界音乐课程，引导学生探索非洲鼓乐、拉丁美洲的节奏以及亚洲的传统乐器等，这样的跨文化音乐教学不仅丰富了学生的知识储备，也增强了他们对全球音乐多样性的认识和尊重。多样化的课程内容还支持了个性化学习的实现。在慕课平台上，每个学生都可以根据自己的兴趣和学习进度选择合适的课程，从而获得个性化和符合自身需求的学习体验。这种学习方式对于培养学生的自主学习能力和创新思维具有重要作用。学生们不仅学习音乐知识，还学习如何主动探索和发现，这对于他们的终身学习和个人成长很重要。

4.有灵活的学习模式

慕课在线教育平台在中小学音乐教育中的一个显著特点是其灵活的学习模式。在传统的音乐教学中，学生往往被限制在固定的课程安排和学习节奏中，而慕课平台提供的灵活学习模式，使得学生可以根据自己的时间和进度来学习音乐。这种自主学习的模式特别适合音乐教育，因为音乐学习需要大量练习和重复，而每个学生的学习速度和风格都有所不同。通过慕课平台，学生可以在任何时间、任何地点访问课程内容，反复学习难点，这种灵活性大大提高了学习的效率和效果。

慕课平台灵活的学习模式还允许学生根据个人兴趣选择课程内容，对于培养学生的音乐热情和长期的学习动力很重要。比如，对于对古典音乐感兴趣的学生，他们可以选择相关的历史和理论课程；而对流行音乐感兴趣的学生，则可以学习现代音乐制作和演奏技巧。这种个性化的学习选择不仅使学生能够专注和投入，也有助于他们发展独特的音乐风格和技能。

从教师的角度，慕课平台的灵活学习模式也为音乐教育提供了新的可能性。教师可以根据学生的反馈和进度，灵活调整教学计划和内容，有效地满足学生的需求。同时，教师能利用慕课平台的资源，设计丰富和有趣的教学活动，如在线音乐会、虚拟合奏等，这些活动不仅增加了学习的乐趣，也提高了学生的参与度和互动性。

（二）慕课在线教育平台的应用步骤

慕课在线教育平台在中小学音乐教学中的应用体现了现代教育技术与传统音乐教学的融合，带来了创新的教学方法和评估机制。准备课程教学材料时，慕课平台提供了广泛的资源，教师可以从中挑选合适的音乐理论、历史背景资料，乃至世界各地不同音乐文化的素材，这些内容不仅涵盖了音乐教育的基本要素，还丰富了学生的音乐知识和视野。教师可以根据学生的兴趣和能力水平，策划和组织丰富的音乐教学活动，从基础乐理到高级演奏技巧，从经典作品到现代流行音乐，慕课平台提供的材料促进了音乐教学内容的多元化和深入化。

在录制课程教学视频方面，慕课平台为教师提供了强大的工具，使得音乐教学内容的呈现生动和直观。通过视频教学，学生可以清楚地理解音乐知识，体验音乐的美感。视频中的演示、分析和讲解使音乐理论易懂，音乐实践部分则直观展示了乐器演奏技巧和音乐表现方法。此外，视频的可重复观看性为学生提供了自主学习和复习的便利，使得音乐学习不再受时间和地点的限制，大大提高了教学效果和学生学习的自主性。

设计课后评价与测试环节是慕课平台在音乐教育中的另一个重要应用。通过在线测试和互动式评估，教师可以及时了解学生的学习进度和理解程度，从而做出相应的教学调整。在线测试包括音乐理论知识的选择题、填空题以及音乐欣赏和创作的主观题，这些评估工具帮助教师全面了解学生的音乐素养和技能水平。学生通过这种评估方式不仅能够巩固学习内容，还能培养自我评估和反思的能力。另外，慕课平台上的互动性评论和讨论区域也为学生提供了表达观点和交流想法的空间，增强了课堂的互动性也提高了学生的参与度。

（三）使用慕课是提高中小学音乐素养的重要途径

当前，在线教育平台正逐渐成为提高中小学音乐素养的重要途径。慕课平台通过其创新的教学方法和广泛的资源，为中小学生提供了一个全新的音乐学习环境，使音乐教育突破了传统课堂的限制，拓展到广阔的空间。

慕课平台上的音乐课程通常由领域内的专家和资深教师设计和讲授，这意味着学生可以接触到高质量的教学内容。这些课程不仅涵盖了基础的音乐理论知识，还包括了音乐史、作曲技巧、乐器演奏等多样化的主题，满足了不同学生的学习需求和兴趣。由于课程内容丰富、覆盖面广，学生可以在这些平台上系统地提升自己的音乐知识和技能，加深对音乐艺术的理解，提高自己的鉴赏能力。

慕课平台具有极高的灵活性和可访问性。学生可以根据自己的时间安排自主学习，随时随地通过互联网接入课程。这种学习方式特别适合音乐教育，因为它允许学生在舒适的环境中以自己的节奏进行学习和练习，从而吸收和掌握音乐知识。

慕课平台提供了丰富的互动元素，如讨论区、实时问答和互评作业等，这些都有助于提高学习的参与度和互动性。学生不仅可以通过这些功能与老师直接交流，还能与来自不同背景的其他学生分享想法和经验，从而获得广阔的视角和深入地理解。这种互动性增强了学习的社交维度，有助于培养学生的团队合作能力和批判性思维。慕课平台上的音乐课程通常伴有丰富的多媒体教学资源，如视频演示、音频样本和互动练习等，这些资源使音乐学习直观和生动。多媒体资源的应用不仅提高了学习的趣味性，还帮助学生更好地理解音乐的结构和表现手法。

二、注重教育质量的翻转课堂模式

（一）翻转课堂简述

翻转课堂（Flipped Classroom）是一种创新的教育模式，颠覆了传统教学方法中"课堂讲授—家庭作业"的顺序，通过调整教学活动的组织方式来优化学习过程。在翻转课堂模式中，学生在课堂之外通过视频讲座、在线材料或阅读材料完成传统意义上的"课堂学习"，而在课堂上则进行讨论、问题解决或其他深入学习活动。这种模式的核心在于利用技术手段，使课堂时间专注于学生的主动学习和教师的个性化指导。

翻转课堂的特点在于强调学生的主动参与和自主学习。学生在课前通过观看录制好的教学视频或阅读相关资料，自主掌握基础知识点。这种方式使学生可以根据自己的学习节奏和风格，反复学习难以理解的内容，从而在课前对知识有初步地理解和消化。课堂时间则被用来进行更深层次的学习活动，如乐理知识分析、音乐歌曲赏析、唱歌表演等。中小学教师在这一过程中扮演着辅导者和引导者的角色，而不再仅仅是信息的传递者。

翻转课堂能大幅度提高课堂互动性。由于学生已经在课前完成了基础知识的学习，因此课堂上可以有更多时间用于讨论和互动，这有助于提高学生的批判性思维、沟通能力和团队协作能力。同时，这种模式也为教师提供了更多的机会去观察学生的学习情况，及时给予个性化指导。翻转课堂的实施需要一定的技术支持和资源准备。录制高质量的教学视频、准备在线学习材料和设计课堂互动活动都是实施翻转课堂不可或缺的部分。此外，教师和学生都需要对这种新的学习方式有所适应，这可能涉及教学观念的转变和新技能的学习。

（二）翻转课堂的重要性

翻转课堂对中小学音乐教学质量的提升体现在以下几方面，如图6-2所示。

图6-2　翻转课堂对中小学音乐教学质量提升的体现

1.提高学生学习的主动性与参与度

翻转课堂作为一种创新的教学模式，在中小学音乐教育中的应用显著提升了学习的主动性和参与度。该模式的核心在于将传统的课堂教学内容转移到课前的自学中，使得课堂时间能够专注于深入探讨和实际操作。在音乐教育的背景下，这一变化意味着学生可以在家里预先学习基本的音乐理论、乐理知识，甚至是乐器演奏技巧。此后，在课堂上，他们可以与同学和教师一起深入讨论音乐的各个方面，进行集体演奏练习或共同创作音乐作品。

这种教学模式的应用激发了学生的学习积极性，使他们成为学习过程的主动参与者。学生不再是被动接受知识的对象，而是通过自主学习获得基础知识，然后在课堂上应用这些知识，进行深入和创造性的探索。

这不仅提高了他们的音乐理解能力，还培养了他们的创造力和批判性思维能力。翻转课堂模式也允许教师有效地使用课堂时间，专注于学生个性化的指导和反馈。在音乐教学中，这意味着教师可以更加关注学生在演奏技巧、音乐表现和创作上的具体需求。学生不仅能够获得专业和个性化指导，还能在同伴之间互相学习，共同进步。

2.充分利用课堂实践进行互动和实践

翻转课堂模式在中小学音乐教学中的应用，显著改变了课堂的运作方式，从传统的单向知识传授转变为一个以互动和实践为核心的学习平台。这种转变意味着课堂时间被更高效地利用于各种音乐活动，如合唱、乐队合奏、即兴演奏和音乐创作等。这些活动不仅使学生能够深入理解音乐，还有助于提高他们的音乐技能。通过这些实践性的教学方式，学生得以在亲身体验中掌握音乐知识，这种体验远远超出了传统教学模式下的学习效果。

在翻转课堂的环境下，学生不再是被动的知识接受者，而是变成了积极的参与者。他们有机会在课堂上实际操作乐器，进行创作，甚至进行小型的音乐会表演。这种实践机会极大地激发了学生的兴趣和热情，使他们能够深入地投入音乐学习。此外，通过小组合作和公开表演，学生在学习音乐的同时，学习如何在团队中有效沟通和协作。这不仅提升了他们的社交技能，还培养了团队精神和协作能力。

这种以实践为主的学习方式对于音乐教育尤为重要。音乐不仅是理论知识，更是表达和体验的艺术。通过实际的演奏和创作，学生能更真切地体验音乐的魅力，理解音乐背后的情感和文化内涵。同时，实践中的反复尝试和调整有助于提高学生的音乐技能和艺术感知力。

3.促进个性化和差异化教学

翻转课堂模式在中小学音乐教学中的应用显著提高了教学的个性化和差异化水平。这一教学方式的核心在于：它允许学生根据自己的学习节奏和能力在家自学基础知识，而课堂时间专注于针对学生不同需求的个性化教学。在音乐教学中，这种模式特别有效，因为音乐学习往往需要考虑到学生的技能水平、学习风格和兴趣点。在翻转课堂中，教师可以根据学生的进展和理解程度提供个性化指导。例如，对于那些在某些音乐理论或乐器技巧上遇到困难的学生，教师可以给予更多的关注和支持。这种方法不仅帮助学生克服学习困难，还鼓励他们根据自己的兴趣和能力发展音乐技能。

翻转课堂模式的一个关键优势是其对学生个性化需求的适应性。在传统的音乐教学模式中，教师可能会发现难以同时满足所有学生的需求，特别是当班级中学生的音乐水平差异较大时。然而，在翻转模式下，学生可以在家中以自己的速度学习基础内容，而课堂上的时间可以用来解决个别学生的具体问题，提供个性化指导和反馈。翻转课堂还允许学生在掌握基础技能后，更多地专注音乐的创造和表达，这是音乐教育中重要的部分。学生可以在课堂上进行更多的实践活动，如合奏、即兴演奏或音乐创作，从而深入地体验音乐并发展个人的艺术表达。

第三节 中小学音乐教育对传统音乐的传承

一、传承传统音乐的意义

（一）增强民族凝聚力

在中小学音乐教育中，传承传统音乐的重要性不仅体现在音乐教育本身，而且在于其对增强民族凝聚力和促进文化多样性认同的深远影响。中国，一个历史悠久、文化丰富的多民族国家，其每个民族都拥有独特的文化传统和丰富的音乐遗产。这些传统音乐不仅是历史和文化的载体，

221

更是民族认同和凝聚力的重要源泉。

中小学阶段是学生形成价值观和世界观的关键时期。在这一时期，通过音乐教育对传统民族音乐的传承，不仅可以让学生接触和了解中国各民族的音乐艺术，还能培养他们对多元文化的尊重和欣赏。这种对不同民族音乐的理解和体验，不仅丰富了学生的音乐知识和提升其审美能力，还在他们心中播下民族团结与和谐共生的种子。

通过学习传统民族音乐，学生不仅能深刻理解各民族音乐的特色和内涵，还能体会到音乐在表达情感和传达文化信息中的独特作用。这种深入的文化体验，能有效增强学生对民族文化的认同感和归属感，从而增强民族的凝聚力。在这个过程中，学生不仅学会了欣赏和理解不同民族的音乐，还学会了如何在多元文化中寻找共同点，促进不同文化之间的理解和尊重。

中小学音乐教育中对传统音乐的传承和弘扬，对于培养学生的民族凝聚力和文化包容性具有不可估量的价值。这不仅是对中国丰富的音乐遗产的保护和传承，更是对促进社会和谐与民族团结的重要贡献。通过这种教育方式，我们不仅能够传承宝贵的音乐文化遗产，还能培育出开放、包容和有责任感的下一代公民，为构建和谐社会和实现民族团结奠定坚实的基础。

（二）传承和发扬民族音乐文化

中小学阶段的音乐教育在传承和发扬民族音乐文化中扮演着不可或缺的角色。鉴于中华民族丰富的文化传统，音乐作为其重要组成部分，蕴含着深厚的文化内涵和历史价值。在这样的背景下，中小学音乐教育不仅仅是音乐知识和技能的传授，更是一种文化传承和民族精神的培育。民族音乐文化，包括其独特的乐器、传统曲目及音乐表现形式，是中华文化宝库中的瑰宝。通过中小学音乐教育，学生能够接触和学习这些传统音乐元素，从而深入理解和欣赏民族音乐的独特魅力。这不仅有助于他们认识和尊重多元文化，也能在年轻心灵中培养对本民族文化的自豪感和归属感。

为有效实现这一目标，音乐教师需要采取创新的教学策略和方法。这包括将传统音乐与现代教学技术相结合，使课堂生动有趣；同时，包括设计各种活动，让学生亲身体验和实践民族音乐，从而深刻地理解其文化意义。通过这种方式，音乐课堂不再仅是知识的传授地，而是文化理解和体验的空间。中小学音乐教育还应强调民族音乐文化的创新和发展。这意味着教师不仅要教授传统音乐，还要鼓励学生在学习传统的基础上进行创新和探索。例如，将传统音乐元素与现代音乐风格相结合，或者鼓励学生创作融合了民族音乐元素的新作品。

（三）提高中小学生的音乐素养

中小学音乐教育在传承和推广传统民族音乐方面扮演着关键角色，这是对学生音乐文化素养的提升，也是对民族文化传统的维护和弘扬。通过将丰富多样的民族音乐融入教学内容，音乐课程成了学生认识和理解不同民族音乐特色的窗口，深化了他们对音乐艺术的审美和感知能力。这种音乐教育方式在强调音乐技能培养的同时，注重培养学生对音乐艺术的深刻理解和感悟。它帮助学生认识到：音乐不仅是声音的艺术，更是文化和情感的表达。在这个过程中，学生学会欣赏音乐背后的历史和文化背景，理解音乐如何反映和塑造一个民族的精神面貌。

传统民族音乐的教育有助于提升学生的文化素养和自我认同。使学生意识到自己所属文化的独特性和价值，同时学会尊重和欣赏其他民族的音乐文化。这种跨文化的理解和欣赏能力，对于培养学生的全球视野和促进不同文化间的交流与理解非常重要。在素质教育的背景下，中小学音乐教育注重学生的全面发展。通过学习和体验不同的民族音乐，学生不仅能够提高自己的音乐技能和知识，还能够增强自己的文化认同和自信。这种音乐教育方式强调的不仅是技能的传授，更是对学生个性的培养和对多元文化价值的肯定。中小学音乐教育中传承和发扬传统民族音乐的重要性不言而喻。它不仅有助于保护和弘扬民族音乐遗产，更是提高学生音乐文化素养、促进学生全面发展的关键。通过这种教育，学生不仅学会了如何欣赏和表达音乐，还学会了如何理解和尊重不同的文化，为他们成为有责任感、有包容心的公民奠定了坚实的基础。

二、红色歌曲进校园是传承传统音乐的重要途径

红色经典歌曲是指中国革命和新中国建设的过程之中创作的一系列音乐作品，其不仅蕴含着独特的艺术价值，而且是一段历史的见证，具有特殊的历史意义。中小学音乐教学和音乐活动中应用红色经典歌曲，在提升学生艺术修养的同时能够促进学生了解相关的历史，增强自身的爱国情感。

（一）传承历史文化

红色歌曲进校园作为传承传统音乐的重要途径，其在历史文化教育上的作用显得尤为重要。红色歌曲不仅是音乐艺术的表现，更是承载着中国革命和建设时期历史脉络的文化载体。这些歌曲中融入了丰富的历史情感和文化价值，它们讲述了革命历史的重要事件和人物，展示了一个时代的精神面貌。

在中小学音乐教育中，红色歌曲的引入有助于学生深刻理解中国近现代史，特别是那些关键的革命历史时刻。通过学习这些歌曲，学生不仅可以感受到旋律中的情感波动，更能通过歌词的深入理解，感知那个时代人民的奋斗和牺牲。这种学习方式使得历史不再是枯燥的年代和事件的简单叠加，而是变得鲜活而充满情感，更易于引起学生的共鸣。

红色歌曲的学习不仅是对音乐技能的培养，更是一种文化和历史的教育。通过这些歌曲，学生能够了解到革命先烈的不屈不挠和为国家独立、民族解放而斗争的英雄事迹。这不仅是对历史的一种学习，更是对

民族精神的一种传承。它有助于培养学生的历史责任感和民族自豪感，激励他们学习革命先辈的崇高品质和伟大精神。

（二）进行爱国主义教育

红色经典歌曲是对中国共产党为了中国人民的幸福而努力奋斗的写照和印记，其赞扬了革命先烈为了民族未来和人民幸福不计个人得失的无私精神和高度的社会责任感及家国使命感，每一首经典红色歌曲的背后均是一段历史、一个感人的历史故事。红色歌曲进校园作为传承传统音乐的一种重要方式，在爱国主义教育中扮演着独特而有效的角色。这些歌曲不仅蕴含着深厚的文化和历史意义，而且是激发和弘扬爱国主义精神的有效工具。通过学习和演唱红色歌曲，学生不仅能够接触到一段段饱含激情的历史，还能深刻感受到革命先烈们的英勇无畏和对国家深沉的爱。

在中小学音乐教育中引入红色歌曲，能让学生直观地感受到先烈们为国家独立、民族解放和人民幸福所做出的伟大牺牲和贡献，从而培养学生的社会责任感和使命感，激发其爱国情怀。这些歌曲中的旋律和歌词不仅折射出一个时代的风貌，更传递了一种强烈的爱国情感和理想信念。当学生在课堂上学习这些歌曲时，他们不仅在学习音乐，更是在体验深刻的爱国主义教育。

红色歌曲作为爱国主义教育的一种形式，对于培养学生的国家认同感和爱国情怀具有不可替代的作用。通过唱响这些充满情感的歌曲，学生能够深刻地理解国家的历史和文化，同时树立起对国家和民族的责任感和使命感。这种教育方式直接而有效，能够让学生在愉悦的音乐学习过程中自然而然地接受爱国主义教育，进而在心灵深处培育出对国家和民族的深厚感情。

（三）培养合作精神及意识

红色歌曲在校园的普及和演唱，特别是在小学音乐教育中的融入，不仅是对传统音乐文化的传承，更是培养学生合作精神和意识的重要途径。红色歌曲的内容往往充满了爱国主义和革命英雄主义的精神，通过这些歌曲的学习和演唱，不仅能够增进学生对国家历史和文化的理解，还能够在他们心中树立起团结协作的重要性。

在小学音乐活动中，红色歌曲通常以合唱的形式出现，这种集体性的音乐活动本身就是一种团队合作的体现。合唱要求每位参与者不仅要了解和掌握自己的声部，还需要与其他声部的成员协调一致，共同创造出和谐统一的合唱效果。在这一过程中，每个学生都需要学会倾听他人的声音，调整自己的音准和音量，以确保整体的和谐与统一。合唱中的每个声部都有其独特性，个体在参与合唱时，不仅要发挥自己的优势，还要注意与其他声部的平衡和协调。这要求学生们在唱腔、音色等方面做出相应的调整，不断优化自己的表现，以达到整体的协调和统一。这种过程中的相互听、相互学、相互配合，是对学生团结协作能力的极好锻炼。通过合唱红色经典歌曲，学生们不仅学会了如何在音乐中与他人合作，还在无形中培养了团队意识和协作精神。在合唱的过程中，每个学生都是团队的一部分，每个人的表现都对整体效果有重要影响。这种集体参与的活动使学生明白，只有大家共同努力，才能达到最佳的合唱效果，从而理解到团结合作的重要性。

红色歌曲的合唱不仅是一种音乐活动，更是一种精神和文化的传承。通过合唱这些充满历史意义和深厚情感的歌曲，学生们能够深入地了解和感受到国家的历史和文化，同时能够从中汲取团结协作、为共同目标而努力的精神。这对于他们形成积极向上的人生态度和价值观，以及未来在社会中有效合作和交流，都具有不可估量的正面影响。

（四）形成积极向上的人生价值观

个体的人生价值观是指个体对生命的认识，其中包含了对个体存在的目的、价值以及意义的认识。一个人的人生价值观通常是一个人对自身周边环境的一个总评价，也体现了一个人对自身周边生活环境的认识水平。个体人生价值观的形成同其周边所处的环境存在密切的联系。

小学阶段的儿童正处于人生价值观形成的关键时期，在这一阶段为其塑造一个积极向上，爱国爱民的外部思想环境，对于学生正确地看待个人和国家、自身的责任和使命有着非常重要的意义。

红色歌曲在小学音乐教育中的引入，起着塑造学生积极向上的人生观的关键作用。这些歌曲不仅是音乐的载体，更是传达历史、文化和价值观的媒介。对于处于人生观形成阶段的小学生来说，这些歌曲有着特别的教育意义。红色歌曲通常蕴含着革命精神和爱国情怀，其歌词和旋律中融入了对国家和民族的深情厚谊。通过这些歌曲，学生可以学习到国家的历史、英雄人物的事迹，以及在困难时期人民的奋斗和牺牲精神。这些内容有助于在学生心中树立积极向上的人生观，增强他们的爱国情感和民族自豪感。在当代社会，面对日益丰富的物质生活和多元化的价值观，红色歌曲进校园能为学生提供一个关于历史和价值观的新视角。它们不仅让学生了解过去，还帮助他们理解现在，并对未来抱有积极的态度。这种音乐教育方式，有助于学生建立坚定的理想和信念，为他们的全面发展打下坚实的基础。

三、戏曲进校园是传承传统音乐的重要方式

（一）促进文化传承与教育融合

戏曲进校园作为传承传统音乐的重要方式，其在促进文化传承与教育融合方面具有显著意义。戏曲作为中国悠久文化的精华，蕴含深厚的历史和文化价值，对于青少年的全面教育来说具有不可替代的作用。通过将戏曲纳入学校教育体系，学生不仅能够直观地学习和体验中国传统音乐和戏剧的独特魅力，还能深入理解中国文化的多样性和复杂性。这种学习经历不仅丰富了学生的知识储备，也增强了他们对民族文化的认

227

同感和自豪感。

在戏曲进校园的过程中，学生通过观看戏曲表演、学习戏曲音乐和参与戏曲相关的活动，可以更好地理解戏曲艺术的深层意义和美学价值。这种亲身体验和实践活动，使学生能够从多个角度欣赏和理解戏曲艺术，如其独特的音乐节奏、丰富的表演形式和深刻的故事情节。戏曲的学习还能培养学生的审美观念和艺术表达能力，为他们提供一种全新的文化视角和思维方式。戏曲进校园还有助于激发学生的创造力和想象力。在探索戏曲的过程中，学生不仅是被动的接受者，而是通过参与戏曲创作、表演和研究，成为主动的文化传承者。他们可以将现代元素融入传统戏曲中，创造出新颖的艺术作品，从而使传统戏曲在当代社会中焕发出新的生命力。在此过程中，中小学生、教师、家长重视戏曲文化的教育与传承，在一定程度上能提高整个社会对传承和弘扬传统文化的重视程度。

（二）增强中小学生的民族认同感

戏曲作为一种深植于中国文化土壤的艺术形式，其在校园内的推广和学习对于加强中小学生的民族认同感具有极其重要的作用。当戏曲的多姿多彩融入学校的音乐课程和活动，它不仅仅是一种艺术表演的展现，更是一种深刻的文化传承和教育。学生们通过学习戏曲，不仅可以接触到各种传统音乐形式，更能深入了解那些承载着丰富历史和文化故事的戏曲作品。

在戏曲的学习过程中，学生不仅能够欣赏到独特的音乐旋律、生动的表演艺术和精致的舞台设计，还能深入体验戏曲所传达的深层文化意义和历史价值。这种体验使学生们对中国丰富的传统文化有了直观和深刻的认识，从而增强了他们对民族文化的认同感和自豪感。戏曲中的历史故事、民间传说和哲理思考，不仅丰富了学生的知识储备，也让他们在情感和思想上与中华民族的优秀传统文化产生了共鸣。

戏曲进校园还激发了学生对中国传统文化的探索兴趣和创新思维。

在学习和表演戏曲的过程中，学生不仅是传统文化的继承者，也成了创新者。他们可以尝试将现代元素融入传统戏曲，创作出新颖的作品，从而使传统艺术在现代社会中焕发新的活力。这种创新过程增强了学生的艺术表现能力，加深了他们对传统文化的理解。

（三）提高中小学生的艺术素养

戏曲进校园作为一种传统音乐和艺术教育的方式，对提高中小学生的艺术素养发挥着不可估量的作用。戏曲艺术作为音乐、舞蹈、文学和表演艺术的综合体，为学生提供了一个学习和体验中国传统艺术的宝贵机会。在学习戏曲的过程中，学生不仅有机会深入了解传统音乐的风格和特点，还能够欣赏和学习独特的舞台表演技巧，如身段、手势和面部表情等。戏曲艺术的学习不仅是对一种表演形式的学习，更是一种深入挖掘中国传统文化和艺术精髓的过程。通过戏曲的学习，学生能够更好地理解中国古典文学中的故事情节和人物形象，感受其中蕴含的哲理和情感。这种学习经历不仅增强了学生对中国传统文化的认识和欣赏，还促进了他们文学和历史知识的积累。

戏曲的学习也是一种艺术实践的过程。学生们通过模仿戏曲中的角色，进行歌唱、舞蹈和表演练习，不仅锻炼了他们的音乐和舞蹈技巧，还提高了他们的表演能力和舞台表现力。这种艺术实践活动对于培养学生的自信心和公共演讲能力非常有益，有助于他们在未来的学习和生活中更好地表达自己。戏曲教育还鼓励学生的创造性思维和创新能力。在学习和表演戏曲的过程中，学生们可以尝试将现代元素融入传统戏曲，进行创新性的表演和编排。这种创新不仅使传统戏曲生动有趣，还激发了学生的创造力和想象力。

（四）增强中小学生的文化自信

在中国悠久的文化传统中，戏曲以其独特的艺术形式，承载着深厚的历史意义和文化价值。戏曲艺术不仅包含京剧、黄梅戏、河北梆子、川剧等剧种，还包括晋剧、汉剧等多样化的曲艺形式。这些多元的戏曲形式不仅是各地文化特色的代表，也是历史进程中文化演变的见证。引入戏曲至中小学教学不单是艺术的传授，更是历史与文化的深入探索。这样的教学方式让学生在欣赏与体验的过程中，深入感受到中华文化的博大精深。学习戏曲不仅仅是了解其表演艺术，更是对中国丰富历史与文化传承的深入理解。

通过戏曲教学，学生可以直接体验中国传统艺术的独特魅力，同时，在历史与文化的熏陶下，能够增强个人的文化自信。这个过程中，学生将逐渐建立对中国传统文化的深刻理解和热爱，从而在心中树立坚定的文化自信和民族自豪感。这种自信是学生作为中华民族成员的重要心理支撑，对他们的全面成长和个人特质的塑造有着重要的作用。

第四节　中小学音乐教育的实践策略和创新发展

一、提高中小学校园日常音乐教学水平策略

（一）营造良好的校园音乐文化氛围

在当今教育环境中，音乐教学在中小学校园里扮演着重要的角色。它不仅是艺术教育的一部分，更是学生综合素质培养的重要环节。因此，提高音乐教学水平，尤其是通过营造校园内的音乐文化氛围，变得尤为关键。学校应致力于打造一个浸润于音乐文化的环境，这样的环境能够从视觉和听觉两个层面上激发学生对音乐的兴趣和理解。创作一首属于本校的校歌，并将校歌的学习和歌唱融入学校日常教学活动，不仅能营造良好的学校音乐文化氛围，还有利于培养学生的集体意识。例如，笔者结合学校浓厚的教学氛围和良好的自然环境，在学生学习、成长特点

的基础上，将对樟槽学校、对教学的热爱与对未来的期待融入歌曲中，为樟槽学校创作的《樟槽学校之歌》，如图 6-3 所示。

樟槽学校之歌

瞿维杉 词
瞿维杉 曲

1=♭E 4/4 3/4

（5̣ 5̣ | 1 − − 3 2 | 1 − − 6̣ 7̣ | 3/4 1 1 1 6̣ | 5̣ − − 5̣ 5̣ |

3 − − 3 1 | 5 − − 5̣ 5̣ | 3 1 2 3 5 | 1 − −）1 1 |
　　　　　　　　　　　　　　　　　　　　　　山 青

3 − − 5̣ 5̣ | 3 − − 5̣ 5̣ | 3/4 3 1 3 3 | 4/4 2 − − 1 1 |
青，　水 蓝 蓝，　白云　深处书声 琅　迎晨

3 − − 5 3 | 6 − − 6 6 | 3/4 5 3 1 3 | 4/4 2 − − 1 1 |
风，　伴 朝 阳，　小学　堂里歌飞 扬　荷花

3 − − 5̣ 5̣ | 3 − − 5̣ 5̣ | 3/4 3 1 3 3 | 4/4 2 − − 1 1 |
香，　梦 启 航，　浩瀚　苍穹任翔 翔　勤学

3 − − 5 3 | 6 − − 6 6 | 3/4 5 3 3 2 | 4/4 1 − − 0 |
习，　善 思 考，　和谐　发展谱新 章

1. 1 7 6 6 #5 6 7 | 2. 2 2 #1 2 1 2 3 | 4. 4 4 4 4 1 4 6 |
强健体魄拼搏赛场，祖国未来我们开创 团结友爱铭记心间，

7. 7 7 7 7 1 2̇1 | 5 − − 5. 5 | 1̇ − − 7. 1̇ | 3/4 7 5 6 − |
勇于超越敢作敢 当　向前进　樟槽学校，

5 6 4. 3 2 6 | 4/4 7. 1 2 − 5. 5 | 1̇ − − 7. 1̇ | 3/4 7 5 6 − |
哺育代代桃李 芬 芳　向前进　樟槽学 校，

5 6 4. 3 2 3 | 4 5 7 6 7 5 | 4/4 1̇ − − − | 1̇ − − 0 ‖
师生一起共同 成长共同成　长

图 6-3　《樟槽学校之歌》

除此之外，通过在校园各处展示具有地方特色的民族音乐元素，如传统曲目和文化知识，也有助于学生在日常生活中无意间接触并学习到这些音乐文化，从而培养他们对音乐的感知能力和审美情趣。结合传统节日举办民族音乐文化活动，是另一种有效的教学策略。这种活动不仅让学生参与，还让他们在实践中学习和体验音乐。通过教师们精心设计的主题，学生可以深入地理解音乐的内涵和美学，从而加深他们对民族音乐的热爱和理解。这种教学方法还能激发学生的创造力和想象力，有助于他们的个性化发展。进一步地，学校与当地民族音乐团队的合作，为学生提供了接触和学习地道民族音乐的机会。邀请本地知名音乐家来校演出不仅丰富了学生的音乐体验，也让他们能够直观地感受到民族音乐的魅力。这种互动式的学习方式不仅仅是对音乐知识的传授，更是一种文化传承和创新的过程。学生们在这样的教学环境中，不仅学习音乐知识和技能，更重要的是学会了欣赏和尊重不同的文化背景和艺术形式。

（二）开发多元化的音乐教材

在提升中小学日常音乐教学水平的过程中，开发与民族音乐特色相契合的补充教材发挥着重要的作用。这些教材的设计需与学生的成长阶段相符合，确保所呈现的内容既充实又易于理解，旨在满足学生学习需求的同时引发他们对音乐的兴趣。关键在于教材的编排要确保逻辑清晰，文化知识的准确性，从而在教学实践中获得积极反响。为此，制定这类教材时，必须有明确的目标和计划，确保其内容不仅高质量，而且能准确地反映地方特色。

教材内容的多元化，包括融入红色歌曲、戏曲以及多样的地方民族音乐，对于丰富学生的音乐体验和理解具有重要意义。这种多样性的教材有助于学生深入体验和理解不同的音乐文化背景，进而培养他们对音乐的深刻理解和广泛兴趣。更为重要的是，这种丰富的音乐文化教育不仅是知识的传授，更是对学生价值观、道德精神的塑造，有助于增强他们的民族认同感和文化自信。在这样的教育影响下，学生不单是学习音乐的技巧和知识，更是在了解、欣赏和尊重自己民族的文化遗产过程中成长。

（三）完善音乐教师队伍

提高中小学校园日常音乐教学水平的关键之一，在于完善音乐教师队伍并培养他们良好的思维习惯，从而为学生创造力的形成提供必要条件。音乐教师作为教学的主导者，其专业素养、教学能力和创新思维对于激发学生的音乐兴趣和创造力具有深远影响。因此，加强音乐教师的专业培训，不仅仅是提升其音乐技能和理论知识，更重要的是培养他们的创新意识和批判性思维。这种全面的专业发展，使得音乐教师能够在教学过程中灵活运用各种教学方法，有效地引导学生探索音乐的多样性和深度。

对于音乐教师而言，培养良好的思维习惯，尤其是创造性思维，是极其重要的。这不仅帮助他们在教学中不断创新，还能启发学生发掘自己的音乐潜能。通过引入不同的音乐风格、文化背景及创作技巧，教师可以激发学生的好奇心和探索欲，促进其创造性思维的发展。音乐教师的这种创新能力和引导方法，对于学生理解音乐背后的文化和情感表达具有重要意义。此外，教师的生动教学和富有创意的课堂活动，能够为学生提供自由探索和实践的平台，使他们在实际操作中学习和体验音乐，进而培养其创造力。

同时，鼓励音乐教师进行跨学科学习和合作，可以拓宽他们的视野，增强对音乐与其他领域结合的理解。这种跨学科的视角不仅丰富教师的教学内容，也为学生提供了多元和综合的学习环境。例如，结合文学、历史或视觉艺术等学科，音乐教师可以设计丰富和深入的教学内容，从而激发学生在音乐学习中的创新思维和创造力。

（四）完善校园音乐教育基础设施建设

在提升中小学校园日常音乐教学水平的策略中，完善校园音乐教育基础设施建设扮演着核心角色，同时，培养良好的思维习惯对于激发学生的创造力很重要。音乐教育基础设施的完善不仅涉及教学环境的优化，更包括对教学资源的充分利用和创新。当学校拥有充足的音乐教学资源，如音乐教室、各类乐器、音乐软件和数字化教学工具等，可以为学生提供丰富和专业的学习环境。这样的环境不仅可以提高学生对音乐学习的兴趣，更能促使他们在音乐领域的深入探索。

音乐教育基础设施的现代化和多样化，如数字音乐实验室、音乐制作软件等的引入，为学生提供了多样化的学习方式。这种多样化的教学环境鼓励学生探索音乐的不同领域，如作曲、音乐制作和音乐理论等，进而培养他们的创新思维和实践能力。同时，通过实际操作这些现代化设备，学生能够在实践中学习新技能，这不仅增加了他们的知识储备，也促进了他们解决问题的能力和创新意识的发展。

良好的音乐教育基础设施还包括专业的音乐图书馆和音乐资料库，这些资源提供了丰富的音乐材料，如音乐历史、理论书、经典作品和多种风格的音乐实例。通过这些资源的学习，学生可以广泛了解音乐的不同流派和历史背景，进而培养他们对音乐的深刻理解和欣赏能力。在这样全面的学习过程中，学生的思维方式将变得开放和多元，为其创造力的形成提供了坚实的基础。

音乐教育基础设施的完善还应伴随着教师专业能力的提升。教师作为教育的引导者，其对新技术和教学方法的掌握直接影响教学效果。因此，提供给教师相应的培训和发展机会，使他们能够有效利用这些基础设施，并以创新的教学方法激发学生的学习兴趣和创造潜能，是非常重要的。在这样的教育环境中，教师和学生共同成长，共同探索音乐的奥秘，为学生未来的艺术创造力和综合素质的提升奠定坚实的基础。

二、在小学低年级开展特色音乐教育活动——在"玩"中学

（一）一年级音乐教学的实施策略

一年级学生刚步入小学，对学校中的一切都充满好奇心，所以第一节音乐课，教师应安排得充满乐趣和活力，将音乐中的唱、跳、演奏和创作都简单地糅杂进教学计划，使音乐文化灿烂地展现在学生面前，激发学生的好奇心和学习动力。

1. 让学生踩着节奏去"玩"

让学生踩着节奏去"玩"主要包括如图 6-4 所示三个方面的内容。

图 6-4 在"玩"中学的主要内容

（1）玩节奏。抑扬顿挫的朗诵节奏能很好激发学生与生俱来的节奏潜能，使学生的反应能力更加敏锐。三角铁作为操作简单，节奏简单的打击乐器，可以迅速调动学生平时上课所压抑的活力。

湖南文艺出版社出版的音乐教材，在一年级上册中有一个音乐游戏《欢迎你》和律动《唱呀，跳呀》。教师可以将这两个环节融合在一起，通过用三角铁打出节奏，让学生按照节奏蹦蹦跳跳，有序地介绍自己，或者回答自己的名字，既锻炼反应能力，又能让学生在玩耍中感知节奏。对于反应能力差的学生，教师应及时给予信心和鼓励：对于羞涩内向的学生，教师应及时给予关注和帮助，让活泼的学生把他们带进游戏中。全班同学积极参与，营造课堂的活跃气氛，在游戏中玩耍，达到

学习目的。

（2）玩音响。同样是湖南文艺出版社的小学音乐教材，在一年级上册《谁的儿歌多》中，教师可以引导学生用简单的打击乐器，如三角铁和小鼓，教他们用这些打击乐器给自己的儿歌伴奏，唱出自己从小到大学到的儿歌，会唱儿歌最多的学生可以获得一个小奖品。儿歌比赛结束后，教师引导学生将儿歌中出现的声音模仿出来，如三角铁的打击声，小动物的叫声，还有风声、雨声等等。教师让学生们按照要求模仿它们声音的强弱和长短，再根据给出的声音元素，编出新的音乐情景剧，激发学生的学习兴趣和创造性。

2.踩着歌声和音律玩

音乐教育学家科尔曼曾表达他对学习唱歌的看法。他认为儿童学习唱歌的最好状态在于他想去唱歌，想去模仿，而且在唱歌的过程中不需要别人告诉他哪里跑调，只需要放松下来，自己就能唱出最想唱的音调，这才是学习唱歌的目的。所以教师在教授学生唱歌之前，一定要强调"倾听"二字。这样无论唱歌的同学是否跑调，都会有信心地唱下去，并且下次唱歌的可以继续勇敢地站出来。

教师组织学生学习唱歌时，可以再教两三遍，让学生熟悉旋律之后，组织"唱歌接龙"小游戏，开启伴奏学生传递话筒，一人一段边唱边传递，学生们聚精会神，每人都有开腔的机会，反应最快、接得最好的学生可以获得奖励。这个游戏既集中学生的注意力，又可以培养他们敏捷的反应能力，在玩耍中不知不觉加深对音乐的喜爱。

（二）二年级将表演与"玩"融合的策略

1.组织表演游戏，展现学生稚嫩歌喉

基于一年级的音乐熏陶，二年级的学生已经充满学习音乐的积极性，对唱歌会有表演欲。教师可以适当组织表演游戏，激发学生的表演欲。歌曲独唱、歌曲对唱等表演形式都可以激发学生的表演欲。教师可以让学生们自由结组，在课堂上给学生一个展示的舞台，不仅可以培养学生的自信心，还能意外发现学生的闪光点。如有的学生唱高音有天赋，有的学生会自主伴舞，有的学生会自行改编歌曲等。教师要对台下观看唱歌的学生，进行引导。如观看表演时安静倾听是对表演者的尊重，在表演结束后应当给予热烈的掌声以示鼓励。通过培养学生的表演能力，不仅会让学生们的自信心与日俱增，还能教育他们懂礼貌、讲文明。

2.组织学习乐器，深切感受音乐节奏

二年级的学生对音乐旋律已经有了初步认知，对乐器兴趣高一些。教师组织学生学习乐器，可以深切地感知音乐节奏。长笛、架子鼓、钢琴、葫芦丝、口风琴等简单的乐器吹奏简易，技巧简单。教师可以组织学生们先认识这些乐器，再一一演奏给学生们听，教他们分辨乐器的音色，激发学生学习兴趣。教师不必深入地教学生们学习演奏，只需激发其好奇心，让学生自己去探索音乐的奥秘。

三、红色歌曲融入音乐教学策略

（一）将红色经典歌曲引入学生日常学习活动

红色歌曲的融入音乐教学，尤其是在小学阶段，不仅丰富了音乐课程的内容，也为学生提供了深入了解国家历史和文化的机会。尽管音乐教材已经包含了红色歌曲，但由于课程和教材的局限性，学生们对这一类歌曲的接触和理解还有待加强。因此，将红色歌曲引入学生的日常生活成为一种重要的教学策略。这种策略不仅能够增加学生对红色歌曲的曝光度，也能深入地影响他们的情感和认识。

例如，学校可以在特定时段如课间休息、放学时间或者新学期伊始通过广播系统播放红色经典歌曲。这样，学生们在日常生活中就能频繁地听到这些歌曲，从而加深他们对歌曲旋律、歌词内容的记忆。这种重复的听觉体验能够让学生对红色歌曲产生深层次理解和感情联结。通过这种方式，红色歌曲的教育价值得以在学生的日常生活中得到体现和强化，有助于学生形成对国家历史和文化的认同，激发他们的爱国情感和历史责任感。

红色歌曲在学生日常活动中的融入，不仅是音乐教学的延伸，也是对学生进行爱国主义教育的有效途径。它使得学生在轻松愉快的环境中自然而然地接收到红色文化的熏陶，同时增强了他们对音乐本身的兴趣。通过这样的教学方法，红色歌曲不再是单纯的音乐教学内容，而是成了培养学生综合素养、历史意识和文化认同的重要工具。

（二）组建校园红色经典歌曲合唱团

建立红色经典歌曲合唱团，不仅仅是一个音乐活动，更是一种深入的文化和历史教育。学校在考虑自身条件的基础上，组建合唱团，并通过举办各类红色歌曲相关的比赛和活动，有效地提升了这些歌曲在学生心中的地位和影响力。特别是在小学这个阶段，孩子们对音乐的天然热情和感受力为红色歌曲的学习和欣赏提供了良好的基础。通过将红色歌曲作为音乐活动的核心，学生们不仅学会演唱这些歌曲，更能深入理解歌曲背后蕴含的精神和文化。

实施合唱团和音乐活动，为学生提供了学习和演绎红色歌曲的机会，同时使他们有机会深入挖掘这些歌曲背后的历史和文化寓意。这种音乐教学方式对于学生而言，不仅是学习音乐的过程，更是对国家历史和文化的深刻认识和情感建立。在合唱和音乐比赛的过程中，学生们体会到团队合作的重要性，学会在集体努力下共同完成目标，这对于他们的个人成长和社会适应能力发展具有重要影响。合唱团不只是音乐教学的一部分，更是培养学生集体意识、历史责任感和文化自觉的重要方式。通过这样的教学模式，红色歌曲在校园中的地位得到了显著提升，同时也加强了学生对这类歌曲的兴趣和理解。孩子们在合唱团的参与过程中，不仅学会了音乐技能，还学会了如何通过音乐来表达情感、理解历史，这对于他们的全面发展极为重要。

（三）积极参与红色歌曲演唱活动

红色歌曲作为一种重要的文化遗产，其融入中小学音乐教学中的策略对于培养学生的爱国情感和历史意识具有重要意义。通过积极组织学生参与红色歌曲演唱活动，学校能够为学生提供深入理解和体验红色文化的平台。这些活动不仅让学生在学习音乐的同时了解国家的历史，还有助于培养他们的集体协作能力和艺术表现力。

红色歌曲演唱活动通过让学生学习和演唱具有深刻历史意义的歌曲，使他们在歌声中感受到革命先烈的英勇和牺牲精神。这种学习过程不仅是对音乐技能的培养，更是一种历史教育，让学生在感情上与国家的过去产生联系。通过课堂教学、合唱团排练或者学校组织的红色歌曲比赛，学生有机会深入学习这些歌曲的背景和含义，从而理解和尊重国家的历史。

参与红色歌曲演唱活动还能促进学生之间的团队合作。在合唱或者集体表演中，学生需要相互协调、配合，共同完成演出任务，这不仅提高了他们的音乐技能，还加强了团队协作和集体意识。这种团队活动也是一种社交学习过程，帮助学生在互动中培养沟通和协作的能力。通过红色歌曲演唱活动，学生可以在实践中提高自己的表演技巧和艺术表现力。在准备和参与这些活动的过程中，学生不仅学习如何更好地掌握音乐技巧和表达歌曲情感，还能通过舞台表演增强自信和勇气。这种艺术实践活动对于学生个性的发展和自我表达能力的提升具有重要作用。

四、戏曲走进校园策略

（一）建设戏曲进校园的活动基地

引入戏曲艺术到校园中是一种富有创意和教育意义的举措，不仅为学生提供了学习传统文化的新途径，还极大地丰富了校园文化生活。为了确保戏曲艺术在校园中的顺利推广和深入实践，学校需要建立专门的活动基地，包括适合演出的场地和相关设施。这些场所的建设，如配备适当设施的教室或文化艺术馆，不仅为戏曲表演提供了必要的空间，而且为学生提供了实际操作和表演的平台，让他们得以将课堂上学到的理论知识转化为实际表演技巧。

为戏曲艺术的学习和表演提供全面支持的关键还在于创造专门的道具和服装制作区域。戏曲不仅仅是表演艺术，还融合了灯光、音效、美工等多个艺术元素，这些元素的综合运用对于戏曲艺术的表现很重要。学校通过建立这样的工作区，让学生有机会亲身参与道具和服装的制作过程，从而全面地体验和理解戏曲艺术的各个方面。这种参与式的学习方式不仅加深了学生对戏曲艺术的认识和爱好，还锻炼了他们的动手能力和创造力。

通过这样的教育环境和设施，学生们在学习戏曲的过程中，不仅能够掌握表演技巧，还能深入了解戏曲的文化背景和艺术价值。这种教学方法有效地将戏曲艺术的美感教育与实践技能训练相结合，使学生在欣赏艺术的同时，能积极参与艺术创作。这不仅增强了学生的文化自信和艺术修养，还促进了他们在创造性思维和综合素质方面的发展。

（二）聘请当地剧团或民间艺术家作为戏曲教师

在戏曲艺术融入校园的过程中，邀请当地剧团和民间艺术家担任戏曲教师显得尤为关键。这些艺术家和剧团成员，凭借着他们丰富的表演经验和深厚的专业知识，能够在校园内的音乐和戏曲教学中提供独到的指导和支持。通过与社区的合作，学校能够将这些专业人士引入教学过程中，将戏曲的精髓和技巧传授给学生。为了吸引这些艺术家，学校可以提供认证和经济补偿，不仅解决了戏曲教学中的师资问题，还为艺术家们提供了传承和展示传统文化的新平台。

与此同时，学校与本地戏曲剧团的紧密合作显得很重要。这些剧团拥有众多戏曲人才、完备的演出设备以及丰富的教学和演出经验，为学校提供了宝贵的资源。通过邀请这些剧团进入学校进行戏曲表演和指导，不仅能够直观地向学生展示戏曲艺术的魅力，还能为学生们提供专业的学习和实践机会。此外，学校还可以组织有戏曲潜力的学生参与剧团的学习和表演，提高他们的艺术造诣，加深他们对戏曲艺术的理解和体验。在这样的互动和实践中，学生不仅能深入了解戏曲艺术，还能在实际的舞台表演中积累经验，体验戏曲艺术的深远魅力和审美价值。

通过引入专业的戏曲艺术家和剧团到校园，学校的戏曲教学内容得以丰富，为学生提供了全面了解和体验传统戏曲艺术的机会。这种教学策略不仅帮助学生从专业人士那里学习到地道的戏曲艺术，还在实际的艺术实践中增强了他们的艺术技能和审美观念。如此全方位的教学方法对于学生的艺术修养、创造力和文化认知都有着积极的推动作用，为他们的全面发展和未来的成长打下了坚实的基础，同时为传统戏曲艺术的传承和发展做出了贡献。

（三）开展经常性的戏曲表演及赏评活动

戏曲作为中国传统文化的重要组成部分，中小学组织学生开展经常性的戏曲表演及赏评活动对传承和弘扬这部分传统文化具有重要意义。这种活动不仅仅是对学生进行艺术教育的方式，更是深入学习和体验传统文化的机会。通过定期举办戏曲表演，学校能够为学生提供直观感受戏曲魅力的平台。这些表演活动可以是由学生自己进行，也可以邀请专业的戏曲艺术家或本地剧团来校表演，以此展示戏曲艺术的多样性和深度。

在戏曲表演的基础上，结合赏评活动能够提升学生的艺术欣赏能力和批判性思维。通过组织学生观看表演并进行讨论、评价，他们不仅能学习如何欣赏和理解戏曲艺术，还能锻炼自己的表达能力和批判性思维。这种互动式的学习过程使得学生能够深入地理解戏曲的文化背景、艺术特点及表演技巧等。通过对戏曲表演的分析和讨论，学生们能够从不同角度去理解和感受戏曲，从而培养他们对艺术的综合认知和审美能力。

经常性的戏曲表演及赏评活动对于传承和弘扬传统文化也具有重要意义。通过这些活动，戏曲艺术不再局限于专业舞台，而是贴近学生的日常生活，成为他们生活的一部分。这样的接触和体验有助于提升学生对传统文化的认同感和自豪感。同时，这为戏曲艺术的传承创造了新的空间，激发了年轻一代对传统艺术的兴趣和热情。

（四）将戏曲表演融入日常音乐教学活动

将戏曲表演融入日常音乐教育活动是一种富有创意和效果的教学方法。通过组织多样化的表演游戏，如歌曲独唱、对唱和集体唱，教师不仅能引导学生积极参与音乐活动，还能提高他们的艺术表达力和创造力。在这样的课堂活动中，学生被鼓励自由结组，创造并呈现自己的表演，这不仅提供了展示学生才能的舞台，还有助于培养他们的自信心和团队合作能力。

在这种教学模式下，教师可以发现并挖掘学生的不同特长，如天赋的高音唱功、自然的舞蹈才能或对歌曲的创新改编。这种个性化的学习体验对学生的音乐发展极为有益。同时，教师在这个过程中扮演着引导和进行素质教育的角色，教导学生在观看表演时保持安静倾听，这不仅是对表演者的尊重，也是培养学生文明礼貌的重要环节。表演结束后的掌声则是对表演者的鼓励和肯定，有助于增强学生的自信和表演动力。

五、中小学生音乐教育创新发展展望

（一）课堂音乐教学

随着教育理念的不断更新和科技的迅速发展，音乐教育正逐步转型为更加多元化、互动性强和技术驱动的领域。未来的音乐课堂将更加注重培养学生的创造力和审美能力，同时强调音乐与情感、社会和文化的深层次联系。随着数字技术的融入，音乐教学手段将更加多样，如虚拟现实和增强现实技术的应用，将使学生能够在更加沉浸和互动的环境中学习音乐。未来音乐教育将更加强调跨学科的学习方式，音乐与科技、艺术和人文学科的结合将激发学生的创新思维和批判性思考能力。音乐的全球性和多样性也将被更加重视，学生将有机会接触和学习不同文化背景下的音乐，这不仅有助于培养他们的国际视野，也促进了对多元文化的理解和尊重。

（二）红色歌曲传唱

在未来的中小学音乐教育中，红色歌曲传唱作为一种重要的教学内容，其展望充满了积极的发展潜力和教育意义。随着教育理念的不断进步和创新，红色歌曲在中小学音乐教育中的地位将更加显著，不仅作为一种艺术形式进行教学，更作为传递历史、文化和价值观的重要媒介。未来的音乐课堂将更加注重红色歌曲的教育功能，通过红色歌曲的学习和演唱，学生能够深刻地理解和体会到中国革命历史和文化传统，从而培养他们的爱国情感和历史责任感。

红色歌曲的传唱不局限于音乐课堂的教学，还将融入学校的各种活动和庆典，成为校园文化的重要组成部分。通过合唱团、音乐节目和各类文艺表演，红色歌曲将成为学校文化生活中的常态，使学生在参与和体验中加深对红色歌曲的理解。利用现代科技，如数字媒体和网络平台，学校能够创新红色歌曲教学方式，如制作红色歌曲在线课程、互动教学应用和虚拟现实体验，这些新兴的教学手段将使红色歌曲的学习更加生动和吸引人。

红色歌曲传唱在未来的音乐教育中还将注重跨学科的融合，将音乐教学与历史、文学和社会科学等领域结合起来。通过这种跨学科的学习，学生不仅能够欣赏到红色歌曲的艺术魅力，还能从多个角度深入了解红色歌曲背后的历史故事和文化意义。这种综合性的学习方式能够极大地丰富学生的知识体系，提升他们的综合素质。

（三）戏曲传承

中小学生音乐教育在未来的戏曲传承方面展现出巨大的潜力和积极前景。随着对传统文化重视程度的提升，戏曲进校园活动的主旨在于激发学生对中国传统戏曲的兴趣和爱好。面对学生参与度和活动持续性的挑战，学校正在积极采取措施以更全面地推广戏曲文化。这包括让学生不仅学习和演唱经典戏曲，而且需要深入了解其文化背景，从而建立对戏曲艺术的深刻认识。

为了有效地实现这一目标，学校正在加大对戏曲文化教育的投入，例如制作戏曲文化推广手册和开展相关活动的问卷调查。这些举措旨在加强学校与家长及社会各界的沟通，获得广泛地支持和参与，这种方法不仅有助于调动家长和社会力量的积极性，还能促进戏曲文化在学生的校园生活、家庭乃至社区的广泛传播。

现如今，很多中小学学校正努力使戏曲文化成为学生日常生活的有机组成部分。这种全面的推广策略不仅扩大了戏曲艺术的影响范围，而且为其传承铺平了道路。学校的这些努力在未来将大大促进戏曲艺术的长期发展，使之成为中小学生音乐教育的重要组成部分。这种教育模式不仅丰富了学生的文化生活，也为培养他们的艺术修养、审美能力以及对传统文化的理解和尊重提供了坚实的基础。

（四）组织学习乐器，感受音乐节奏

通过音乐教学，当学生们对音乐旋律有了基本的理解后，他们对乐器的兴趣往往随之增加。教师组织学生学习乐器是一种有效的方法，让学生深刻地感受和理解音乐节奏。例如，长笛、架子鼓、钢琴、葫芦丝和口风琴等乐器，由于它们吹奏起来相对简单，技巧不复杂，非常适合作为音乐教学的入门乐器。教师可以先向学生们介绍这些乐器，然后逐一演奏，让学生听出不同乐器的音色，从而激发他们的学习兴趣。

在这个过程中，教师的角色是激发学生的好奇心和探索欲，而不是进行深入的演奏技术教学。让学生们在轻松愉快的氛围中接触乐器，自主探索和体验音乐，是培养他们音乐兴趣和节奏感的关键。这种教学方式能够帮助学生建立起对音乐的初步认识，同时培养他们对音乐学习的热情和动力。通过这样的学习活动，学生不仅能够学习到基本的音乐知识和乐器操作技能，还能够在实践中感受到音乐的魅力，增强他们对音乐学习的兴趣而积极投入音乐学习中。

参考文献

[1] 郭玉锋，刘冬云.音乐教育 [M].济南：山东大学出版社，2009.

[2] 赵晓明.音乐教育概论 [M].北京：中国商业出版社，2021.

[3] 张倩.音乐教育心理学 [M].长春：吉林人民出版社，2020.

[4] 符丽琴.学前儿童音乐教育理论与实践研究 [M].北京：北京工业大学出版社，2019.

[5] 于力.新视角下的中小学音乐教育与教学研究 [M].长春：吉林人民出版社，2021.

[6] 温鞒鞒，曾彦，徐莹.民族音乐传承视角下的中小学音乐教育 [M].长春：吉林人民出版社，2020.

[7] 程倩，齐硕.音乐教育理论及中国传统文化的融入研究 [M].吉林出版集团股份有限公司，2023.

[8] 刘丽.多元文化视角下高校音乐教育理论与发展研究 [M].长春：吉林出版集团股份有限公司，2022.

[9] 王旭，张瑞.新视野中的音乐教育理论与实践研究 [M].北京：中国书籍出版社，2022.

[10] 戴菲，董荻，孙媛媛.音乐教育理论与实践探索 [M].长春：吉林出版集团股份有限公司，2018.

[11] 黄伟平，单森权.中小学音乐教师专业发展新策略 [M].宁波：宁

波出版社，2013.

[12] 张莲.学生有效学习与教师专业发展中小学音乐 [M].长春：东北师范大学出版社，2016.

[13] 张新宇，周基蓉，刘冬雪.基于审美能力培养的中小学音乐教学研究 [M].长春：吉林人民出版社，2021.

[14] 郝建红.中小学音乐课教学改革与评价研究 [M].北京：现代出版社，2019.

[15] 张湘君.学生发展核心素养视域下的课堂教学指南：中小学音乐 [M].长春：东北师范大学出版社，2017.

[16] 姚素媛.戏剧元素在中小学音乐教育中的运用 [D].上海：上海音乐学院，2021.

[17] 王俊元.中小学音乐教育与民族音乐文化传承 [D].沈阳：沈阳师范大学，2020.

[18] 莎日娜.中小学音乐教育教学与专业型音乐教育人才培养研究 [D].北京：中国音乐学院，2019.

[19] 杜艺江.教育硕士培养对标下的中小学音乐教育教师能力研究 [D].北京：中国音乐学院，2019.

[20] 吕洪丽.音乐创作在中小学音乐教育中的实践与应用 [D].呼和浩特：内蒙古师范大学，2018.

[21] 范薇.走向融合的音乐审美教育：论雷默音乐教育哲学与我国当代中小学音乐教育 [D].济南：山东艺术学院，2018.

[22] 邱微.开发网络音乐类 App 作用于中小学音乐教育 [D].南昌：江西师范大学，2017.

[23] 郭善轮.浅析红色歌曲对中小学音乐教育的影响及深远意义 [D].南昌：江西师范大学，2017.

[24] 骆旷怡.21世纪我国中小学音乐课程标准研究 [D].扬州：扬州大学，2016.

[25] 宋薇. 论新课改背景下中小学音乐教学中的教师主导作用 [D]. 烟台：鲁东大学，2014.

[26] 付江涛. 中小学音乐教育对学生创新能力培养的方法探究 [D]. 新乡：河南师范大学，2014.

[27] 王佳. 建构中小学音乐课堂活动模式研究 [D]. 石家庄：河北师范大学，2012.

[28] 张茵. 素质教育背景下的中小学音乐教育改革策略探析 [D]. 长沙：湖南师范大学，2011.

[29] 刘静. 皮亚杰认知发展理论视野下的中小学音乐教育研究 [D]. 石家庄：河北师范大学，2010.

[30] 张小鸥. 多元文化音乐教育理念对我国中小学音乐教育改革的影响 [D]. 长春：东北师范大学，2007.

[31] 房思园. 中小学音乐教育中培养创造性的方法探析 [D]. 石家庄：河北师范大学，2006.

[32] 苏娜. 初中音乐教师教学能力提升路径研究：以西宁市 XX 音乐工作室为例 [D]. 西宁：青海师范大学，2023.

[33] 张祎桐. 小学音乐教师应具备的视唱能力研究 [D]. 长春：东北师范大学，2022.

[34] 安蕊. 初中生音乐审美能力的培养策略研究：以郑州市 A 校音乐欣赏教学为例 [D]. 郑州：郑州大学，2021.

[35] 王秋霞. 核心素养背景下初中音乐教学的反思与重建：以 A 初中音乐教学实践为例 [D]. 赣州：赣南师范大学，2017.

[36] 朴慧新. 新课程下中小学音乐教师科研能力培养问题的研究 [D]. 石家庄：河北师范大学，2009.

[37] 陈丽娟. 新课程标准下的音乐教师从教能力结构探析 [D]. 长春：东北师范大学，2008.

[38] 唐穗丰. 五大音乐教学法的区别与共性理念解析 [J]. 戏剧之家，

2023，（31）：175-177.

[39] 陈星余，杨春林.探究奥尔夫音乐教学法在小学音乐课程中的应用[J].戏剧之家，2023（30）：114-116.

[40] 付桂生.文化自信视域下戏曲校园美育的价值与时代意义[J].齐鲁艺苑，2023（5）：119-124.

[41] 李璐.柯达伊音乐教学法在中小学五线谱教学中的应用[J].音乐教育与创作，2023（9）：41-45.

[42] 朱雯笛.中小学"戏曲进校园"实践路径探析[J].教育理论与实践，2023（17）：62-64.

[43] 宋艳艳.从《义务教育艺术课程标准》看中小学音乐教师的专业知识与技术要求[J].美育学刊，2023（3）：114-120.

[44] 王雪环.儿童戏曲教育对传统文化传播的价值及路径分析[J].开封文化艺术职业学院学报，2023（1）：83-85，104.

[45] 朱学民.多元文化视域下中小学美育与音乐教育共生发展研究[J].教育科学研究，2023（2）：41-46.

[46] 陈笑霏.新课改背景下中小学音乐教育改革探索[J].中国教育学刊，2023（S1）：28-30.

[47] 杨雪璐.探析中小学音乐教师应具备的五项全能[J].戏剧之家，2023（3）：184-186.

[48] 张莉.体态律动音乐教学法在幼儿体验式教学中的应用[J].亚太教育2023（2）：96-99.

[49] 宁丽瑾.戏曲音乐进校园的必要性及策略性研究[J].黄河之声，2022（22）：132-134.

[50] 廖玲玲，王朕.中小学视唱练耳教学中应用达尔克罗兹音乐教学法的实践探索[J].戏剧之家，2022（28）：163-165.

[51] 吴嘉琪.2022年版新课标视域下红色歌曲在音乐教育中的价值探究[J].艺术教育，2022（8）：67-70.

[52] 张威.中小学创意戏曲课程设计与实践研究[J].现代职业教育，2022（15）：49-51.

[53] 郭雯慧.红色歌曲在中小学音乐社团中的运用研究[J].艺术评鉴，2021（13）：129-131.

[54] 邹林秀.城乡中小学音乐教师课堂教学现状报告[J].戏剧之家，2018（35）：163-164.